小说的本质是孤独，无论是写还是读。

92 种心情读 92 本书

刘海涛 著

人民日报出版社

图书在版编目（CIP）数据

92 种心情读 92 本书 / 刘海涛著. -- 北京：人民日报出版社，2017.6
ISBN 978-7-5115-4843-6

Ⅰ．①9… Ⅱ．①刘… Ⅲ．①推荐书目－世界 Ⅳ．①Z835

中国版本图书馆CIP数据核字（2017）第186389号

书　　名：	92种心情读92种书
作　　者：	刘海涛
出版人：	董　伟
责任编辑：	刘晴晴
封面设计：	观止堂＿未氓
出版发行：	人民日报出版社
社　　址：	北京金台西路2号
邮政编码：	100733
发行热线：	（010）65369527　65369846　65369509　65369510
邮购热线：	（010）65369530　65363527
编辑热线：	（010）65363105
网　　址：	www.peopledailypress.com
经　　销：	新华书店
印　　刷：	大厂回族自治县彩虹印刷有限公司
开　　本：	880mm×1230mm　1/32
字　　数：	236千字
印　　张：	10.5
版　　次：	2018年5月第1版　2018年5月第1次印刷
书　　号：	ISBN 978-7-5115-4843-6
定　　价：	38.80元

在任务完成后的几年里,这些年轻人中的每一个都努力让自己的生命变得无法辨认。对于另外一段生命,也就是以往那段生活的记忆,也因此染上了一层不真实、人为的色彩……

——保罗·乔尔达诺《人体》

我以为自己想当个诗人,却没想到其实内心深处,我最想成为的是诗。

——恩里克·比拉－马塔斯《巴黎永无止境》

远远看去优美而神秘的人和事,只要拉近了看,就会明白它们原来既不神秘又不优美。

——马塞尔·普鲁斯特《追忆似水年华》

人间不会有单纯的快乐，快乐总夹杂着烦恼和忧虑，人间也没有永远。

——杨绛《我们仨》

世界旅行不像它看上去的那么美好，只是在你从所有炎热和狼狈中归来之后，你忘记了所受的折磨，回忆着看见过的不可思议的景色，它才是美好的。

——杰克·凯鲁亚克《在路上》

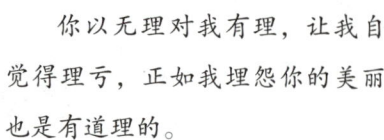

你以无理对我有理,让我自觉得理亏,正如我埋怨你的美丽也是有道理的。

——塞万提斯《堂吉诃德》

序

将问题提向内心的海洋

一天黄昏,学校为期两天的运动会结束了,整个操场安静下来,只有不多的几个人在跑步。我拖着疲惫的身体,躺在操场中间的草坪上,年久失修的草坪已经任由野草疯长了,几株碧绿的草夹在我的背部与沙地之间,一股冰凉像清泉水般浸入我身体。我仰望着蓝天,朵朵白云列队由北向东南方向疾驰,像是接受了一道命令,前往远处的云海边集结,仿佛一场旷日持久的大战正在酝酿着。

我对新书稿的完成感到欣慰,但也开始反思起来。

为什么读了这么多书,唯独莱辛老太太的《海底隧道》给我留下最深印象?小孩、未来、意志、大海、浩淼?为什么我选择了92这个数字?连我自己也不知道有什么所指,也许是一个不多不少的数字吧。读这些书是饥渴?是欲望?为什么事情越多,读书的劲头越大?人性真的存在两极吗?就像读书与实践共同构成一个圆?

我对身外世界的好奇心有没有尽头?我的好奇心为什么选择了这里?为什么我喜欢西方文学,是因为我不能满足浮于表面的因果联系,而想探究内在的心灵世界吗?那事物的内在究竟又是什么?

读这些书，我为什么感觉自己像个能干的、理性的挖矿者，我仅仅是想挖到自己想要的东西吗？除了这些书，世界有多少东西不可错过？不容辜负？

此时，微风从空旷的操场上掠过，大地已经升到太阳照不到的地方了。

目录 CONTENTS

1. 读书吗 …………………………………… 1
2. 那些散落的珠子 ………………………… 4
3. 出国吗 …………………………………… 9
4. 小说对抗什么 …………………………… 12
5. 自我与人生 ……………………………… 15
6. 打量梦想 ………………………………… 18
7. 梵高生活的启示 ………………………… 21
8. 人生的减法 ……………………………… 24
9.《洗澡》的妙处 ………………………… 27
10. 回忆与梦想 ……………………………… 30
11. 小地方的温情 …………………………… 33
12. 为什么不是励志故事 …………………… 37
13. 门罗眼里的世界 ………………………… 41
14. 黛西的"不确定" ……………………… 45
15. 巧克力味道的小说 ……………………… 48
16. 让我想象无花果树的书 ………………… 51
17. 光与影,情感与思绪 …………………… 54
18. 一个幻影的意义 ………………………… 57
19. 因译者而买的书 ………………………… 60

20. 小说家的巴黎 …………………………………… 64
21. 奇绝的想象力 …………………………………… 68
22. 信就是梦 ………………………………………… 71
23. 重要而虚幻的自我 ……………………………… 77
24. 人生的底色 ……………………………………… 80
25. 后现代生活什么样？ …………………………… 84
26. 相像性隐喻着什么 ……………………………… 87
27. 一本成长小说 …………………………………… 90
28. 人应该为自己的灵魂而活着 …………………… 93
29. 一本古典主义情怀的小说 ……………………… 97
30. 有着奇特美的一本书 …………………………… 100
31. 来一杯奥膏膏露 ………………………………… 104
32. 照见几十年后的城市生活 ……………………… 107
33. 一份对逝去情感的珍视 ………………………… 110
34. 二十二？二十三？ ……………………………… 113
35. 维罗妮卡之死 …………………………………… 116
36. 记忆之海的钓具 ………………………………… 119
37. 想象之于卑微的人 ……………………………… 122
38. 想想60岁的自己 ………………………………… 125
39. 偶遇在角落里的书 ……………………………… 129
40. 想象力的高贵飞翔 ……………………………… 132
41. 值班的日子里看《夜深时分》 ………………… 135
42. 炎炎夏日读卡尔维诺 …………………………… 139
43. 可怜的人 ………………………………………… 142
44. 玛丽 ……………………………………………… 145
45. 什么样的城市 …………………………………… 149
46. 两个"浮士德" ………………………………… 152

47. 只有细节的青春	155
48. 远离童年的自己	159
49. 巴黎之悟悟到了什么	163
50. 什么样的社会风尚	166
51. 谁愿意做被风吹动的石子	170
52. 一本书的样子	174
53. 神游金阁寺	177
54. 向萨冈学习	182
55. 昨日重现	186
56. 与我最像的作家	189
57. 不要相信译后序	193
58. 跟我生命没有关系的书	197
59. 挑战心智的"裹尸布"	201
60. 一部关于死亡的小说	204
61. 一本小说就是一幅画	207
62. 你别管他,他自己在那儿转	211
63. 冷与热	214
64 谈情说爱的大师	217
65. 莫扎特	222
66. 困境真的走不出去吗?	225
67. 一个丰富的精神体	229
68. 一本书呈现的不同价值观	232
69. 到一个城市,买本书做纪念	236
70. 一个女作家对人性的洞见	239
71. 享乐,是一种很高的智慧	243
72. 博登湖	247
73. 魔术师的漂亮衣襟	251

74. 年轻人，我对你说什么？……………………………… 255
75. 开着几朵花的桃树 ……………………………………… 259
76. 怕 ………………………………………………………… 262
77. 晃来晃去的人 …………………………………………… 266
78. 它让我想起了很多很多 ………………………………… 269
79. 对堂·吉诃德的再认识 ………………………………… 273
80. 新人 ……………………………………………………… 276
81. 清新可人的故事 ………………………………………… 280
82. 诗歌与墓园 ……………………………………………… 283
83. 在琐事中升腾起艺术与哲思 …………………………… 286
84. 小说，人生的变奏 ……………………………………… 289
85. 游学中的孔子 …………………………………………… 292
86. 一段忧伤的小提琴曲 …………………………………… 296
87. 魔镜 ……………………………………………………… 299
88. 大世界下的小情感 ……………………………………… 303
89. 尊重读者的作者 ………………………………………… 306
90. 别人推荐的书 …………………………………………… 309
91. 艺术性 …………………………………………………… 312
92. 社会小说预示新阶段 …………………………………… 316

◎ 读书吗

奥兹的代表作《爱与黑暗的故事》是我在报纸上看到书评后买的。这是我犹豫了好长一段时间才决定的，大概因为听多了"看书要看百年以上的经典"的原因吧！我对榜单、畅销书、招牌式推荐书有一种抵触和怀疑。说实话，我接到书后也不喜欢封面的设计，为什么是黑色的底呢？毫无美感，要是我会设计成沙漠的颜色，浅黄、明黄、橙黄、带着一点红的黄。如果显得枯燥，可以在沙漠上露出个残破的堡垒什么的，总之，我没有想好。

我带着一种抵触心理进入了奥兹的世界。这是一本与众不同的小说，很少故事情节，有的只是对自己亲人的回忆，他好像写尽了自己一生中认识的所有人。尤其在以色列胡尔达与自己的小学老师奥娜的一段交往让人心碎。在回忆中，作者加入以色列复国的浅淡线条。整部小说充满一种对时光逝去不可得的忧伤，一种高贵的忧伤。由此反思我们的社会，仿佛在现实世界里，我们几乎找不到忧伤，让人感觉我们是一个欢乐的大家庭。如果有苦难，我们就用忘记来应对。而且，让我感到现实社会好像在有意遮盖忧伤，不断地相互暗示着——我们过得真好啊！

奥兹是个读书、写书的知识分子。他读书对天然虔敬，这与他的成长环境分不开，真羡慕他身边无白丁的文化气息。可以说，书中超过一半的文字是在劝告人要多读书。他通过自己翻阅古籍、回忆身边人看书等方式不断向读者布道：人啊！请多读读书吧！约瑟夫伯伯是作者最亲近的一位长者，小说也是由回忆约瑟夫伯伯开始的。作者为了劝读者多读书，借约瑟夫伯伯之口说出："可你呢，我的宝贝儿，万万不可像他们那样一事无成，一定得读好书，读书，读书，再读书！"

我读完此段，感受良多。我知道这只是作者借小说人物之口说出的劝读之言。多次重复，语气恳切，同时又太过直白，缺少含蓄、矜持之美。这与整部小说娓娓道来，饱含深情与恳切不同，从美的角度来看简直算是一个败笔。现实里，如此直接地要求别人，其效果往往会因逆反而大打折扣。我早知道犹太人是世界上年均读书最多的人，达到64本。这个主张复国主义的犹太伯伯作为知识分子真是以读书为使命。连建国这样需要外在力量的事业，在他眼里原来也需要用读书来实现。

我对我们国家的未来也充满好奇心，我好奇在人们富有了之后会走向何方，我好奇我们的未来决定于制度还是国民性。身边人的阅读状况让人失望。也许奥兹借由约瑟夫伯伯的话应该说给我们身边的人。然而，我又犹豫，以这样的方式表达当然可以感知作者急迫的心情，然而欲速则不达，这也许是最低劣的劝读方式。约瑟夫作为作者的先知，为自己题字：人需要遵循己之所思——而非本时代芸芸众生之所想。也许教育就是让人们成为人，赋予人个性的精神追求。

作者无疑是幸运的，有读书人约瑟夫做指引。也许犹太人是幸运的,他们始终拥有自己的精神家园!

　　同时,我又反思自己,我用五年时间一口气读了200本小说。有些读得酣畅淋漓,有些读得心情压抑,有些读得囫囵吞枣。我像一个读书的体力劳动者,像个读书的暴发户,虽然一口气能说出那么多的书名,但是回看我的内心,又有多少文化的沉淀,我的举止又有多少优雅与高贵?用龙应台的话说:音乐、美术,在我身上仍旧是一种知识范围,不是一种内在涵养。如果像堂·吉诃德一样地扑向读书,岂非又要成为书籍的奴隶?我像哈姆雷特一样停下手中之剑,我的兴趣、好奇心、本能也许更重要,那是我自己真正的模样。然而如果我始终不能开始自由阅读呢?博尔赫斯说过:天堂的样子就是图书馆的样子吧。卡夫卡却说:天堂里没有书籍!我应该读书还是放下?现在当我劝人读书的时候,我又犹豫了起来。

　　《爱与黑暗的故事》像普鲁斯特的《追忆似水年华》,里面充满回忆,一种高贵的气质,当然唯一不同的是在书中加入了犹太复国的历史,这段鲜活的历史,被埋在作者真实的情感里。在书中,每个人物不断的出现,得到一次次渲染,像一条下垂到脚面的美丽裙衫,一把五彩的画笔由上及下不断地为它着色。也许封面该由沙漠黄换成五彩印象了。

◎ 那些散落的珠子

《人体》是意大利80后作家保罗·乔尔达诺的第二部小说。2013年秋天买来,毫不犹豫地褪去书腰,将它摆在我的办公室书架上。书架一共有三格,它被放在最上面靠右侧的位置,它立正站好,左边是橘红色的《卢浮宫指南》,右边是蓝黑色的《美的历程》。它以嫩绿色的稚嫩气质立于中间,三本书中它最矮,上面形成一个下凹的曲线。

我与它有缘相见,是我好奇一个理工科的粒子物理学博士怎么写起了小说。在国内,我印象最深的是从事数学研究并同时写诗歌的蔡天新。我还记得他的第一本小说《质数的孤独》,写一个自闭症孩子的细腻情感。读完后,我猜想此书读者一定不会多,写得太过细腻。我们的读者缺乏那样的沉静环境去体会情感的微妙变化。当然,这也反衬出保罗的社会是一个异常平静的社会。我向一个人推荐了此书,他果然看完了,可我很后悔。让一个忙碌的中年男子读此书,真不是一个负责的行为。我打开此书完全因为它特有的计页方式,书页码是从1开始的一连串的质数:2、3、5、7、11、13……509、521、523、541……

由于第一本书的阅读感觉不爽,我让《人体》待在原地整整一年。在我这个装有暖气的小间办公室里,它整年对着向阳的玻璃窗经历春夏秋冬一个轮回,看着我在办公室处理枯燥的文件和跟人吵架,也会得到些安慰吧!

在一个没有书看的无聊日子里,对,没有书看,就等于无聊,我终于决定拥抱它。我喜欢它的颜色,像春天柳树枝上的嫩芽,这需要很高的印刷质量,浓淡保持得很好,书页纸张也不马虎,富有质感,当然与之相配的是32元的定价。

书一翻开,第一段立即吸引了我:"在任务完成后的几年里,这些年轻人中的每一个都努力让自己的生命变得无法辨认。对于另外一段生命,也就是以往那段生活的记忆,也因此染上了一层不真实、人为的色彩……"这是一本试图揭示人心灵涂层的文本。

直到读完全书,我才了解了整个故事的全貌。作者把握故事节奏,不过早泄密的本领值得称道。主人公有两个:切尔德纳是名军医,雷内上校是指挥官。他们随意大利军队被派往阿富汗执行打击塔利班的任务。他们身边是一群年轻的士兵,在平静的生活里长大,有的被溺爱,有的胆小,有的渴望网络爱情。在一次到玫瑰山谷执行任务的过程中,悲剧发生了。因为切尔德纳的失职,让一个生病的士兵上了前线,而雷内上校在行动中因为一点小伤躲到红十字车里,将另一名士兵换到了自己的战斗岗位上,结果,在战斗中,他们一个负了重伤,一个失去了生命。他们为此感到无比内疚、痛苦,不能自拔。

故事的高潮放在小说中后部,但是小说的重心在故事高潮之后。我喜欢那些有关心灵的描写,这种内心的描写,贯穿小说前后。有普通士兵想摆脱溺爱的渴望,有渴求家人理解的诉求,有获得女友的爱的期盼。小说通篇弥漫着一种淡淡的焦虑,所有的人,无论是主角和配角都在自己的孤岛上挣扎、徘徊、怀疑。切尔德纳被处分后去看望了重病的战友,雷内少校去看望因自己过失去世的士兵的妻子,最后,军医重返部队,雷内少校辞去军职做了一个店员。他们得到救赎了吗?年轻的作者保罗有一颗冷静的心,不愧是学物理学的,他没有开出良方,而且冷静地说出了:成年人没有朋友,这是一个讨厌的现实。每个人心灵深度的焦虑、自责、想得不可得的苦涩仿佛是人生的底色,这些岂是这一次生死事件所独有的?作者在故事高潮开始前,像个小提琴手,耐心、细致地拉出长长的序曲,在序曲里,就有人类情感的底色。生死之别只不过将人生的底色进行了进一步的渲染。

我读完小说,在底页上写下:焦虑、疏离感、渴求不可得是人生的底色,人们为什么喜欢宁静?为什么画出安详的宗教画?这些恰恰反映了人的焦虑存在。海明威的小说,读他美丽的文字,我反而有一种欲哭无泪的感觉,微不足道的细节,海明威之所以要不停地书写,实际是利用文字排解心中巨大的苦楚。文字是作家抚慰自己的工具。当欣赏文字的美不胜收时,不能忘记下面隐藏着一颗悲苦的心灵。如果想到这里,谁还会喜悦呢?

看看《罪与罚》《耻》《十一种孤独》,书中所有人都离散了,死亡的士兵、笨拙的母亲、被父母塑造失败的女儿,还有叙述者自己。爱人、女儿、女友、战友、同伴全都分离了,每个人都是孤零零的,没有谁与谁是在一起的。即使在小说的结尾,当军医切尔德纳返回连队后,一名上校兴奋地招呼他来聊聊,也仅仅是聊聊，没有更亲密接触的暗示，仿佛代表了一种对深层理解的放弃和不可能深度交往的心安理得的接受。仅仅是聊聊，它像描绘了一串珍珠项链，这串珍珠项链并没有人们想的那么美丽，珍珠有的大，有的小，几乎都带有瑕疵，但它们毕竟还穿在一起，但忽然线断了，它们滚落得到处都是。

前几天，朋友抑制不住兴奋的心情打来电话，告知我们一个高中的同学终于被他找到了。我们感慨，距离上次见面，已经过了整整20年。我们在电话里回忆一起打球、到各自家玩的情景。我记得，一年夏天，我住他们家，夜里起来，在院子里看见泛着紫色的蔚蓝色银河，我惊呆了。我还记得，同学的父亲招待我们十分热情，他宽厚的性情让我们的友谊加深了几分。我还记得，他到我们家冒雨在水泥案子上打乒乓球的情景。那时，我认为他好成熟，我好小啊！电话里我们相约聚会，要好好痛饮一次。然而，谁还会犯傻，觉得见了面，时光就回去了呢？

珠子是什么时候散落的？青年以后吧。

从小说写作来看，叙述可谓精良，十分别致。首先，保罗写法冷静，读者要从对话和细节描写中体会书中人物的焦虑心境，作者不会直接写出他们的内心彷徨。所以阅读时要沉下心来。这也增加了挑战性，要求读者具有一定的感悟能力。

小说的焦点是人的内心世界的改变，这一点延续的是西方文学艺术的传统，他试图将事情缩小到最小限度，这也回避了作者不善于描写战斗等激烈场面的缺陷。我十分欣赏小说叙述的方式。7页的前奏，写的是故事结束后的事情，于是整部小说都是回忆。我最欣赏的是：整篇小说以第三人称描述，但是突然在前半部加入了我，一章的篇幅忽然换成了第一人称，这个大胆的举动充满趣味性。在后半部，有一章同样如此。这两章叙述视角的转换可谓最为精彩。像给一条围巾打了两个漂亮的结。而且，在后一视角转换的章节，时间推到了很遥远的将来，超越了现在，显得异常突兀，不合章法，但谁能说小说有写作的章法呢？这精心别致的设计为我等散落的珍珠提供了一种安慰吧！那是一种智慧的美，是小说之美，于是我写到这里也不全是孤独和无解了！

这本现代版《战争与和平》揭示了成人世界的疏离过程，但它与《战争与和平》只注重人的精神性不同，还增加了人的生理属性（这里有性对人的影响），是一本现代小说。有意思的是，在小说开始和结尾处，雷内上校抱着自己的孩子，瞧，多像《战争与和平》里的皮埃尔！

◎ 出国吗

9月底,有机会去了一趟徐州,参观了狮子山汉墓。印象最深的是有那么多的汉画石,那时候有在建筑砖石上造像的风尚。什么牛耕图、宴饮图、礼俗图等等。这一次临其境的体验勾起我对本民族历史文化的兴趣。联想到身边朋友出国游玩消息的不绝于耳,我发现我们这个民族是一个喜欢追求身份改变的民族。我小时候,全家期盼我的身份由农民转为市民,现在的城市人又在追求移民。

在不断地追问如何出国和想象异国风情中,我们反而容易忽视出国的终极目的。在碎片化交流的过程中,远方的那个国家被想象成了一个空气干净、民主、大房子、少有堵车的地方,我一想,忽然发现那里几乎有我们这里所没有和缺少的所有东西,我差点一个人笑出声来,那里哪里是个普通国家,分明是我们每个人根据自己现实缺少和需要所想象出来的一个理想国。

此时,这本绿色书皮包装、库切的自传小说《青春》正让我揽在怀里阅读着。这一个月来,我阅读了三本小说,封面设计都不喜欢,设计者思想简单,又想抓住读者眼球。这本小说为什么武断地漆成鲜绿色呢?难道仅仅由题目想到的?其实,单色对印刷技术要求更高，因为稍一偏离，效果就会由雅入俗。当然它也显出一种平易近人，告诉你这是一本标致的小书。

这是库切的自传体小说，作者大学毕业后从南非去了英国伦敦。小说主人公约翰也同样如此，小说结构十分简单，主要有两个场景，南非和英国伦敦。共20章，我坐地铁，一个单程，快能读两章。小说第一章，先是简单介绍约翰在南非的生存状况。但短短几页之后，小说已经进入库切关心的领域，他没有一直端下去，而是简单铺陈，随即进入精彩之处，不断地自问自答："每个人是一座孤岛，你不需要父母。""什么应该永远被埋葬……如果它是不能让人从卑鄙到高尚变化的媒介，那又何必去写什么诗呢？"作者上手真是迅速。整部小说读下来，无论是短暂的南非还是长篇幅的伦敦，都是主人公约翰追求文学、艺术的内心辩论。

约翰没有一份稳定的工作，相反，他天生拒斥稳定的工作，在英国的IBM工作稳定，但却莫名其妙主动辞掉了。约翰的工作观如第十章所说：如果说他来英国是心底里有什么计划的话，那计划就是找个工作，攒点钱。当他有了足够的钱就放弃工作，献身于写作。积蓄的钱花完了就去找个新工作，如此等等。

我感慨：约翰真有追求！而我身边的人把稳定工作当成终极目标追求！

全篇并没有流露出英国有多好，相反，他从没有间断在两地的精神追求，而且，进行得颇不简单，充满疑虑、困惑、痛苦、煎熬。他想用诗歌升华，一度加入了诗社，但现实世界总以失败告终，有的总是精神和内心的苦苦探索。我身边出国人更多追求身份的改变，看中形而下的生活，至少从话语中可以感知。

而在作者看来，生活应该永远向上，无论在故乡还是异乡，之所以要改变生存地点，大概是想获得一种不同的体验，打破内心的一种平衡，像寻找灵感一样，激发自己更多的向上探索的激情吧！

一个人越来越像一棵树了，不断去追求树冠的枝繁叶茂，那象征着文学、音乐、绘画、诗歌，同时将看不见的根须深入土层深处，汲取营养，这些营养通过树干经由"痛苦的沉思"进行升华，源源不断输送到树冠上去。人生的目的是为了枝繁叶茂，而非去挑选扎根的土地！

约翰不断地与女孩子交往，大概受到毕加索的影响吧，觉得女孩子与艺术创作有特殊的关系。我喜欢约翰探讨的种种问题：什么是真正的自我、不幸与艺术、痛苦（痛苦是灵魂的学校）与诗歌。约翰不喜欢庸俗的市侩作风，想逃离道德生活的萎缩。

那天早晨，地铁到站，我折起一页书角，收起书。随着人流走向换乘的楼梯，我看到了一张张表情单一、睡意未失的脸庞，这是否代表着每个人心灵世界的同一、封闭？我这不经意的扫视，借由主人公苦苦思索的神灵，仿佛灵光乍现，让我在这明亮的地下通道里，仿佛看到了天空。

◎ 小说对抗什么

2011年出版的《在德黑兰读洛丽塔》，当我将它揽入怀里，已经是2014年岁末了。我还以为，我对国内每年出版的书能有个大概了解，但是我对它的无知击破了我的自负。我想着此书诞生时，我正在做着什么。2011年……我想要个小孩，迫切之心与日俱增，就像一滴硝酸银坠入氯化钠溶液，瞬间腾起了云雾；那一年，我去湖北恩施旅行，穿越崇山峻岭的沪渝高速公路令人印象深刻……总之那一年是一个内心充满巨大起伏的一年。我喜欢在酒桌上端详一瓶红酒的出生年月，然后，指着那个日期，问旁边的人："那一年你在做什么？"

作者纳菲西是个有钱的知识分子，像所有世界上多数知识分子一样，喜欢西方文化。作者厌恶伊朗的集权和革命。在每周四，精心挑选了几个年轻人，在自家组织阅读活动。她想把身外的世界关在门外，把每个人的内心赶离邪恶的现实。于是，《洛丽塔》《华盛顿广场》《了不起的盖茨比》《傲慢与偏见》成为大家表达自己的平台。

作者说：小说是逃避现实的管道。这种逃避是暂时的，是为了神清气爽地返回现实，引导我们质疑挑战我们所处的世界。

我在想我是什么时候拿起第一本小说的。我深入记忆深处搜寻了好长一段时间。生怕它被生活埋葬，回忆时，一种深深的恐惧感笼罩着我。太多的东西被生活埋葬了，永远也打捞不起来了。那消失的时光没有了赋予意义的可能，这是一种可怕的虚度吗？我记得小学四、五年级时的夏天，那时的夏天总是知了声不断，无际的天宇将日子拉得长长的，好像永远过不完，我盼望着长大。我不知道从哪里捡到了一本小书，满是文字，好像写的是大草原上发生的英雄故事。我好奇、认真地开始了阅读，我忘记自己是否读完了，好像没有。记得一天放了学，我想寻找一个新奇的地方去读书，那必须是属于我一个人的，可以长久待下去的地方。我选择了院门外的一棵并不粗壮的槐树。我爬到一处舒适的枝丫上，俯瞰着斑驳的院墙、红铜色的铁条门、熏黑的木窗、金灰色的瓦片。在这里看书，我还发现，离天空很近，离地面很远。

我在记忆里，向自己提出一个问题：是什么让我拿起了第一本小说？是小伙伴们疯传此书的精彩、传奇吗？是当文学家的美丽梦想吗？是我家里人对我提出的要求吗？是虚荣心的驱使吗？都不是。也许是夏日里冗长、刺耳的蝉鸣，也许是每天不变丝毫的日出西落，也许是爷爷、奶奶、姑姑永不衰老的容颜，也许是总也没有改变的日子。

我记不得读过的第一本小说的名字了，小时候的自己，一定厌倦了绵长日子的无聊与乏味。不能去县城凑热闹、不能去村北湍急的河里玩、不能去远处黑得吓人的地下堡垒。我于是想逃离这个现实。我还记得那时的自己，特别喜欢登高爬低，屋外的黑枣树，邻居家的屋顶，村西头高高的沙丘。原来，登上高处与看小说具有同样的价值与功用——钻进逃离现实的管道。

一个健康的喜欢小说的人，绝不是逃掉完事，小说赋予了他新的想象，当然他不会意识到，他会向现实杀个回马枪。原来的现实会被击得松动、摇摆甚至粉碎。

　　当作者带着大家审判盖茨比的时候，当纳菲西领着大家跳舞感受奥斯汀笔下的世界的时候，当作者在炮声响起的德黑兰走进一间屋子顺手开始阅读的时候。我在想小说果真有这么大的力量吗？它可以给现实一记重拳，它到底具有什么魔法？每本小说的魔法都各有不同吧！哪一个力量更大些？哪个更具神奇性？

　　此时，初冬的阳光将法国梧桐树上众多未落的叶片染得金黄，再远处，一群年轻人在网球场上挥拍、拦击、上网。他们的动作显然并不熟练，但态度又过分认真，他们在学习正确的打法，显然没有去寻找自己的打法。在远处，老式、长方体的四层楼房反射出天空的光芒。我们面对的是怎样的现实，我仿佛听到德黑兰的炮声在我的四周炸响，而且它从来没有消失过。到高处去看一本小说的冲动依然若隐若现。

◎ 自我与人生

一个周五的下午，我走在楼道里，略显焦急地叫着一个人的名字，为了一份文件上交需要他的签字。昏暗的楼道里，灰白的墙皮、素雅的白色地砖反射着白色的灯光。所有的房间都关闭着，他们长着相同的面孔，但里面的人千姿百态。对于办公室工作，我早已烂熟于心。当我失望地正要躲回自己那间相同的办公室时，一位热心的老大姐推开门，走了出来。说：你找的人今天不在。我说：知道了。正要转身的时候，她望着我手上拎着一本书。问：你手里拿的是什么书？我忽然意识到我手里确实攥着一本书，厚厚的，是不知不觉刚刚拿到手上的。我说：是《卢浮宫指南》。之后是简短的交谈。我们聊到：我是什么时候去的法国，老大姐刚从江西回来的美好感觉，她还提到为什么没有选择出国旅行等等。

这一幕十分有意思，像个小说的开头，但我想：哪个是真正的自我？是那个纠结于办公室事务的我？还是那个好奇卢浮宫艺术品的我？

"在我的后园，可以看见墙外有两株树，一株是枣树，还有一株也是枣树"，这是鲁迅1924年9月写下的散文诗《秋夜》。乏味、重复的书写一度让我不得其解。现在，我再读，读到的是一种强烈的"自我意识"。这鲁迅特有的，充满疑惧、伤感、烦闷的自我意识仿佛能冲破纸页扑面而来。文学是心灵的呈现，而非字句技巧式的堆砌。作为现代社会最早觉醒的中国知识分子，面对当时的社会境况，一个真实的、鲜活的灵魂为我们提供了标杆。我看到的是一个古老民族与工业文明交融、冲突下觉醒的人。

在三千年未有的大变局下，我们先发现了民族、国家、之后是阶级，最后是自我，这些都是一个前所未有的人类文明——工业文明所造就的。如今，民族国家、阶级已经为我们普通民众所熟悉、了解，并成为认识、辨识个体与社会的基准。而"自我"却没有如前两者那样被广泛认可。在过去的两天，伴着北京城少有的晴朗冬日，我读完了弗吉尼亚·伍尔夫的《奥兰多》。这个忧郁、懒散、激情洋溢、喜好孤僻的人物，创作于1928年，伍尔夫时年46岁。奥兰多前30年为男性、30岁以后为女性，跨越四个世纪，双性同体，长生不老。这个怪诞的人物充分体现出伍尔夫的一贯文思——喜欢探讨人生。他让奥兰多经历爱人、被爱的情感历程、经历为国家服务和流为草莽的体验、经历社交界的喧嚣与为人妇、为人母的亲身体验，期间他始终不忘孤独探索人生的意义。他经历了一个人应该经历的。在书的快结尾处，作者大谈"自我"。

"一个人可能拥有上千个自我，但我们的传记没有那么多篇幅一一描述，只需写出其中六七个自我足矣。""我们建立起来的这些自我，像侍者手擦起的盘子那样，层层叠叠，他们都各自另有寄托，有各自的脾性，各有小小的原则和权力，随便你把这些称作什么（这些东西通常并没有什么名称）。于是，有的自我只愿意在下雨的时候光临,有的自我只肯在挂着绿窗帘的房间里露面,有的自我只有琼斯先生不在的时候才肯出现,还有的自我非要你答应给它一杯酒才肯来——不一而足。"

伍尔夫的小说始终描写人在时间长河里的变化。如《到灯塔去》《海浪》《达洛卫夫人》,当然也包括这本自传小说《奥兰多》。她对人的改变充满好奇,竭尽全力去纵观、考察一生中的细微改变。这不能不涉及各个层次自我的呈现,这正是小说赢得市场的撒手锏。那些不同的自我,有的在疯长、有的残忍地被克服掉、有的被深深地埋藏、有的变形以致面目全非。他们更多是在不自知的情况下改变的,人们只有在累了的时候,端望一杯飘荡着绿色新茶的时候才会发出一声轻轻的叹息。

对于我们社会的转型,自我什么时候才会被大家更广泛地接受呢?相对于二十世纪30年代的伍尔夫与鲁迅,我们对自我有了更多的认识吗?

在人生的长河中,是那个熟悉办公室工作的自我决定我的本质,还是那个手拎一本书的自我决定着我的牵绊?

◎ 打量梦想

2013年暑假，眼见明朗、酷热、琐碎的假期一天天减少，望着被夕阳照得红彤彤的玻璃窗，从充满屋子的潮气里升起一股无奈和慵懒。此时，得知月底将上映电影《了不起的盖茨比》，我为之一振，有了期盼。和爱人一起看了电影，感觉一般，又看原著一遍。后来我问起身边的年轻人，没想到票房如此之高，有人还建议我看70年代的旧版。这本小众的名著在我身边有如此高的观影率，纠正了我对身边年轻人看书的悲观态度。

之后几个月，我在媒体上阅读了很多篇观后感。盖茨比带给大家不同的感受和观点。我看到反响不一，十分快乐，因为这才是名著，才是文学。这也引发我对自己的追问：看了电影和原著之后，我自己有何感想？我一直好奇从我的心田会流出怎样的个人感受。15个月过去了，我终于看到了一股清泉从内心深处缓缓流出，不吐不快。

盖茨比在五年的时间里，经常远隔水面望着对岸的一盏绿灯，绿灯之后是自己曾经爱过的已嫁做人妇的黛西的居所。与一个心爱的女人走到一起是盖茨比的梦想。为此，他开始了现实世界的逐梦之旅。现实世界是个人们追求纸醉金迷、奢华财富的"骨感"世界。20世纪初的美国活力四射，为大家提供了发家致富的机会，盖茨比非法致富。好了，到这里，盖茨比两个自我都是不道德的。一个是非法致富，一个是追求已婚之妇。但是，盖茨比留给人们的印象却并不负面。他之所以没有成为一般叙述者应该谴责的人，源自对梦想的真诚。他虽然非法致富，手脚并不干净，但他知道自己努力的方向是什么！他清楚自己所要的是什么！他想得到黛西，而且是想让黛西主动来找他。这是合理的，他的梦是真诚的，这种真诚反而证明了在污浊的世界里他那颗纯净的心没有被污染。这个真诚的梦符合人性，也符合社会道德（他对黛西持着等待和吸引的态度）。作者让一个美丽、单纯的梦包裹了现实世界的丑恶（非法致富）。罪恶感被美梦稀释掉了。同时，美与丑同时集中在盖茨比身上，形成反差，让判断盖茨比变得复杂！记得一位哲学家说过，每个人在头脑里都有一个愿景，这个愿景支配着人对世界的认识。盖茨比的愿景（对黛西未来的想象和过去的回忆）不仅清晰而且强大。盖茨比是一个普通的人，他的真诚、对梦想的真诚打动了人！

我记得帕乌斯托夫斯基的《金蔷薇》里写到一个故事：一个小贵族孤独一人生活，十分苦闷，一个过路人为了小贵族的留宿，丢给他一个小贝壳，并说这是从航海冒险发现的黄金国带来的。小贵族在过路人走后，想象出现了，新大陆通过小贝壳昭示着他。于是他请求国王资助去海上寻找这个国度，一番冒险，终于登岸，小贵族兴奋不已，满足了自己的心愿，但因疲惫不已，死在了甲板上。

梦想无比美好，但每个人都要小心梦想：它有可能毁掉一个人。当然你会说，盖茨比和小贵族虽然被梦想毁掉，但是过程精彩，人生不枉此行，也值得。谁敢对此结论说对或错呢？人类自工业革命以来，交往越来越多，心智层面越来越丰富。人性呈现出没有过的深邃，人生变得复杂，一言难尽。

假如盖茨比一直梦想得到黛西，但他无力而为，只能靠写诗、绘画寄托思念之情，他一定会成为一个艺术家的。但盖茨比选择了行动，于是现实的悲剧在前面等待着他（可以对比一下纳博科夫的《玛丽》）。为了梦想，我们是应该行动呢，还是寄托在书画中？没有行动的梦想是真的梦想吗？有了行动的梦想一定有满意的结果吗？人如果没有梦想，像盖茨比，如果将发财致富作为最终目标，这难道不是堕落的人生？产生了梦想而不去追求，这是不是一个虚伪、懦弱的人？

没有梦想的人生，与动物何异？但有了想象和回忆往往在现实中招来横祸。请问人类的出路在何方？不要告诉我既要这样又要那样，那岂不是一种丧失真诚的妥协，带着圆滑和伎俩？人可以控制梦想吗？人可以不被梦想支配吗？一切都存在于理想与现实之间，人生如万花筒一般。

盖茨比是一个被梦想毁掉的人，但这不妨碍人们继续执迷和拥有梦想。追求吗？怎样追求？小说仿佛提醒着执着梦想的人思考这样的问题。

◎ 梵高生活的启示

一位学生在台中教育大学做交换生,其间受邀到一所小学做讲座,起因是校方知道她曾在内蒙古支教一年,热带季风气候的岛屿环境使那里的人们对大草原产生了向往。她感到很荣幸,信心满满地开始了准备。为此,她发来电子邮件,征求我这个师长的意见:面对台湾小学生,我该讲点儿什么呢?

我感谢她的信任,在这一个问句里,她也满足了我的虚荣心。一个学生向我请教问题了,我找到了丢失很久的为师的尊严。我立刻盘算起来,要回答这个问题,给予此学生帮助,事关我的尊严和为师水平。我于是找来关于内蒙古的材料,翻开一本本地图册。我要从内蒙古的历史讲起,我要提到在草原上驰骋过的那些民族:匈奴、契丹、金、女真、蒙古……我要提到大青山、大草原、降水量、纬度范围。老师嘛!知识的拥有者,当然要将地理、天文、历史都要表现出来。我一边写,一边揣测对方对我敬佩的心理,我自己也十分满意。我要告诉她一个不一样的内蒙古,让她向台湾小朋友展示一个遥远的美丽的地方……

那天为了找材料,我很晚才回家,我的材料越写越多,总觉得应该讲的都十分重要。回家路上,走在一排排的大槐树下,我忽然想起了梵高。这是我刚刚看完的一本传记。此书是丰子恺在1929年写成的,可谓大师写大师。书的封面是梵高作于圣雷米的《有丝柏树的麦田》,旋转的绿色树冠,蜷曲的云正好摆在书页的正面,摇摆是此画的主题。此书好在两个地方:第一,它是一本小书;第二,编辑十分用心,将画家的画准确地印在文字旁,可谓读到看到,而且印刷精良。

梵高叔叔的一生是尊重自己内心的一生。他画外在的世界,挣脱一个个枷锁。他不去画应该画的,而是画自己心里的景物。表现主义从内心流淌出来,向日葵不再是照片里的向日葵,而是自己心里的向日葵。据说画家一共画了6幅向日葵。

梵高9岁时,在家庭教师和父亲的指导下尝试绘画,那幅画于出生地津德尔特的《桥》实在好看,端端正正,可看出小孩子质朴的用心,画面由白渐黑,过渡得很自然,色调变化幅度大,细节真实,完美,已经是很成熟的笔法了。由此可见,梵高确是在那个荒凉、虔敬的村庄熏染出了一颗沉静、多思的心,其艺术才能已经展现出来。接下去,我们就去欣赏这颗艺术之心如何冲破世俗和传统的枷锁了。

梵高在阿尔为了纪念莫夫(荷兰画家),曾画了一幅《盛开的桃树》,我十分喜欢,色彩鲜丽,在浅蓝的天与云下,在清旷的田野间,两株盛开着红白色桃花的树。这是桃树的全身像,除了篱笆没有多余的杂物,我仿佛看到了梵高保持下来的一颗纯净的少年心!一个人到了中年,那颗少年心如果还能保留着,他就是一个艺术家,这话对于梵高是没错的。其实这一年他已经35岁,距离开这个世界还有两年。那颗旺盛的、健康的少年心!

我觉得梵高的画像一个孩子的作品，线条摇摆的画面透出孩子一般的好玩和质朴。色彩搭配大胆，跳跃，但是和谐、饱满、明朗，十分抓人。那幅《文森特在阿尔的卧室》，简直就是梵高的儿童房，红彤色的床被绿色的地板托起，明黄的夜色与浅蓝的墙壁形成对比，让我不禁思索梵高的内心为什么这么多色彩，这是激情、单纯、孤独的产物。

梵高的大部分作品都是自然物，鸢尾花、柏树、星空、向日葵、花园，少部分是人物，不过是邮差、朋友、咖啡馆里的人、农民、自己，这些都是小人物，所谓眼见即世界，梵高的物质世界不过如此，不过，他的心灵对此进行了超拔的提炼。

这本书是我这一年里反复翻看得最多的一本。丰子恺写得也很梵高，当我剥去整个活页书皮，发现硬纸书皮的封面和封底分别是梵高和丰子恺的影印象。编辑用心至极可见一斑。

啊！对了，回到家我还要为那个台湾的学生回复邮件。梵高叔叔解决了我的大问题。我打开电子邮件，删去之前的所有文字，认真地敲打上一行：

讲你感受最深的东西！

◎ 人生的减法

杨绛先生的《我们仨》，是2014年看的最后一本书。我对一年里最后看的那本书十分在意。我会想是什么样的机缘让我捧起它？我会想往年看的最后一本书都有哪些？早在11月的时候，我就有一天好奇地憧憬哪本书会漂到我手里，像猜想漂流瓶被一个小孩子拾起一样好玩。世界上有那么多书，在一个特定时刻，被我阅读，有一个短暂的时间被这本书占有，我觉得很幸运。

《我们仨》躺在我书架上已经半年多了。我的书架上躺的基本上都是我阅读后的书，也就是我读过的书才有资格站上去，经受我的检阅。就像图书馆上架，一定在里面刻上一枚红印，否则，我觉得那是炫耀自己并浪费了书架的宝贵空间。我俨然把自己的心灵等同于书架了。那里每一本书，我都阅读过，像所有的谷物都发酵过，即使我忘记了书里的情节，但每本书独特的味道，我依然记得清晰。

《我们仨》是不多的几本例外之一。灰里透黄的书皮带着褶皱，显得十分古雅；书的分量很轻，用纸并不华贵；小册子一般的书柔软而有质感，设计精良。用手掌抓起整本书，握紧，感到安全、舒坦，一松开，哗的一声，纸张弹展开，恢复原状，美妙。这是设计、装帧中的上品。

一本回忆录写成三段式,可看出杨先生一丝不苟的审美气质。我叹服作者高妙的三段分法。前两页,点题人生如梦,要好好珍惜,此为第一段。第二部分,认认真真写起那段梦,缥缈、恍惚,如同神话,充满感受、疑惑,那过往的日子就是一个梦,犹如寓言一般,是人生的真实。第三部分才如实写起他们过去的日子。就像小提琴拉的一首弦乐曲,引子、呈示、展开。

我9月份去了微山湖。一辆大巴车把我们拉到城市外面,柏油路变成了土路,我疑惑,我怎么会来到一个如此陌生的地方。在一段两旁长满细高杨树的堤坝上,我们下了车,望见远处,乳白色的轻雾罩着一片水域,我们踩着不熟悉的路,向那里走去,水面上还有夏天清淤时堆砌的黄土,像一条很长的土墙,将水面隔开,仿佛开辟了一条水道,载着我们的电动船沿着这条土墙行驶过去。我不知船要带我们去哪里。是绕上一圈吗?是要去一个景致特别的地方吗?没有人告诉我,在船上的人只是低声交谈着。一些开败的荷花无精打采地站在水面上,雾气仿佛散了些,但远处还有。我还是想不明白,这个陌生的地方怎么就让我邂逅了。读此书的第二部分,真让我想起了不久前的微山湖之行。

直到第三部分,杨先生才开始回忆他们三口人的生活,从她和钱钟书留学牛津开始。假如没有前两部分,这一篇当然能把事情讲清楚了,但是减色不少,或者就完全是另一个样子了,不是小说,而是回忆录了。前两个部分的描写使他们的人生被置于一种特殊的空间里,或者说,那是杨先生的人生观。有了这样的关照,全家的人生就不一样了,我们也收获了一种独特的人生美。杨先生修炼的美浸透了她的书和人生。

书中文字典雅，叙事清晰，娓娓道来。像一幅中国画，线条流畅，气质淡泊。作者只写自己所感、所见的细节，她相信生活是由这些真实、琐碎、平淡的细节组成的。如她所说：一个人在紧要关头，决定他何去何从的，也许总是他最基本的感情。她自觉地拒斥宏大的叙事语言、抽象的社会名词、大而无当的气氛渲染。她相信基本的人性，如：因为上初中的生病的女儿总开会，干脆休学在家，搬到师大公寓生炉子，自己不愿开会甘当"散工"，写得亲切、真实。杨先生用这些细微的生活琐事来编制一个温暖、平淡、安静的家。

杨先生写钱钟书不去谋联合国的位子，写劝女儿工作别太累，写自己不去积极进入体制。这是她的生活观，是一种人生做减法的智慧。她爱惜自己的女儿钱瑗，欣赏她的才华，写女儿能给外国专家做评定，在会上能讲自己的话，她同时也惋惜女儿的才华。她说钱瑗是"可造之才"，但始终只是一粒种子，只发了一点芽。他看钟书每天第一件事就是写回信，感叹这是还不清的债。

看完此书，不禁发现在书的封底印着从2003年7月开始出版以来不停重印的时间，一直到2012年6月，我看的就是2012年的第26次重印，至此共印864000册。这让我很惊讶。一本不厚的小册子能反复印上这么多，足以说明一些问题。也许人们对家庭、对文化有着天然的向往。也许现实所缺的，读者们想从书中获取。

◎《洗澡》的妙处

杨绛的《洗澡》果然写得好。好到什么地步？那要看了之后才能体会。像我这样没有经历过那段特殊岁月的人，首先感受到的是雅洁、精致的文字中流露出的淡淡心酸。整个小说像山腰上的一缕浮云，挂在半山间，洁白、晶莹，与书籍的装帧形成巨大反差。我看的版本是硬皮，单色绛红，很抢眼，与文字风格并不搭配。印刷精美，用纸讲究，反而产生一种距离感。为什么没有雅洁的包装与之相配呢？

小说结构分段，可谓精心设计，我体会杨绛先生的用心，确是独到、高妙。三段分法，如西方的一组古典小提琴协奏曲，三个乐章各有主题，又能组成一个整体。不同之处是外加的一个"尾声"，这个尾声很点题，巧妙、韵味无穷，是小说的精彩一笔，可谓画龙点睛。像一段白云仿佛要沉降下去，忽然一阵风，不知不觉、悄无声息地又被气流抬了起来，使整片云还是一个整体，好像什么也没动，一直挂在原处。

第一段的"采葑采菲"，缓缓地开头，提琴的乐音开始了。于是，小说从人们最熟悉的现实生活场景开始，出场的人物余楠、宛英和胡小姐并不是小说的主人公。仿佛从一个偏门走进了一座房子。不过，这一走，使读者了解了整座楼宇的来处、风貌。单就这一段，并不精彩，但是余楠请客抠门、胡小姐规划丈夫、宛英不放心老公、婆婆留下私房钱，一派市井气息扑面而来，人间百态，谁不是如此？被各种关系拉扯下的小人物，任由人性不知不觉地支配着，恐惧未来的无依无靠、不能抑制的男女私情、不得不有的社会面具、功利的人生规划、面对社会变革的无奈。当然还有熏鱼、"愿作鸳鸯不羡仙"的田黄图章。一幅世俗社会的剪影，影影绰绰，仿佛是《清明上河图》中的一段。没有上帝保佑、宗教压迫、内心大段的辩论、独白，有的是线条式的轻描淡写、缓缓拉开，像展开一段素雅的画卷，中间藏着市井生活里懦弱、想入非非、随遇而安的知识分子。

最美妙的是第二段彦成与姚宓的恋情，那夹在家庭伦理与社会成见中的爱情，单纯、美好、淡淡的、甜甜的，是大地之子——人的独享，是人所以成为精灵的特性，是人性的流露，什么力量也压不垮的东西。写他们相约保持"机灵"以掩人耳目，写他们在姚宓家互留纸条，表达纠结之情，尤其是他们说好去香山，而彦成又害怕被发现，突然违约，这想又不敢的心思，早让杨绛先生参透了。读到这儿，真同情他们被压抑的纯真情感。更要命的是，杨先生把这种微妙的情感用讲故事的方法呈现了出来。这种拉一把又推一下的写法，太能说明我们这个含蓄国度了。雨果《悲惨世界》里的珂赛特和革命青年吕马斯，《少年维特的烦恼》里的维特和绿蒂，《马丁·伊登》里的主人公和罗丝，他们的恋情可不是这样的含蓄、婉约、淡雅。相反，那里的恋情，火热得能烧死人。比如：彦成惟恐丽琳瞧他为姚宓如此尽心，所以非常"机灵"，恰如其分的疏远，恰如其分的冷淡。姚宓呢，她牢记着自己的警戒。而且，假如只是为了别对不起杜丽琳,那么,说不定会辜负另一个人。如今姚宓看到彦成的疏远和冷淡,觉得自己只要做到别做傻瓜就行。虽然心上隐隐有些伤痛,但要使自己的恰如其分非常自然……

人性永远是文学的着力点,人性在社会中呈现的形态永远吸引人,何况作者选取的是爱情这个永恒的话题,是个很中国式的爱情。

第三段写知识分子改造,写得诙谐幽默,我知道那里包含着巨大的内心苦楚。但是作者已经修炼得十分了得了。杨先生用那么美的文字,幽默地表达出来,使这段经历像一层糖纸包了一块苦咖啡,让咖啡显得更加苦涩,是能笑出眼泪的。

那被压抑而永远不能消失的人性,它呈现得越是甜美,越是表明它身上巨石的沉重。纵观人类社会,真是到处都充满了巨石,但还好,总有文学来反抗它,记录它。

好的文学是战斗的,是美的。我感受最深的是小说的美。

◎ 回忆与梦想

《枯枝败叶》是我 2015 年读的第一本小说，于是，这本书具有了不同的意义。我爱胡思乱想那些在特定时期读的小说名字。一年开始，看中的是有个好的开端，可是偏偏《枯枝败叶》漂到了我的手里，听起来实在有些晦气。可是这样的事还真不少。2012 年，我孩子出生时，爱人在医院的病床上已经躺了一整天，我在旁边一直静守着，手边的书是狄更斯的《艰难时世》，莫非对尚在肚子里的孩子隐喻什么？

此书如何到我的手上的？是一个年长者，从堆满书籍的沙发上，随手抄出来的。"拿去吧！这几本送给你了。"容不得我回绝、选择，我说了声"谢谢！"，转身而出，一手僵硬地拖着几本书。我很在意书是怎么到我手上的。曾经一个人答应有笔剩余款项要着急花掉，说是可以让我任意买。我一开始很高兴，可又迟疑起来，最终放弃了。我想，如果我用那些钱一下子买来一堆书，我一定不会珍惜的。我喜欢一本一本地买，每一本都是心中发酵好长时间，于是，书的到来，就像一杯甘露之于一个口渴者。这本身就是一种精神的愉悦，我敝帚自珍，不愿将这人生的点滴喜悦被人剥夺。

《枯枝败叶》是马尔克斯写的第一本小说，处女作，出版时他刚刚 28 岁。我用两天时间读完。觉得十分奇特，诡异。马孔多小镇上的大夫死了，这个大夫自从来的那天便一直待在镇子上，他不工作（多年前还在家给别人看看病，但随后就什么也不干了），不远行，不爱与人交往，颓废在家，像一个等死的人，没有人知道他的姓名、来历和他生活的向往。他是在房子里上吊而死的，小说通过祖父、母亲和男孩为他收尸的短暂时刻，让他们三个人分别展开回忆，从三个视角回忆大夫的过去时光。小说，讲到三分之二处还吊起我的好奇心，想知道大夫的身上发生了什么。但是直到结束，也没有答案。合上书页的一刻，我发现自己上了马尔克斯的当，还有什么比小说能一直吊着读者的胃口更成功的呢？那种欲罢不能、疑惑、想一探究竟的心理在小说过半的时候一直是我的心理体验。小说隐晦、迷惑、昏暗的色调增加了小说的神秘感（小男孩的回忆除外，笔法简洁、明亮），总感觉马上要发生什么。橡胶公司、枯枝败叶，几次出现，并没有交代清楚。青年马尔克斯旨在通过回忆创造一种魔幻的气氛。比如这样的文字，开篇处，"大街上传来太阳的嗡嗡声"；还有"阳光一下子冲进来，如同一只猛兽破窗而入，一声不想地东跑西窜，淌着口水，四处闻嗅，狂暴地挠着墙壁，最后，在这牢笼里找了个最阴凉的角落，悄悄地卧了下去"。

小说是一本关于回忆的书。年轻的马尔克斯将目光投向一个无为、无价值的人，这本身就代表了马尔克斯的价值观，好的小说家要与现实保持一定的距离。另外，作者钟情于回忆，第一次写作就采用复式，三个视角回忆。回忆是此书的主题。

我好奇的是年轻的作者喜欢回忆，而没有选择梦想。而我现在的身边确是一个将梦想做口号的环境。那是因为我们的年轻人没有梦想而耽于回忆吗？显然不是，更让我担心的是既没有梦想也没有回忆。

看完这本书的第二天，我到食堂去吃饭，遇到一位熟悉的学生，我坐了过去，她的对面是她的同学，即将结束硕士阶段的学习。我问她未来怎么选择。她清晰、明白地告诉我：

"到爱丁堡大学学习英语文学一年。"

这让我想起了休谟，想起了旁边的格拉斯哥大学、亚当·斯密。我们交谈得很愉快。她起身离开时，我祝她生活得愉快！短暂的时间，我们三个人同时憧憬着未来一段美好的时光，也许，这也是一个事关梦想的线头。

梦想让人行动、内心飞扬，回忆使人孤独、宁静；回忆选择了自我，梦想总要感召他人。为什么我们可以旗帜鲜明地倡导梦想，而没有善意地提醒大家回到记忆中去？人生有众多的经历去回忆，是一件幸福的事。也许一个人的青春就是用来回忆的，有可供回忆材料的人生才是饱满的人生，也许年轻人的最大憾事就是少有东西可供回忆，那时我们对身边的事物还很淡薄。是不是可以说，人生的品质取决于回忆？

比那个同学年龄大不了几岁的马尔克斯，当年选择了好好回忆，《枯枝败叶》诞生了。

◎ 小地方的温情

一本书可以是买来的，借来的，但都比不过是朋友送来的。

一位朋友是简·奥斯汀的粉丝，她看遍了所有的中文译本和电影。我的书架上还摆着一张光盘，这是她两年前送我的，是美国人拍的《简·奥斯汀的独白》。如果要在身边人找出这样的古典文学爱好者，真如大海寻针一般，仿佛这样的人是社会的异类、不入流者、不合时宜者。一个毫无色彩的下午，这位古典文学爱好者将塑料袋包裹的此书递给了我。一再强调，这是刚刚翻译出来的。于是，我想起了一个新鲜的、绿中带粉黄的芒果。

一个被别人送书的下午是美好的。当时，我坐在椅子上，想假如大家都有送书的习惯，我们的社会该多美好啊！想到这儿，我立刻判断，这是一颗被社会塑造的惯常心理，一件事，总是想到社会啊、国家啊。还好，我及时打住，我把这件事局限在自己的内心，于是，整个世界都如节日一般了。

我还没讲此书的名字，它是奥斯汀未写完的小说《沙地屯》。这首先让我再次惋惜她的生命，37岁。书名显得很土，这让我想起自己出生、成长的小村庄。200多年前英国的一个不起眼的小地方，被后来尊称为大作家的奥斯汀书写，并当作书名，响遍全世界，这该是此地的幸运吧！这种作者未完成的书还有很多，曾经有个人专门写了一本书，梳理那些没有写完作家就去世的书。近的如《红楼梦》，远的如福楼拜的《布瓦尔和佩居榭》、圣·艾克苏佩里的《要塞》。读这些未完成的书，总让我好奇地揣测作者死前的内心世界。由此，我会多出一分对作者的敬意。

沙地屯，一个海边的小地方，200多年前的一位中产绅士帕克先生和妻子去寻找一位医生，目的是请他到即将建成海滨度假区的沙地屯做医疗保健，以此招揽生意，为自己开度假村的宏图伟业增添筹码，故事从此开始。第一章，车子不小心翻倒，他的脚崴了，好心的当地人黑伍德先生帮助了他，并留宿了帕克先生和妻子，以使受伤的脚得到完全康复。几天下来，效果很好，而且两人还建立了信任和良好的感情。

这一章看下来，让我感叹英国乡村的温厚礼仪，人们之间的淳朴情感。它就像一个透镜一下子照见我们生活的现实。陌生人之间有的是冷漠，摔倒了不敢去扶。等等，我的思想怎么又想到了社会？总之，奥斯汀前两章写得十分用心，可能这贵族传统、温良市风才是作者的内心追求。据说，后来的狄更斯、萨克雷在社会上升期的维多利亚时代，面对资产阶级的崛起，金钱的至上，十分怀念这种上古之风。即使从翻译的文字中，也能感受到奥斯汀文字的独特魅力，用现在的话来讲，这两章，"没用"的文字太多，还有点黏滞、拖沓。对一个动作的反复描写，让人想起女士雍容华彩的衣裙，下摆的花纹、衣褶，毫无用处，但具有较强的装饰感。如果与现代文学印象派对照，那种简致、文雅、散发着淡淡伤感的文字相比，就更明显了。

总之，一开卷，奥斯汀就扑面而来，久违的气息！

奥斯汀的小说，叙述起来就像一棵树的枝丫，朝着一个方向伸出去，会产生更多的枝丫，然后，奥斯汀会在读者忘掉树干的时候，再写回来，于是又一个枝丫产生，随后一连串的枝丫。人物众多，集中在不厚的小说里，让我有一种进了舞场的感觉。眼花缭乱，一下子分不清要找的是谁。而且，她在主要人物之下，次要人物也着力描写，于是，自己就要十分细致，就像在沙滩上捡珍珠，分辨主要人物的性格。它往往隐藏在不起眼的对话里，三两句的简单交代中，不留意，一下子就过去了。她的小说是读者心灵精致程度的考核单。

书中，我发现奥斯汀的创作是拜阅读所赐，她喜爱书籍，可算人类较早觉醒的女性了。看这句：

这里图书馆当然应有尽有；世界若没有他们就不称其为世界了，一切没有用处的东西都可能在这里找到。

作者创造的人物仿佛是从她阅读的书里走出来的，而非现实的模拟、加工。

奥斯汀善于在家长里短中抽离出人物的个性。那些我们平常所见的家庭聚会、村边偶遇、商店里的碰面、花园里的窃窃私语，无处不显现出人物的鲜明个性。奥斯汀知道每个人都具有的虚荣心、自私心、见识、出身可以编织出不同色彩的人生。比如：

爱德华爵士最伟大的人生目标是引诱妇女。他深知自己的外表具有何等的魅力，他还满以为具有同等的天才，因此他相信引诱妇女是他责无旁贷的义务。

帕克家族无疑是一个富于想象和感觉敏锐的家族，做兄长的以计划旅游工程为他的过剩的兴奋情绪找到了发泄的机会，做妹妹的则可能也以不由自主地发明各种莫名其妙的病痛来消解她们的多余的能量。

　　小小的沙地屯，这个海滨小镇上的人们，经过奥斯汀细致、惟妙惟肖的描述，这个地方变得可亲可爱。书的扉页上有一幅画，浓郁的天空，卷着厚厚的云，一望无垠的大海推着岸边一条条白色的水波，小镇上的人们在沙滩上劳作，有戴着帽子的壮年男子，有赤脚的小孩，有劳作的成年女人，一辆马车，双轮滚过海水，几条船，有的飘在海上，有的休憩在沙滩里。一个经过自己感官细细经验过的地方呈现出一个意义世界。我想起了自己小时候待过的小村庄。

　　很可惜，故事只讲到87页，奥斯汀就离世了。

　　我忽然有个小想法，送我书的这位粉丝，何不续写《沙地屯》？

◎ 为什么不是励志故事

寒假开始了，望着漫长的假期，庆幸自己有了一段时间的自由。不知不觉选择了左拉的《小酒店》开始阅读。记得4年前的一个夏天，我看了左拉的《娜娜》，阅读间歇，放在沙发上的书被偶尔来串门的老姨闯上了，她脱口而出一句：这也是名著啊！然后，疑惑地拿起翻看，身体完全靠在沙发上，头仰着，好像很累的样子。其实老姨根本不了解小说，但是这句话暗示着我应该看名著，有些书是消遣的，不值得花时间读。"娜娜"的名字好像离名著有些远吧。我十分感谢老姨在我高中时候，从印刷厂为我搬来一整套《希腊神话》全集，红红的一套，摆在书柜里，让我很骄傲。《小酒店》是我读了《娜娜》后从一位比较文学博士那里听来的，当时我就想终有一天此书会来陪伴我一段时间的。于是，这个冬天，这部左拉的代表作陪我度过生命中的一段时光。

这是一本有关穷人的故事。19世纪，从普罗旺斯省来到巴黎的绮尔维丝，经历两次婚姻，在打工、创业的艰辛中，最后坠落死去的故事，让左拉写得绘声绘色，内容厚重。

左拉的创作受巴尔扎克的影响，左拉出生那年，巴尔扎克41岁。二十卷的《卢贡-马卡尔家族》类似巴氏的《人间喜剧》，誓要做历史的记录者。他们两个同样创作力惊人，像文学史上的大力士。同为当时的巴黎，那个资产阶级兴起，新的生产关系确立的时代作了一幅幅现实主义的画卷。

左拉和巴尔扎克都将目光投向巴黎城郊，投向省市边缘的那些外省小人物，然而左拉的眼里更多的是穷人，巴氏的视野要宽广些，有贵族和有钱人。仿佛左拉对穷人的了解更多。

文学就是写社会、人心。有什么样的社会就有什么样的人心、人的命运。19世纪的巴黎，作为人类最先进生产力的代表，为作家提供了广阔的素材。左拉将人物命运置于新兴的技术社会里。在《小酒店》里，左拉描写了很多新技术建的大楼、机器装置、各类手工业，他认为这些都是吞掉人的怪物，作者描写生硬，突出了机器毫无人性的特点。古波是绮尔维丝的第二任丈夫，在结婚前，他带着她去看望自己住在一幢肮脏大楼里的姐姐，出来后，作者写道：

在黑暗的深处，由于自来水管没有关紧，一滴一滴的水声冲破了沉寂。绮尔维丝似乎觉得那所房子冰冷地压在她的肩膀上，她像小孩子似的害怕心理始终在作怪，后来她自己也觉得好笑。

作者还描写了制钉厂，顾奢是绮尔维丝的邻居，在他领着她参观自己的工厂后，作者写道：

顾奢不是凶恶的人，然而他有时候很想抢起费芬（一把二十斤重的大锤）来把这些机器都打得粉碎，因为他恨那机器的手臂比他的手臂更结实……将来总有一天机器会损害到工人身上；他们的工钱已经由十二法郎降到九法郎，人家还说要再降低呢；而这些机器毫无趣味，它们制造铁钉像制造香肠一般……机器制成的钉子太齐整了……我比较喜欢您所做的。因为至少可以看得出一个艺术家的手法。

左拉如绘画一般，详细描写了小酒店里的制酒装置、玻璃器皿如何将酒蒸馏出来并从远处输送过来，熨烫衣服的设备，手工业者如何制作金链子，工人如何打炼铁钉，手工纸花的制作，等等。

除此之外，书中提得最多的是饮食、喝酒、各类价钱，还写到一次结婚和一次葬礼。作者认真记录了各种食物的价格、租金、工资。这些数字反复、详细地出现，大概作者意识到金钱关系正在取代原来的人与人的关系。

左拉认为，人是环境的产物，同时人性中又有很多兽性不能排除掉，如贪吃、贪喝。书中有大量关于吃喝的描写，众人一起饕餮。书里认真记录了菜品：白汁小牛肉、肥鹅、猪排骨加马铃薯、肥肉煮豌豆、红烧肉、大蛋糕、水芹菜。好像人们的最大追求就是吃喝，这让我想起《卡拉马佐夫兄弟》里，老二作案成功，出逃后，有了钱，要了一大桌菜，放肆地大吃起来。左拉早已发现贪吃使人堕落，也是愚昧的表现。

那些新产生的工具、关系又进一步促使人的兽性张扬，于是他笔下的穷人几乎都堕落了。他写到：

然而假使她不同那些被穷苦的环境和恶习染坏了的姑娘来往，也不至于坏到这种程度。她们一个紧挨着一个，怎么不会一块儿腐烂呢？譬如一筐子的苹果，其中有一大半腐烂的，其余的也自然跟着腐烂了。

这段话真仿佛此书的中心。让人同情金滴街里的穷人的同时，开始思索造成腐烂的环境。左拉对新生事物充满怀疑，这一点，仿佛为民众拉响了警报，此书奠定了左拉的文学地位，书一出版就成了畅销书。这一点在我们的社会到现在还不具有如此的风尚，人们热衷新事物，追赶新潮流，认为新的就是好的。俨然没有拿来好好掂量一下的停顿与思考，比如手机、互联网、高铁、旅游等等。看完书的时候，正好看到2015年1月26日的一个新闻：武汉，50年来90个湖泊消失。现在，大学生找工作全都一副急急的样子，真想说：别急！

很多文学家为了表达一句话，往往写上厚厚的一本书来阐释，不像东方人，一句话就可以道破天机了。左拉的观点是：人是环境的产物。于是一套厚厚的《卢贡－马卡尔家族》诞生了；歌德说人应自强不息，于是一部晦涩的《浮士德》诞生了；托尔斯泰说人应完成精神成长，于是《战争与和平》诞生了。

左拉明显继承了巴氏批判现实的作风，同时，文字表现上，也十分现实，比如，桌子上摆着一些物品，文学的任务就像绘画，一件件写下它们的名字、颜色、大小就可以了。真是到了文学不需要想象的地步。"开遍绮尔维丝在早上五点钟醒过来"那段，就是一幅现实画。文学领域的印象派（虽然左拉与塞尚是中学同窗）、表现主义还没有站到舞台上来。但领略现实主义文学家的精细、认真、事无巨细、阔大的胸怀也同样令人振奋。关于人的堕落，左拉有自己的观点，工业生产和人的兽性。

最后一点，我发现，西方经典文学作品几乎没有励志小说。我们现在的社会倒是成功学随处可见。有些人从《鲁滨逊漂流记》中读出励志的成分，但我想那是读者的一厢情愿。《马丁·一登》倒是有咸鱼翻身的情节，但是最后的结局反而否定了大众期待的价值观。左拉笔下的绮尔维丝、娜娜全都堕落死去。

◎ 门罗眼里的世界

最近，手头实在没书可看了，于是拿起了门罗的《逃离》。我看书不喜欢跟风，同时对有成就的人充满好奇，这就是我将此书放在书架上两个月而又没放弃的原因吧。这位 2013 年诺贝尔文学奖得主，一个 84 岁、隐居在加拿大荒僻之地的女士，有着怎样的内心世界，这种好奇心让我进入这本代表作。冬天的一个中午，我曾在三环路上的过街天桥上见过此书，书的主人将它同十几本书放在一块带格子的方布上，作为二手书进行售卖，那个人是个中年男子，高个子、圆脸，穿着一件普通的大衣，我猜想他并不经常摆摊。我一眼就看到了这本印着一株蒲公英花的白色书。当时，我驻足，一股少有的暖意在冬天袭来。

这本代表作让我了解到门罗的世界有两个重要的东西。一个是人与人之间的分离；她真是对分离着了魔，她好像要穷尽人间所有情感、思绪、偶然事件导致的人与人的分离。这本书写到了：年轻妻子与经常发脾气的丈夫分离，年轻人因不喜欢与陌生人分享情感而导致的与路人的彻底分离，老父、老母摒弃感情和谐而渐行渐远，女儿不知原因的出走与母亲分离，打工女子突与未婚夫分离，母亲与亲生女儿阴阳两界的分离，因孪生兄弟导致的误会与有缘男子的分离。在门罗的世界里，分离是这个世界的本质，我不知道是什么原因导致她对平凡女子与别人的分离如此有感悟。她将这一点浓墨重彩来写，可以轻易触动稍有经历的所有人。我相信阅读任何一本书、见任何一个人、到任何一个地方旅行都是在怀疑自己的人生，使自己有机会反省：为什么自己没有变成那个样子呢？正如书中门罗所说：生活的要义就是满怀兴趣地生活在这个世界上，看每个人的可能性——看到他的人性。我们的社会文化讲"和"，都上了2008年北京奥运会开幕式。我写此文的第二天，就是春节了，将有28.07亿人次因一个节日迁徙，相当于整个北美人口4倍左右。我也将在明天坐上高铁，全家迁徙到另外一个城市，我们喜欢一家人合在一起，即使我们都知道，每一个回家团圆的背后都有一个分离的故事，这不，为了我到另一个城市去团聚，我今天要将自己的母亲送回她自己的家。我们更愿意从团聚的角度感受世界，那有多美好啊！多么不同，门罗的视角却在分离上，这一点有点求真的意味。于是，一个个悲剧发生着，文学直面真正的人生。

我喜欢她写女儿离开母亲的情感，在《沉寂》里，她解释道：我的女儿没有对我说声再见就离开了，她也许并不知道自己是在出走——那只是她发现了怎样安排自己的生活方式的一种办法——更有可能是一件与她纯洁的天性有关的事儿。

门罗还用小说反省自己，在第二篇《机缘》里，她通过故事，向自己提出：人应该成为精神之塔，执意去建设一个孤独的、丰富的、不问世事的精神的自我还是去选择人间的爱与被爱、逃避与抛弃呢？从书中，我判断，作者门罗不喜欢书呆子，她更支持后者（我还发现，门罗不相信宗教、讨厌稳定工作、喜欢有想法的女孩子）。这个问题可是有点大，好像歌德的《浮士德》一开篇就展开了讨论。不能做一个仅仅埋头读书，不关心别人的人。

她的一个个分离的故事还让我想起，几年前，我让人从美国带回一本《野兽之美》，我曾翻译了一百页，最终放弃。作者从动物界的角度看人，开篇以一对白天鹅为例讲到始终如一、忠诚不变并非人的天性。

门罗的另一个世界是加拿大人的日常生活。我读到此书的推介就是"你想了解加拿大普通人的生活琐事吗"，不厚的一本书，她仿佛要穷尽所有普通人的生活细节。在自家农场里喂马，在厨房里为婴儿沏奶粉，在湖边与家人小聚，护士在病房查看病人，为主人打扫房间，人们怎么乘坐汽车、火车。她不厌其烦地描写尘世的种种生活细节，透出女生的细腻和敏感。毕竟，文学作品是表达生活细节与人的情感和思想。门罗像个现实主义画家，最普通的生活细节，她也喜欢精致的描述。

我喜欢《播弄》这个故事，26岁的女主人公若冰，坚持独自一人，乘火车去斯特拉特福看莎士比亚的演出，看完后，离回家的火车还有段时间，门罗这样写道："戏散场后，她会沿着河在市中心一带散步，找一个花钱不多的地方吃点东西——往往是吃一客三明治，她会在柜台边的一只凳子上坐下。然后乘七点四十分的火车回家。这就是一切了。然而这短短的几个小时使她充满自信，认为她即将回到里面去的那种看来是临时将就不能令人满意的生活，只不过是一个短短的插曲，是能轻松忍受下去的。而在它的后面，在那种生活的背后，在一切东西的后面，自有一种光辉，从火车窗子外的阳光里便可以看出来。夏日农田里的灿烂阳光与长长的投影,就仿佛是那出戏在他头脑里留下的余景。"

写得多美!这让我想起我上大学二年级的时候,独自一人乘车去王府井的人艺剧场看话剧《阮玲玉》,花了8块钱,买了最便宜的门票,坐在二楼剧场的最后一排。我为自己独自做出这个选择下了很大的决心。直到现在,我才知道这件事表明我与大多数人有很大的不同。

◎ 黛西的"不确定"

亨利·詹姆斯的大名,我是很久以后才知道的。这位大作家,我错过了多次,直到我这次阅读《黛西·米勒》。一部短篇小说,没想到,果然大家手笔,洞察人心。

这部由很多对话组成的小说,让我想起奥斯汀,我一直对"对话"这种方式不感兴趣,(写对话的高手要数雷马克)觉得不如直接得心理描写来的直接、了白、透彻,但是"对话"自有它的特点,那种将判断交给作者的放心态度体现了作者的谦虚、文明,像个彬彬有礼的绅士。自然,阅读"对话"更要求读者沉下心来,花些力气。像山上寻宝,不能直接取来,而是要拨开杂草,仔细辨认。作者这种塑造人物的方法如同打磨雕像,砍掉不必要的材质,剩下的才是人物本身。

关于这部小说可以一层层读下来,不断揭开面纱,每次总有新的发现。

最直接的发现,正如约翰·梅西写的《文学的故事》里讲的,这是一个天真的美国姑娘不能理解欧洲旧世界人际关系之复杂和道德败坏的故事。黛西大胆、有主见、不做作,不把社会俗礼放在眼里,有想干就干的大胆愿望和行动,但是就因为她的不听劝告,在深夜造访罗马竞技场,得了罗马热,之后几天,她就死了。从故事的情节发展来看,仿佛黛西为自己的大胆行为付出了巨大的代价。

　　再从故事的另一主人公来看,这部小说始终被主人公疑惑、不解的气场笼罩着。这种气场的营造仿佛告诉读者,认识一个人实在是件艰难的事。男主人公温特博恩被黛西小姐的身影和气质吸引,于是,试图接近,没想到,她给他留下的印象是肆无忌惮和天真无邪交织在一起。他担心她是个轻浮的姑娘,然而黛西的话和行为又让他略感真诚。于是这种迷惑、不解一直笼罩着整部小说,也迷惑着读者。小说好像讲了一个如何认识人的故事,温特博恩带着读者去认识一个美国姑娘。我想起了那句话:爱情,始于误会。其实,何止爱情,友谊不也是吗?这种迷惑一直持续到最后,形成詹姆斯小说的特点,这是写小说的高手,将一种悬而未决的气氛不断保持。这种对人表现出疑惑,是年轻人的共同特征,没有人生经验的小年轻,对外面的人和事充满好奇,没有勇气下判断,但又不断被吸引。王蒙的《组织部来年轻的人》也是写年轻人的疑惑。过了疑惑阶段的我,反而不知人生疑惑好,还是明了好了。

　　还有一层,主人公黛西很像奥斯汀《傲慢与偏见》里的伊丽莎白,一个中产阶级家庭出身的年轻女性,在传统、习俗巩固的社会氛围中保持自己的见解,大胆追求自己所想要的东西,与身边的保守势力发生摩擦。显然,有主见,不为世俗所裹挟,这是作者欣赏的。这就像女性启蒙小说,文学担负着发现自己、寻找自己的功用。当一部分人冲破世俗时,社会就向前走了一步,原来被时代奉为金科玉律的东西,成为另一个时代的闲话。此书又仿佛是女性的自我意识启蒙。然而她比伊丽莎白还多了一层内涵，是她的延伸，这就被奥斯汀更深入了一步。

然而，这些还不算完，再继续探究，你会发现，黛西不仅肆无忌惮，在她人性的万花筒里还反射出自尊、自重、忠诚的品质。在黛西去世之前，她通过别人告诉温特博恩，自己没有订婚，说明她一直想念着小伙子，并希望得到他的理解、认可、尊重。这与男主角的经历形成对比，文章最后交代，不久，小伙子好像又有了新的意中人。然而一个特立独行但却忠心不变的自尊的形象被烘托了出来。一只高高飞翔的鸟，原来是一个风筝，它的线牢牢地连着地上的人。这是清高的自尊、自重，还是渴望凡人认可的人性弱点？那些特立独行、蔑视常规的人同样想得到顽固势力的认可。这多少让我看出一些可怜，但，谁能逃出这人性的迷宫呢？读詹姆斯的书，读者要花费一些工夫。他最擅长的可能就是描写这种"不确定"。在这本书里的另一篇《真品》里，我读到一段话，表达了作者的写作意图：我喜欢看上去近似的东西，这样人们反倒可以确定。至于它们究竟是不是真品，实在是个次要而且几乎无益的问题。这就难怪，人们将他看成现代小说的开始了。

他的小说还让我想起王尔德的小说，文笔隽永、优雅、想象力丰富、故事好玩，没有明确的价值指向。写成好玩的样子，没有留下刻意的痕迹，这需要十分高超的功力。不是靠"头悬梁，锥刺股"而习得的。

我想象着詹姆斯头戴黑色礼帽，面孔严肃，一副优雅的神态。

◎ 巧克力味道的小说

今年春节在西安过的，初二下午，自己有半天自由时间，决定去西安市区的钟楼书店买书。一定要买下一本可看的书，否则会迎来无书可看的日子了。我从钟楼地铁站上来，按地图指引，向一个路口走去，西安的钟楼从来都是人流密集的样子，我走了不远，在路旁的人流中，见到一块矗立在地面的石碑，上书"钟楼书店"，我转到背后，有几行字的说明，得知此建筑建于1954年，1955年落成，是当年全国很有规模的几家新华书店之一。我退后几步，仰头看，四层高的楼房，墙体外有五角星和飘带的浮雕，彰显着新政权的刚刚建立。可是，一楼是敞开大门大摆服装鞋帽的摊位，得知，已经变成了商场，钟楼附近寸土寸金，看四周，商楼林立，熙熙攘攘，商业显示出吞噬一切的魔力。我客气地向一个摊主打听"钟楼书店"在哪里。摊主疑惑的样子，正要回绝的时候，身边走过的一个小伙子，三十多岁，成熟的样子，接过我的问话，向远处一指："往前一个路口，就看到了。"他穿着一件米黄色的棉服，一只胳膊斜着伸直了，指向远处的一个方向，身边是他的妻子和一个小男孩儿，一家人。我道了谢，继续往前走，果然，不远，路对面，有一个高大、结实的建筑，红色的"钟楼书店"四个字十分醒目。

还好,在一片商业之海里,没有委屈了一个书店。

我到二楼,在外国文学书架前,发现了很多熟知和不熟知的文学书。书柜里的书,拓展了我的认知边界,比我预想的要丰富很多,我简单浏览一下之后,选了两本,其中一本是贝娄的《寻找格林先生》,书很薄。结账,很遗憾,今天有春节促销的打折时段,我晚了十分钟,错过了。

我提着书,心满意足地穿行在陌生的城市和陌生的人群里。

此书包含贝娄的4个短篇小说,以最后一篇小说的名字《寻找格林先生》作为全书的名字。我阅读首选的也是这一篇,因为,他的译者是大名鼎鼎的董乐山先生,我还记得他译的海明威的《伊甸园》,简短的句子,明快的风格,令人赏心悦目,由此产生愉快的阅读享受和美好的心理体验。

贝娄的小说,能感觉到一种特殊的味道,醇厚芳香,苦中带甜,很浓郁的味道。小说都不长,但是包含的人物众多,多是城市里的市井人士。每一篇小说不像简短的音乐小品,而是一个时间不长的交响乐,每一个短篇都可以写成长篇。读完这些小说,内心五味杂陈,在佩服他有讲故事的超强能力之余,有一种物超所值的感受。

贝娄的着眼点多在芝加哥的城市生活(他曾任教于芝加哥的西北大学),那些吃救济金、打杂工的小人物,他一丝不苟地写来,就像巴尔扎克、左拉的现实笔法。在贝娄的眼里包含两个不同的世界,一个是现实的、物质的世界,一个是精神的、价值的世界。他习惯将现实世界里的行为描写得丑陋至极,如偷了人家银碟的父亲,骗了人的妓女,然而,这些现实世界和道德世界里明显的丑陋现象,放在价值世界里,忽然变了模样,原来的人物发生了倒转。我原来也意识到，观察一个人的行为，要与人干此事的动机连在一起观察，大概这就是现实世界与价值世界的对接吧。好了，事情会发生意想不到的变化，像手中的万花筒，轻轻转动，哗啦啦，景像翻转了。

贝娄善于将现实世界的行为描写得极为丑陋，这样故事可读性提高了，同时也能更好地衬托人性中善良的一面。他还通过主人公"我"展现人性中美好的一面，如坦率、诚实、勤劳、上进，他让主人公在不堪的现实土壤中不断地反思，展开对死亡、生活、世界的终极追问，他把这种终极之问也当成了人性的一部分。主人公的思索，始终没有明确的结论，而且还充满疑惑，那种追问是十分个人的。年轻的时候，最容易受到外在世界的启示，一个人的言行会带给一个初入世界的小伙子意想不到的价值观，不经意的一句话会掀起波澜甚或巨浪。

总之，这几篇小说让我感到生活的艰辛、质朴、内敛的情感、庸常的城市生活，以及一个在生活的磨炼中不断向上求索的年轻人。不知为什么，这本书总让我想起巧克力的香甜。

◎ 让我想象无花果树的书

《我心深处的文法》是以色列当代作家格罗斯曼的作品，以色列两位文学巨匠（另一位是奥兹），我都有所领略，我感到很荣幸，而且我读的是奥兹《爱与黑暗的故事》，这两部小说有着共同的着眼点，都是带着伤感回忆家庭成员的情感碎片。大概在二战后，人们没有大的社会动荡，家庭成为人们经历的主要场所。不过我还是对这种偶然表示怀疑，难道仅仅是偶然？以前读的《流放的国王》《我们仨》，都是描写家庭，难道这是二战后存在主义哲学思想崛起的文学表现？

如果你问我书里讲了什么故事，我会说，讲了无花果树的故事，书中确实有一个较长的故事情节，十三岁的男孩艾伦的父亲被邻居，一个二十五岁的女大学生埃德娜吸引，并帮助她砸掉房间里的墙，改造居室，这引起了妈妈的警觉，于是自己被置于监视爸爸的位置上。故事的场景里有棵无花果树，于是我想说：书中讲了一个穿过无花果树的光与影的故事，作者想讲的是那些婆娑树叶间的光束、碎影以及树叶间发出的沙沙声。

存在主义文学，将目光投到纯真、琐碎的回忆，投到逝去的岁月，投到整个生命过程中，而不再关注人们努力的理想、目标、明天，这些古典主义的要素被抛弃，作家们相信真正的生活在过去，而不是将来，将来只有死亡、无意义、荒诞。科技的发展将美好的幻觉戳穿了。如果前途不值得期待，那存在主义文学用什么安慰人呢？是美、是诗意的味道。用仰视的方法写小说的，我还想到了夏目漱石的《我是猫》，用小孩子的平视视角书写的还有马克·吐温的《哈克贝里·费恩历险记》。

作者以其敏锐的视角挖掘出了一个十三岁男孩无尽的生活细节，有踩条块砖的乐趣、有追赶一只猫的乐趣、有细数地上杂物的乐趣。作者的文字像一张网，将那么多的生活细节打捞上来，我感到，很多东西也是我拥有的，这再一次证明：人应该拥有自己的一生。今年春节，互发拜年短信，我将这句话发给几个人：由衷地希望他们珍视容易被忽视的岁月。

关于过去岁月的意义，作者以一位大学教授邻居的身份这么说的："你年龄越大，就会意识到生活里多么不幸和复杂。看起来好像你的岁月有朋友相伴，欢乐相随，你认为每个人都应同样地翩翩起舞，但后来你认识到，你会用余生的全部时间去理解你所经历的事情。所有的孤独，还有屈辱。

文学仿佛是进入中年的自己，过去的理想、目标、干劲消失了，剩下了美丽的回忆。以下的路程更愿意选择身心一体地走下去，而不是去追求一个抽象的名词——幸福。

我发现这段文字，十分喜欢："但厚厚的云层仍阴沉着赶它们的路程。远处，在群山后面，冬天驾着飞奔的战车正在逼近；一个严峻的指挥官急急赶往偏远的省份，那儿能听到暴动的呐喊。一行惊慌的人从埃德娜·卢布姆家里出来，走进夜晚的寒冷中，妈妈打头，跟着尤希，之后是艾伦，爸爸殿后，头耷拉着，像一头夜归的牛被牵回家。"这让我想起了瓦格纳的交响曲《女武神出骑》,想起鲁本斯的巴洛克风格《腓力四世骑马像》,真是佩服格罗斯曼狂放丰富的想象力,色调阴暗、大气磅薄、源源不断、力量丰沛。"

  作者将现实和头脑两个世界的细节努力穷尽。虽然结尾描写的意识层面的细节读得我昏昏然,整个作品却有一种浑然大气的风度,爸爸砸墙的咚咚声持续了很长一段时间,这是我阅读此书最大的独特之处!一种声音如画外音,小说变成立体的,可读、可听、可想,暗示着有很多话想说,有很多将发生的事情还没有发生或者已经发生,这多么像作者的心境,人们的内心世界如大海,怎么表达都说不清,一说即错!只能让想象的、单调的、有力的声音来暗示,人们的思想之海就躲在墙那边,当无休止地砸下去时,终有一天,思想之海会冲破墙垣、堤岸,汹涌奔出……

◎ 光与影，情感与思绪

上周三，我与一高中同学通电话，他说刚刚过去的周末，搞了一个同学聚会，我问他，为什么没人通知我，他说，我了解你，你对同学聚会不感兴趣。我抱怨他武断地将我排除在同学聚会之外。放下电话，我在想，假如通知了我，我会去吗？在过去的一年里，同学聚会真是多啊！我几乎都推掉了，为什么？我不喜欢同学聚会"其乐融融"的氛围，我觉得那是大家自觉扔掉自我后的状态，让人麻木；我喜欢听同学讲起有关我的片段，像捞起一段丢失的记忆，为我想拥有整个生命的想法添砖加瓦；我对大家的心路历程也感兴趣，然而这些都不会在聚会上得到。所以，果真如同学所说，通知我，我也不会去，由此，我对被武断地拒绝在外有些释然了。

我看完当代瑞士作家彼得·施塔姆的《七年》，觉得自己明白了一件事，书的开始，印着一句话：光与阴影使事物成形。所谓光与影，就是人们内心的思绪和情感。就像同学聚会，我不关心大家职业、财富、职务等外在形式一样。那看不见的，或激涌奔腾、或平缓顺滑的情感与思绪才是使人外在成形的原因。

《七年》描写了德国一对搞建筑设计的中产阶级夫妻从大

学相识到婚后第七年感情破裂的故事。如果你以为,他主要讲的是"七年之痒",那当然不算错误,但你会错过此书丰厚的附加值。

此书故事,与《圣经》中雅各与拉班和利亚的关系有相似性,这是西方文学的传统,将《圣经》,这个西方文化的大树的某一处枝叶以新的方式进行扩充,使它的精神与西方文化根部相连,直捣历史深处。这让我想起弥尔顿的《失乐园》、王尔德的喜剧《莎乐美》。由此,它不再是一本书,它成为历史文化之河的一分子,在历史与今天之间畅流无阻。

男女主角是大学里建筑设计专业的学生,女主人公索妮娅美丽、优雅、冷静、智慧,出身中产之家,男主人公亚历山大出身小市民家庭,对生活的态度并不积极。他们二人经营同一个事业,一切顺风顺水,但是亚历山大婚前认识的波兰女孩伊沃娜始终没有走出他的生活,索菲,是他们的私生女。在作者冷静、简洁的叙事中,仿佛有两种东西通过他们各自举止呈现出对立。索妮娅代表着理性、美丽、高贵、奋斗、体面的外表和积极的进取精神,波兰女孩伊沃娜代表贫困、简单、内敛、随意而安和神秘、宽容。亚历山大对生活没有自己的妻子索妮娅积极,让我想起加缪的《局外人》里的默尔索。两个价值观不同的人生活在一起,自然会有很多不协调之处。通过亚历山大对两个不同女人的选择和对比,还让我想到了画家高更,在40岁的时候,厌倦了城市中产阶级的平庸和无聊,投身画画,并几次赴南太平的小岛塔希提,他创作的画,具有浓厚的宗教感和原始气息,摆脱了现代文明的枷锁,让人呼吸到了新鲜空气。

当然，任何一本小说都不能简单加以概括。总之，他让我想起了文明与原始，理，与非理性，秩序与无序，外在的大与内心的小，回归简单生活和内心世界。

此书着墨多的是光与影，是人物的情感世界，这与西方文化界对理性和科学的批判如出一辙。一个过分强调理性的人，相信技术、科学的线性发展，他将这种发展观带到生活中来，于是人持一种乐观、向上的观念。相反，人的情感、思绪，在人类几万年的进化中变化不大，不快乐也许是人的本质。比如，人总是缺乏一种安全感，于是，人是缺少某种东西的寻找者。书中不赞同过分相信理性的人，他们二人的建筑事务所最后倒闭了，不得不破产，由亚历山大收拾残局，索妮娅选择离开，大概也像征着理性的最终失败。我想起我也有一个学建筑的朋友，他确实将更多的理性、直线、排名、数字、计算带到了生活中，以致我都没有兴致与他交往了。那么感情呢，光与影呢？它们根本就不能用成功、失败、积极、消极来评价，也许它们只能被简单描述、被像征、被想象、被怀疑，属于另外一个系统，一个我们至今都无能为力的世界。

◎ 一个幻影的意义

《桦林庄园》是班维尔 28 岁的小说。有时候真让人不敢相信，一个涉世不深的年轻人能写出那样奇特的小说，又是一个 28 岁。

爱尔兰诞生了很多世界驰名的文学家，乔伊斯、王尔德、萧伯纳、写《格列佛游记》的斯威夫特等，我最喜欢乔伊斯，他的《都柏林人》是我读过的最美的小说，色彩斑斓、流动易逝，淡淡的哀伤，如烟似缕。据说爱尔兰的文学爱好者在人口中占有很大的比例。我还知道，爱尔兰是一个侨民人口多于本土人口的国家，侨民 3000 多万，本国人口 400 多万。19 世纪是爱尔兰人口移民海外的世纪，人们总也忘不了 1845 年的土豆大饥荒。

《桦林庄园》最大的特点是作者充满诗意的文字，其次是小说构思呈现想象力和吸引大众读者的怪异情节。

小说分三部分，第一部分，写自己的没落家族，几个亲人的去世离奇、夸张，像恐怖小说，但看得出来，是作者着墨和倾注情感最多的部分；第三部分，是结局，揭开整个家族中离奇的关系，为各种结局找到答案；我最喜欢第二部分，虽然文字功力并不如第一部分，但是故事情节很触动我，故事的主人，虽然没有什么确凿的证据，但他相信自己有一个孪生妹妹，于是他加入路过家门口的一个马戏团，开始了寻妹之旅。一个十来岁的小孩子，多么愿意相信一个外在的目标，那个目标，清晰得足以遮蔽之后的人生路，它具有终极意义和全部价值。寻找自己的孪生妹妹，这个来自同一个生命源点的小生命让寻找之路上的加布里埃尔坚定而笃定。这真是作者的奇思妙想。这种描写大房子里发生的贵族衰败的小说还让我想起《简爱》《螺丝在拧紧》《呼啸山庄》。

记得一本书里讲过，人是一种拥抱一个梦想、捕捉一个幻影的动物。这个奇妙的构思使小说具有了像征性。此书可以作为一个通俗小说来读，但是作者敏锐的观察、诗意的心灵呈现了严肃小说的深妙，让我想起雅俗共赏的《香水》。十几岁的人是一个梦想的人，周围人为他设计的目标，他会深信不疑，劲头十足的追求，那时的自己是一个被未来的幻影裹挟的人。抓住这个目标，从来不管抓住之后的事情，构成了大半个自己，如果剥除了这个幻像，他实在所剩不多了。这个幻像呈现了一种理性的、直线的、清晰的人生，意义明了而简单。当它破碎的时候，那意味着人生进入了一个新的阶段。

我的妹妹，那个被人偷走的孩子，关于她的故事之前备受众人嘲笑。那些嘲笑让我从梦中惊醒。不，确切地说，它并不是梦，而是一份清醒的、必要的幻想。必要的，没错。如果我没有一个坚定的理由待在这里，和这帮反常可笑的人在路上旅行，那么我的世界恐怕就会崩溃，因为我当时依然相信，生活至少是理性公道的。未来肯定有一条轨迹！如果不是这样，那它又有什么意义……

我们经常说为自己的人生打下一个光明的底子，大概也就是这个意思吧。当时光流逝，梦幻被揭穿的时候，就像你跑到了生活的幕后，站到了提木偶线的人中间，你发现了另一个世界：

……它是一片冰冷荒凉的海洋，人在其中随波逐流。不过，由于它所招致的所有危险，最终我承认，寻找这个令人生疑的妹妹一事已经不能再支持我前进了……

可惜，此书的第二部分，作者着墨不及第一部分，作者更熟悉那个阴沉、破败的大房子；但作者不计较因果逻辑，忽然想象一个孪生妹妹的构思反而让我对作者的奇思妙想十分钦佩，感觉这才是文学、才是小说。但是我也对作者写作虎头蛇尾和在怎样讲故事上花费了太多心力感到遗憾。

另外，我觉得阅读外国文学，能否进入的关键是"灵魂"。自己对灵魂生活是否有敏锐的感受力，自己是否在意一个人的感受，并为此深入体察，是外国文学的描写核心。有时，不符合生活常理的情节，需要在灵魂世界里观察、体悟才能获得真谛。在自由的灵魂世界里发生、辗转的游戏规则和密码是什么？就像我阅读《桦林庄园》第一部分，总会感觉到两个"我"，一个外在"我"在写一个在场的"我"，我十分珍视这种阅读的奇妙感觉。

◎ 因译者而买的书

最初，择书阅读，是找好一套名著集，将目录仔细查阅，不必按照顺序，一本本买来，读完一本，在目录的书名前画上一个勾，直到所有书名前都飘起小旗帜，很有成就感的。现在选书看，我更注重随缘，看哪本会因为一个什么偶然因素漂进我的视野。上周去西单图书大厦，看到满柜子的书，我感到无从下手，十分茫然，所有的书组成的整体，毫无味道、特色，时间不长，我就离开了大厦，一本也没有买。书店办得没有个性，真是对不起书了。

《流放的老国王》漂到了我的手里，是因为译者，谢莹莹。我是从一份报纸的阅读推荐榜单上看到书名的，引起我的注意和惊喜的是因为榜单写上了译者的名字。前一天，我去看望谢老师的先生陈老师，刚刚见过谢老师。她说上午刚从医院回来，身体不比从前。她还照样为我沏上红茶，为我捡一个巧克力吃。我还记得，初次到谢老师家，她向我推荐《玻璃球游戏》时的情景，好像我被拯救了的样子。

几天前，我从网上订了两本，第二天，快递送来，多买出的那一本，放在书架上，准备送人，送给谁，没确定，一个与此书有缘的人吧！现在，我心里已经大概有了合适人选了。

这本小说，并不厚，我用两天就读完了。我能说，这是一本我十分喜欢的书。作者讲述了自己的老父亲在晚年患上老年痴呆症的故事。作者是奥地利作家阿尔诺·盖格尔，他名气不大，年龄也不大，但这样的作家容易与我形成比照，这也是我喜欢此书的原因之一。老父亲出生于1926年，他的家就在奥地利的布雷根茨，这也是作者的出生地。我于2008年11月曾到德国的博登湖游览，腓特烈港、齐柏林飞艇、林达小镇，以及那里的湖光山色为我留下了十分美好的印象。我曾问导游："湖对面是哪里？""奥地利，列支敦士登。"我没有想到，我当时所站的位置的湖对面，就是作者的家，父亲的果园还有大房子坐落在那里。我曾与他们挨得如此之近，我印象中，那是一个宁静、美丽的地方。据说，自1946年那里每年夏天都举办湖上歌剧节，以德国和意大利观众居多。没想到好风景周边可以有那么多文化人、文化事。

老父亲在80多岁的时候得了老年痴呆症，生活不能自理，儿女正忙于自己的生计与生活，即使来照看父亲，也很难走近老人。这种事情，司空见惯，搁在谁家都是烦心事。作者选择了直面这种危机，于是有了一段独特的心路历程，并成就了此书。对于有了一些人生经历的人，一定会被打动的。阅读中，我不断地想起我的父亲，已然成了我的父亲回忆录了，并有了将来也写一写自己父亲的冲动。"一般说来，孩子对于父母的关心都会感到过分或者欠缺。我责备父亲漠不关心，对这一指控他不予理会毫无反应，这才使我更加激烈地反对他，我当时不明白到底为什么一个人会这样，因而也无法就此和解。"我也有这样的经历，记得我高中时，对于父亲经常打麻将冷落了家里的情况曾给他写了一封长长的信，然而，多日后，他对此信闭口不谈，我感到十分不解。还有，我们对于亲近人的了解其实是有问题的。书里说："对于父亲所知还是极少，他从何处来，他的挫败，他的恐惧，他的愿望，对于这些，我们几乎一无所知。"书里讲到，父亲83岁生日那天，是个周末，全家人聚到一起，大干了一场，清理家里的破烂，一共清出两个集装箱的垃圾。这让我想起小时候周末一家人干活的场景。作者还回忆了1939年，大家积极捉害虫，为了得到乡里的补助，在布雷根茨河旁，那儿阔叶树多，他们一天之内就捕捉了40公斤金龟子。这里让我了解到，过去的布雷根茨是个农业社会，农业社会更容易让人们拥有共同、诗意的情感。现在，那里成为了居住区、工业区。我想，我的父亲，如果还在世，面对两种不同的社会结构，他也会不安、不解的，我猜想那不是什么好滋味。于是，阅读次数勾起了我的乡愁。

　　书里大部分篇幅描写的是日常琐事。在现代，日常、庸常的生活进入文学描写的主流。然而，如何书写，却体现着作者们不同的价值观和追求。合上书时，我想，面对生活的庸常与艰难，人贵在感受，随时随地的，而不是急着赶着去干一件什么重要的事。陪伴自己的老父亲算不上什么伟大，但这同样可以升华，提炼成如此雅致的文字。那么，人的努力方向，也不应是急着干"正确""重要"的事了，而应学会感受，拥有提炼、升华的智慧。

　　文学是捡拾。在生活中，理性的、实用的、人们习以为常、视而不见的东西，就像掉落在地上的小棍棍，用智慧将琐碎的、人性的、闪着光亮的收集起来，就像竖立起一个个小棍棍。可为什么书中会不厌其烦地书写那些实用行为呢？也许只要将它们写出来，突显出来，会起到一种警示作用吧。在人的世界里，我喜欢竖着的小棍棍，而非横着的。

作者说自己从瘫痪的父亲身上学到了东西：

当我们所希望的破灭后，我们才开始活过来。

幸福的感觉在与死靠近时变得特别明显，幸福不在我们期望的地方出现。

此书，再一次提醒我当个作家。

谢老师的译文简洁、雅致，此书一如她翻译的黑塞的《温泉疗养客》。我开始怀疑那些不适合我口味的译文，我不知道那是作者还是译者的问题。总之，我喜欢雅致的文字。

◎ 小说家的巴黎

马斯塔的《巴黎永无止境》是一本很有意思的小说，情节散漫、空泛。作者在巴黎闲逛，从事文学创作，心里想着海明威，想着那个时代的巴黎，作者虚虚实实，亦真亦幻，读来倒也得到些乐趣。在作者眼里，巴黎意味着自由、艺术、散漫、优雅。

我不禁想起2008年年底，我去巴黎得到的印象。那时我对文学还没有深入了解，与我同行的有一位年长女士，是研究法国文学的，我们在飞机上并行而坐。她骄傲地说出自己的研究方向，我感到十分亲切，但一下子问不出什么问题，让自己感到十分尴尬，这么好的学习机会，我没有能力把握。她进一步说："关于巴黎，我可以做导游。"在国外的日子里，我们的接触、交往多限于购物、用餐等旅行琐事。回国后，我们没有见过面，现在，她已退休，我十分想念那次与她一起的旅行。

我们很容易将巴黎想象成文学家、艺术家的天地，记得很多年前，我去听一位法国巴黎某大学教授的讲座，在提问环节，一个瘦弱的女生举手站起来，问来自巴黎的学者：请问你是怎样理解巴黎的浪漫的？我猜她看了几本巴黎的小说，但是她的问题显然已经偏离了讲座者的主题，翻译将这个问题化解掉，给她带来了不小的尴尬。当然巴黎容易让大家想到浪漫气质的艺术家，如七星诗社的龙沙、梵高、高更、海明威、菲茨杰拉德、雨果、巴尔扎克、左拉、塞尚等，伍迪·艾伦的电影《午夜巴黎》是我去年看的为数不多的几部电影之一。但是如果认为巴黎仅仅是艺术家的聚集地就显得狭隘了。比如，我知道巴黎的数学就十分强大，人才辈出，如拉普拉斯、拉格朗日、勒让德，数学已经成为法国传统文化的一部分，巴黎城市的形状就是阿基米德曲线的形状，巴黎有一百多条街道是以数学家的名字命名的。所以巴黎不仅浪漫而且理性，有一种敢为人先的气质。但我还要为那个小女孩鸣不平，为什么不能问呢？

  书中，"我"在准备一个为期三天的讲座，关于用讽刺的目光回顾自己在巴黎的岁月，同时在构思一本书。作者在很多作家作品中穿梭，以获得生活和写作的启示，当然也为了吸引读者。书中提到了格林的《随姨妈旅行》，杜拉斯《昂代斯玛先生的午后》，海明威《流动的盛宴》《雨中的猫》，乌纳穆诺《怎样写小说》，佩雷克《空间的种类》，福楼拜《情感与教育》，里尔克《致青年人的信》，克里斯蒂《罗杰疑案》等。作者还写到了在巴黎生活的独特片断：在巴黎无聊地看雪、描写一次乘飞机遇到令自己讨厌的邻座、自己每月给母亲打一次电话以表示良心存在，诠释海明威的小说含义，司汤达的写作风格，以及探讨写作的方法，诸如梦与真实性、对话之于小说、写作的理由等等。总之，此书由很多片断构成。其中一些只言片语不乏新意：

  什么是绝望的根本原因：爱的反复无常，我们身体的脆弱，社会生活压得人透不过气的贫困，悲哀的孤独，友谊受到挫折，以及生活习惯带来的单调乏味。

在一个全球化的时代，人们的感受越来越相同，以上几点，作为一个中年的自己，已经尽数体验到了。最近老母亲脊柱骨折，不断去医院检查，现在正在等电话准备住院手术，自己为之不安了很长时间。面对绝望，作者话锋一转："我不清楚生活之路在何方，一个绝望的人比一个充满希望的人更优雅、时髦，我变成一个不断向自己提出问题的人……"这是一个狡猾、不得已的安慰吧！但想一想对我很有启示。

外国文学作品，故事都是悲观的，人物几乎都走向毁灭，少有奥斯汀小说里的欢乐、团圆的结局。这是为什么？我猜想，这与西方的基督教传统有关，现实并不值得留恋，终极目标在天堂。每一个艺术家的内心都有一个完美世界，在理想世界参照下的现世当然是溃败的了；科学技术的发展，存在主义的转播，人不再是中心，相对于整个宇宙没有意义；文学是人学，文学启发自我，当一个人不再被身外的目标吸引、诱惑的时候，内心的自我之芽才会萌发，绝望容易产生精神之花。有了自我，才会有自信，人会越来越自省，这样人才立起来。有点像"行到水穷处，坐看云起时"。一个总在激昂奋进、雄心勃勃的人，很难说会有自我成长的内心土壤，记得有一本书说得好；比幸福更值得追求的是——自我认同。我最近在反复思考，绝望会带给人什么？无疑，我有了新的收获，仿佛人生的真理大墙，又穷尽了一寸。作者认为，优雅比绝望更有价值，优雅是自信的体现。

作者还对无聊进行了坦然描写，这是现代人的普遍情绪，作者也进行了描写。比如：厌恶无聊就是浪费时间。总之，此书让人在片段的思考中启示人们发现自我。文学要的是自我，而非身外之物,那是灵魂发生的期待。

看书几年以来,我发现对于人生,我越来越有一种明了的醒悟,无疑,这是一本本文学书给予我的。我已经远离了人生迷茫、自我混沌、渴望外界核准的青年阶段,我又开始不断地问自己,此时的自己、"明白"的自己就一定好于原来的自己吗?哪些宝贵的东西丢失了?一去不复返?假如人生阶段可以交换,此时的状态就一定是人生的最好时段吗?

◎ 奇绝的想象力

《风景画家的片段人生》是阿根廷当代作家艾拉的代表作，书中收录两个中篇小说。这两篇果然了得！第一篇《我不想当修女》写自己6岁跟父亲到一个新的城市，吃冰激凌，一开始写得极为现实、认真，透出作家良好的文字基本功。可是后来，就变成自己食物中毒躺在医院病床上看到护士、病人的遐想了。再之后是上学的情景想象，最后插入被父亲殴打致死的店员的妻子被捕的片段。真是匪夷所思，不同凡响，但我还是体会到了作者的心思。想象是人的宝贵财富，它是反抗现实和平庸生活的唯一法宝，想象的世界里自有一套逻辑，毫无羁绊，自由王国。文中出现三个现实的场所：监狱、医院、学校，作者任由怪诞离奇的想象飞越它们。这三个在现实王国里的标志性场所反衬了作者天马行空的思绪与想象。想象力是本书的主题。有了艺术，艺术就是想象力，人们终于超越了重重枷锁的现实，实在没有必要无一刻不牵挂它。小说家，用文字挑战人类的想象力极限，就像运动员试着打破一个又一个记录。

另外，即使从现实的角度来看，一个6岁的小女孩，想象出这些，难道不是另一种"真实"？这就是介绍中所说的"即兴"吧，像爵士乐，作者想到哪里，写到哪里，打破现实，打破传统文学。这才是艺术，无所禁忌的艺术。这样的作品多了，也许能为现实指出一条新的出路！

另外，假如让我写6岁的自己，我写出的一定是温馨的回忆，奶奶的呵护、田野上的撒欢、后院的杏花，我也相信很多人的童年都是美好的，但是艾拉的不是。恰恰相反，父亲因杀了人坐牢，自己生病住院，冷漠的母亲，孤独的童心。这些提示我自己的童年果真都是美好的吗？为什么自己的回忆一定是美好的？是我不愿意承认，是选择性遗忘？

第二篇小说《风景画家的片段人生》写得实在好！这是德国画家鲁根达斯的传记，但已经插上了文学的翅膀，具有超拔、奇崛的表现力。我猜想，作者认真研究完鲁根达斯的史料后，用精彩、富有地方特色的情节将画家的心灵扩大化，以富有震撼力的笔触塑造了画家不同众人的内心世界，笔法雄奇、超乎常人想象，气氛的烘托、画面的塑造，让我想起了爱伦坡和梅里美。

为名人作传是个传统，远有罗曼·罗兰写米开朗基罗、贝多芬，茨威格写《人类的群星闪耀时》，近有蔡天新介绍当代艺术家、诗人，尤其是蔡天新为我认识当代艺术家打开了窗口（如美国诗人毕晓普）。读了《风景画家的片段人生》，一个活脱脱、性格鲜明的画家形像刻在了我的头脑里，艺术家写艺术家，他们惺惺相惜。整篇文章充满形而上的追思，穿插在叙事段落中，超拔于现实之上的哲思如连上的火焰，给予整篇文章立体的呈现。重新翻阅此文，被我划线的文字有十几处，比如：

万物不再像是一台巨大的机器中的零件，每一样东西都有自己固定的位置；世界上任何一个个体都可能转化为另一个，这种转化并不是存在时间维度内的，而是处在精神层面上。从这种观点出发可以导出和现实截然不同的理论。在绘画的过程中，鲁根达斯开始发现，一幅画上的每一笔都不能和现实中可见的东西进行一一对应像……

读到此处让我想起，前不久参观西安郊区的兴教寺，院中有玄奘法师的舍利塔。与它对应的另一个院落里，我看到一个铁制、白漆的牌子，上面的文字与上段颇有相似之处。我还想到了院落里盛开的迎春花，袅袅的青烟。

令我惊奇的是作者还写到了蝙蝠碰撞人脸的刹那感觉。"这是百分之一秒的一瞬，就像一阵微风拂过或是一个细胞偶然间受了一下刺激。然而大自然中从来不缺少这种精细的感觉。这种精细已经达到了极致，无可复制，——"我喜欢这样的微妙感觉，仿佛我的神经也被触动了。

最迷人的文字在结尾。写鲁根达斯骑马追赶印第安人，在战斗结束后，他在月光下进入印第安人的宿营地，为这难得的场面作画：

在这噩梦般的现实里，他就是轴心。这是一种面对面的恐惧，和常年以来印第安人突袭所带来的恐惧一样。而鲁根达斯自己却丝毫没有意识到周围的一切，只是专注于他的画。在这个充满狂野的夜晚，在绘画和鸦片的麻痹下，和印第安人的近距离接触对他来说不过是一种无意识的反射。他依然活在自己的世界中。

一幅原始、静谧、神秘、荒凉，充满危机与恐惧的画面，文字成了画笔。

◎ 信就是梦

西班牙作家，乌纳穆诺（1864-1936），一个古旧的名字，读来，过瘾，想不到的特别。其《乌纳穆诺中篇小说选》，很适合我的口味。作者一生执着信仰问题、人格问题、自我问题，总之，他倾心于人的观察和思考。他是存在主义的作家，常与黑塞、纪德列在一起。

《亚伯·桑切斯：一种激情》写两个好朋友，华金，学医；亚伯，画家。华金，内向、固执、内心孤傲、自以为是，但他善良、正直、聪明、前程似锦。华金嫉妒亚伯的成就，整整一篇写这种嫉妒之恨。从他们小时候写起，一直写到他们有了孙子。嫉妒心是人的天性之一，我上大学时，同宿舍一个朋友，熄灯后，悄悄问我：你有嫉妒心吗？我当时内心有些忐忑，不知如何是好，反正在黑夜里触动了我。人很多事情要在中年以后才开始明白，而且这种明白不是简单地找到答案，而是获得不同角度的认识，也即不断地理解，或说理解的可能性，或称意义。嫉妒心，人皆有之。此篇小说将这一天性描写到极致，以夸张、艺术的手法让人认识嫉妒。难怪，有哲学家说：小说在乌纳穆诺手里是一种认识工具。震撼我的是文章开始，他们一个学科学，一个学艺术，作者深谙两者的特点，同时他们的人格也沾染上学科特点。"……认为美术使人精神衰落,科学以其真理使精神向上、坚强、开阔","永远说实话,亚伯;如果我们永远说实话,只说实话,人间就会成为天堂","那无可挽回的打击把我打醒了;我在自己身上发现,人,并没有灵魂。这一发现促使我在科研中寻找能支撑起一种巨大野心的东西。我已不再寻找安慰。安慰这玩意儿,我既不需要,也不想要。我一定要用我自己的盛名把已经崭露头角的亚伯压下去。我的科学发现才是艺术品,是真正的诗……"在这里,学科学的华金,是没有灵魂的,仿佛是受科学支配的人,只能被欲望、嫉妒吞噬。

这篇小说,仿佛重温了我的一段心路历程。让我思考身边的社会、身边的青年……

《图利奥·蒙塔尔万和胡利奥·马塞多》,在一个海岛上,一个轰轰烈烈创造了大历史的"人物"隐姓埋名,想忘掉过去,做一个真实的自己,此时,一个女子从书中爱上了他。但是结识他后,他不能正视自己,自杀了。"成为自己"说说容易,做来难。"他在其中试图解释'人'和'人物'的区别。'人'在家庭的默默无声和默默无闻中呼吸着,快乐着,不管是老婆孩子热炕头,还是冷炕头或者租赁来的炕头;而'人物'在人类的历史中骚动不安,发出响声","你所有的努力就是要认识我的过去,而我却正是为逃避过去而来,你甚至没有认识我!这也证明,你的爱来自你的头脑,不是你的心"。我们喜欢一个人,是喜欢他什么呢?我们打交道的是"人物"还是"人"?

《两个母亲》写一个不育的寡妇让自己的情人与另一女人结婚生子,并通过法律条款将孩子和财产据为己有的故事,这个男人是毫无意志的人,是尼采式超人的反面。这也是西方文化中唐璜神话的颠覆性改写。

《轮布利亚侯爵》写的是阴森的城堡里有一对姐妹,一个男子斯特斯坦先与妹妹结婚,姐姐嫉妒,妹妹死后,姐姐成为他的妻子,原来的孩子竟然是姐姐的。男主人公同样是一个被玩弄的无想法和力量的人。

《不折不扣一条汉子》,一个通过个人努力,获得成功的绝对意志坚强者,亚力杭德罗。他视美貌的妻子胡利娅为自己的东西。妻子为了检验他是否爱自己,干脆干出红杏出墙的事情,但是丈夫凭借坚强的意志决不屈服,拒绝说"我爱你"。结尾,他深爱着她,两个唯意志论强人,双双赴死,一个凄美的故事。

《殉道者圣曼努埃尔·埃诺》,这是最触动我的一篇小说,也是乌纳穆诺的杰作。译者提到的拉斐尔湿壁画《波塞那弥撒神迹》也赶快找来看看。他写了一位神甫,他对宗教的教条并不感兴趣,是个唯物者。但他通过自己的努力,精神追求,成为了一个利他主义者,这是作者乌纳穆诺寻找的理想人格——一位带有母性的男子汉。上文中的不折不扣的意志强者并非作者的心爱。小说中描写的正是符合自己心境的一段路程。书中的人格在现实社会中到处都是。

"他的生活是行动型的而不是思考型的。他尽一切努力逃避无所事事的状态","他似乎想要以那种持续不停的活动,以和众人打成一片的劳动娱乐来逃避自己,逃避孤独","什么是真正的宗教?任何一种宗教,只要它能使信教的人民过上一种精神生活,并能安慰他们生来难逃死劫的痛苦,那就是真正的宗教——我的宗教?我的宗教就是安慰别人并以此得到自我安慰","——出于习惯和传统的力量,无意之中就信了呗。要紧之处在于不要叫醒他们。让他们生活在精神贫乏之中好了,免得让他们得到精神折磨这种奢侈。心灵贫乏的人有福了!""他教导我们活下去,感受生活,感受生命之真谛","他自己其实不信,为什么不假装信呢?我终于明白,这是因为他知道他骗不了拉萨罗,骗他是没有用的,只有用真相,用他自己的真相,才能使它皈依。""对,信仰,生之安慰,相信生之欢乐。他治好了我的进步病。安赫拉,有两类危险而有害的人:一类人坚信来世和肉体复活。他们不但自己蔑视今生的短暂无常,而且迫害别人,强迫别人也得到来世。另一类人只信今世——""那时我确实相信永生!也就是说,现在我寻思,当时是信的,对一个孩子而言,信不过就是梦。"

宗教不是为了解决上帝交由人类去纷争的今世的政治经济冲突。由他们随便去想,随便去做吧。让他们为生之烦恼追求点安慰,让他们尽量快乐地生活在幻觉里,以为这一切皆是目的。我来这里,既不是要叫穷人服从富人,也不是要叫富人服从穷人。人人皆怀顺从慈悲,顺从慈悲以对人人。因为富人到头来也不得不放弃财富和性命,穷人也必须对富人有慈悲。社会问题?别管它,那和我们无关。就算他们带来一个没有贫富的新社会,财富分配绝对公平,一切属于人人,那又怎样呢?你不认为普遍的安逸会产生更强烈的厌世情绪吗?是的,我知道,所谓的社会革命的那些头头里有一个说过,宗教是人民的鸦片;鸦片——鸦片——鸦片,是啊。让我给他们鸦片,让他们安睡,让他们做美梦,我本人忙得不亦乐乎也是在给自己鸦片啊。

《棋手堂桑达里奥》写孤独自由的自己遇见一个只知下棋的人，写法老到，先锋，写出现代人内心孤独的典型。他让我想起阿城的《棋王》，卡夫卡的《饥饿艺术家》，主人公都为人类的愚蠢而感到痛苦。前两天，集体追星，到天津大剧院听叶嘉莹的讲座，92岁的她禁不住表现出对卡夫卡的喜爱，其中就提到了《饥饿艺术家》。"尤其最糟糕的是老实。想想看！愚蠢使人类互相结成社会——他们缺乏内心生活，缺乏家园感"，"而愚蠢而能自嘲也就不再是愚蠢了。笑话和嘲讽打击了愚蠢，挽救了愚蠢"，"靠回忆或比靠希望活着强"。"——我还在为愚蠢的悲剧，或者不如说头脑简单的悲剧所困扰——这使我联想到头脑简单的悲剧，或者不如说，头脑简单的幸福。因为悲剧性的幸福确实是有的。"

　　最后一篇《一个可怜的富人或曰生命的喜剧感》写一个人，只知储蓄，不结婚，不敢承担，逃避生活。他误以为自己喜欢某一事物，其实是躲避生活。这样的人很多啊！

　　作者写的人格真可以组成心理学教科书，他的小说如人格标本集，奇特、科学、典型，有点单片人的感觉。但更清晰，省去读者辨认。

　　在没有认识人格之前，我们习惯以道德对人进行评判。这样太显肤浅、简单，表面化。前天，听叶嘉莹说：没有苦难，人是不容易冲破小我的。我同意，人的成长，自有他的发展规律，很难用好人、坏人来评说。

　　这本书，让我对西方常说的信仰与我们主流社会说的信仰，有了认识，西方的信仰，是对个体的死亡进行安慰，是与社会无关的，是为个人造一个梦。我们社会的主流信仰是针对社会改造的,更像一个动员令。所以西方人的内心更自省,我们的行动更有力。

◎ 重要而虚幻的自我

帕默克的《白色城堡》是作者1985年出版的第一本历史小说，此书让他享誉全球。它并不厚实的身躯鼓励我一口气读完。现代小说少有几百页上千页的，这为现代人阅读提供了方便，不像19世纪的古典小说，一写就三卷本。我记得我读得最厚的书是《静静的顿河》，我花了两个星期，真是对人耐心的考验。

此书的故事发生在伊斯坦布尔，阅读小说联想起一座城市，是件十分美妙的事情。这让我想起《太阳超常升起》（海明威）发生在巴黎，《此时彼时》（毛姆）在佛罗伦萨，《格拉斯医生》（雅尔玛尔·瑟德尔贝里）在斯德哥尔摩，《威尼斯之死》（托马斯·曼）在威尼斯，《瘟疫年纪事》在伦敦，《黛西·米勒》（亨利·詹姆斯）在罗马，《爱情的故事》（埃里克·西格尔）在纽约，《马丁·伊登》（杰克·伦敦）在旧金山……那些小说总让我想起浸润了作者心血的城市。

《白色城堡》一下子让我想起了毛姆的《此时彼时》，我最早听到它，是前两年《乔布斯》电影上映，电影开始时在大学校园里，一个学生手拿着这本书，画外音一带而过的场景。我和爱人端坐在那个经常光顾的电影院里，准备拿出两个小时逃离现实，一大杯爆米花在黑暗中陪伴着我们。与《此时彼时》对照，我发现他们同是古典主义情怀的小说，同是作者思考人生、洞察心灵的工具，同是没有风景、场景描写与心灵直面刻画的写法，同是异域风情，同是与君主接近的智者形像，同是精致、好玩的一个故事。他们同是采用人性作为推动故事发展的动力源，《白色城堡》是好奇心，《此时彼时》还要加上爱情。

谈到古典主义情怀，我指的是小说一开始的样子，小说是作者真性情的流露，是作者内心苦苦寻找、跋涉的足迹。而现代小说，诉诸的是人的智力，是作者哲学思考的工具。

这是一个两个男人交换人生的故事。他们试图通过写下人生经历和内心的感受来达到互相认识、互相影响，最后互相交换的目的。作者认为自我是通过小时候所经历的事情积累起来的，书写它们，是回到过去，认识自我的方法。正如弗吉尼亚·伍尔夫所说：凡是没有被记录下来的事都是没有发生过的。这突出了"经历"与"记录"对自我形成的重要。换句话，是"书写"产生了思想和哲学意义上的"自我"。"自我"就是用书写探索自己的岁月之井的产物。

将此书与《此时彼时》联系起来，还会发现一个有趣的价值链条。《此时彼时》讲的是一个爱情失败的例子，在书的最后，毛姆通过主人公之口总结道：爱情是重要的，但与艺术相比算得了什么！艺术与自由相比又算得了什么！《白色城堡》里，一开始，我作为一个被俘虏的奴隶，一心想获得自由，可是随着故事的发展，自己放弃了对自由的追求，转而寻找自我。一条清晰的价值链出现了：爱情—艺术—自由—自我。

另外，故事发生在土耳其，不知为什么，近年出国旅游，我身边首选去土耳其的人占了大多数。土耳其，这个地跨欧亚的国家，有蓝色清真寺、圣索菲亚大教堂、棉花堡，其历史如其地上景观一样迷人，它是奥斯曼帝国逐渐瓦解以后的产物，属于伊斯兰文明，但上个世纪初，土耳其以最大的决心走全盘西化的路子，1929年为了减少伊斯兰教的影响，政府规定书写要用拉丁字母，而不准再使用阿拉伯文字。这是靠近西方文明的决裂。但是，事实是，西方国家并不完全认可一厢情愿的土耳其，它的加入欧盟之路就充满障碍。因此，有人称土耳其长期处于"自我撕裂"的状态（甘阳《文明 国家 大学》）。这种抛弃自我，急于成为另一个自我的民族历史被帕慕克的这本书映射了出来。帕慕克一直坚持使用土耳其语写作，在另一本书《纯情博物馆》中，他借主人公之口写道："土耳其人民在自己的博物馆里，应该欣赏自己的人生……我们的博物馆应该展示我们的生活，而不是我们的有钱人感觉自己是西方人的幻想。"

如果认为自我就是终极价值追求，那就又错了，书中也表达了作者对自我的怀疑，也许真正的自我是不存在的，它是很多凌乱、虚幻的碎片，当你接近它时，它又碎成更小的细片，成为一个幽深的井。那什么又是值得追求的价值呢？

◎ 人生的底色

读唐·德里罗的《玩家》，让你感觉作者将两个俗不可耐的城市故事（婚外恋和谋杀）放置在人性的底盘上展开。不仅讲了两个故事，更重要的是讲了故事发生的原因。男女主人公是美国的年轻中产，他们都在生活中感到了"无聊"。"他们看同一个节目，却在不同的电视机前，体现分享的感觉，部分的分享。但声响将他们捆绑在一起……"

盛行"成功学"的当今社会，将无聊视为糟粕，大家喜欢奋斗、目标、梦想、进取、勤奋、收获、加油、努力、希望。与其说大家讨厌无聊，不如说大家害怕无聊。那无边际的漠然、整个空间的静止、缓慢压过来令人窒息的气团，一切让自己的心灵扁平化，无立锥之地。人们不断地做事情，成功学堂而皇之地登场，赋予这些事情以"意义"，于是无聊消失了，赶跑了，人们露出了笑脸。"帕米研究无聊的种种用处。最近她发觉自己常常无聊厌烦。他知道这只是陷入更深情感的挡箭牌。她并不想表达一般的愤慨，于是就一次次地说'真无聊，太无聊了，无聊透顶'……""飞机上她总想打哈欠。乘世贸中心的电梯时也是这样。银行排队等候时她也打哈欠。"

然而无聊是人生的底色，是一种无意义感，一种虚无，可有可无，一种漠然的状态，谁没有无聊呢？就像欲望一样。在城市生活中，人们的生活方式被器物世界规范好了，像豢养的动物，人们的情感更多了相似性，无聊更容易在城市里产生，以致有人为了探究人有不同的情感历程而去探访波利尼西亚人栖居的南太平洋小岛，写出了《萨摩亚人的成年》。海明威在《一处光明洁净的地方》里描写过虚无，在《迷惘的一代》中也能看到无聊在年轻人身上的底色。尤其是《奥勃洛摩夫》简直就是无聊的透视。我还记得在读加缪的《局外人》时同样能感到人的一种无聊。

人是由人性组成的，《少年维特之烦恼》写出了青年人爱恋的真挚和浓烈，《浮士德》写出人的求索心，《罪与罚》写出人的恐惧和焦虑，《白鲸》写出人的挑战性，《包法利夫人》写出人的欲望，《牛虻》写出人的顽强意志，《堂·吉诃德》写出追求外在目标的行动力，《复活》写出人的自省，《哈姆雷特》写出人的犹豫与忧郁。

《玩家》揭示了城市里中产阶层的精神底色——无聊。

城市里的我自己，有时候多么期盼着发生点什么，让生活多出些色彩，让自己的感官被触动，我不满足于风，不满足于雨，我期待着一件公共事件，这事件使大家都团聚在一起，否则整个城市静悄悄的，发生点什么呢？前不久，母亲生病，一开始的检查吓了我一跳，我感觉自己平静的生活发生了爆炸，我自己集中了超乎想象的力量对待此事，联系最好的医生，拿出最耐心的等待，最后，被告知，一场虚惊！我反省自己最初的举动，为什么会有那么大的反应呢？也许我太需要一个为母亲做点什么的事情来赋予生活一个"正确的意义"了。

我有时觉得无聊就是人生的第一层底色，一种无意义感，人是立足在沙滩上的。既然是一种真实的人生情感，为什么在现实中我们刻意回避它呢？假如我们不去驱逐它，利用各种"正确的事情"挤占它，而是直面它、忍受它、感受它，请问会发生什么呢？

作者的文字有一种从日常琐事抽离出哲学意义的魅力，我很喜欢：

交易所里人渐渐多了起来。人们兴致勃勃。即便在最狂野的时代，这里也是理智当先。一切都有据可依。这里有规则、标准和习俗。在一阵阵电子乐器的敲击声中，你可能会觉得自己是在探寻秩序与阐释，在体系成分中追求身份的一部分，而这种探寻与追求是如此微妙、复杂、摄人魂魄。每个人都在实地踏勘，以求平衡。在交易所经纪人叫喊声过后，在一场拍卖会开价、投标、起落和钟声后，总会有一个最终成交价，无论好坏，削平世人的欲望。交易员脚踏实地。他们开实实在在的玩笑。他们从不逾越事物的边缘。莱尔纳闷，这个世界，这个他们共同拥有澄明见解的地方，有多少依然是他生活的居所。

她突然意识到人们不自觉地崇尚物质世界与自然起舞。她相信伊桑想要实实在在地感受这儿的一切。如果下起了雨，他不会走开。

我还意外地发现作者为舞者赋予意义的一段话：

……踢踏可以进入你身体的某些部位甚至是你的意识，你也会触摸到内心深处的自己。请注意你此刻的心境是多么平和。一点一点地，越来越深的去感悟……开启你们的神经系统。相信自己的呼吸。最大程度的去领会踢踏，这真是很重要。我刚开始学踢踏的时候，以为这只是俗气的踢踏舞，全然没想到它远胜如此。动作与力量，力量与能量，能量与平和……当全身抵达了身体和精神的辽阔宇宙时，你会感到前所未有的自由。

我看过很多人跳舞，爱人西茜也加入了工会舞蹈社团，每周一练习好长一段时间。对于普通人的跳舞，我总算为他们找出意义了。这可能是我一个习惯性癖好了，对，为事物和现象赋予意义。不自觉的举动难道是我厌恶无聊的后果吗？我不知道。

◎ 后现代生活什么样？

工作19年了，我厌倦了这种朝八晚五的生活，这么多年来，每天我都按时走出家门，即使心里有很大的不情愿，但还是坚持了下来。一件自己不喜欢的事情，居然干了这么长时间，而且上班干的工作与自己的生命没有丝毫直接关系。我真是惊奇是什么在控制着我，我有时出门后，会看看天空，那股控制着我的巨大力量在哪里？躲在树梢？云端？这种不断的重复，时间的重复，工作内容的重复，它带给我精神和身体的单调、乏味和无聊。我也看不到未来会有什么变化。

以上的事实和心情就是现代化、工业化带给我和身边每一个人的吧！工业化带给人的是高效、是舒适、是人的才智的激发，同时也带给人新的束缚、单调、乏味、孤独和无聊。美国作家德里罗的《人体艺术家》仿佛对这种工业化、现代化的生活提出了反叛，作者以一个身体艺术家的身份去探索一种不同于现代化的生活方式。

劳伦的丈夫雷，一个电影导演，自杀了。劳伦很想念他，在他们租住的海边寓所里，她发现了躲在房子里的塔特尔先生，她发现他的说话声和说话内容简直是雷的翻版。故事中还穿插了塔特尔的来历、艺术家劳伦的表演。

雷的自杀，我把他看成是对工业文明的拒绝，因为电影就是工业文明典型的代表和像征。劳伦是个艺术家，没有朝九晚五的生活，有的是在海边一座孤零零的大房子里的细微生活、感受、想象。她对雷的去世，并没有表现出一般人的悲伤，仿佛她已经接受了一个人的离去，知道这是再正常不过的事情，但也不是对她丝毫没有影响，这种改变表现在她感觉的精微、思维触角的纤细。作者对感觉、想象力、思维超凡描写体现得无以复加。这种对感觉的体验，让我想起杜拉斯的《情人》。个体的、精微的，而且，重要的是，德里罗还体现出"好玩儿"，他让雷的声音重置于塔特尔，从而带来劳伦夫人不一般的想象和感受。

一切都是为了拒抗工业化的生活模式和感受。作者在《玩家》里表现出上班族的无聊，这一本书，正是沿着同样的路径而写的。两本书分别写出对抗工业社会的无聊所作出的选择。一个是在人间堕落，一个是凭借自己的感受、想象寻找新的救赎。

比如，为了抗拒人的孤独，作者用了"重叠互搭"，将雷的声音灌注到塔特尔身体里，这样就实现了一种人的融合。同样在劳伦和塔特尔之间"她把他的脸庞拢在自己双手中，第一次如此深邃地楔入另一个动物的眼睛？这是十万年才发生一次的事儿，还是他们第一个违情越俗的举动？这一来让他们更激奋，这凝视莫非印证了我们自己灵魂深处的孤独？"

要想摆脱孤独，作者给出了建议，不是在世俗社会里的"瞎折腾"，而是深度地切入另一个人的灵魂。

作者认为未来的个人生活应该是充分发挥我们的想象和各

种感觉，想象更加奇特，感觉更加敏锐。摆脱孤独要从内心嵌入另一个人的内心，而不是靠文明、国家、民族等宏大的概念，要发挥个人的感官本能，在这里，拓展外在的世界不如认识、发展自己的感官世界。知识变得不那么重要，族群也变得不重要。一切更看中人内心的力量。

劳伦真的摆脱工业化所带来的特质了吗？书中有个细节描写，就是劳伦脱毛衣时一只手碰着了吊灯的金属灯罩，这句话出现了四次，我认为它恰恰表现了工业社会的单调、重复与无聊。

我曾反思我自己这一生值得骄傲的是什么。其中一点，我很确信，那就是我经历了农业和工业两种不同的文明，大学以前，我经常要干农活，那时人们的理想是"晴耕雨读"，我中学时，曾跟着爷爷夜里下地给出苗的花生浇水，夜很静，天空很广阔，流水在田间的渠里流。这样的生活延续了上千年吧，我读书的一个巨大动力来自摆脱这种生活方式。大学毕业，我上班下班，重复而单调，但也获得了很多自由和舒适。当我再一次厌倦的时候，我不知下一种生活方式会是什么？但我十分期待，如果我的一生体验了三种不同的生活方式，我算"成功人士"吗？

◎ 相像性隐喻着什么

看完纳博科夫的《荣耀》，觉得这是个了不得的艺术家，他的写法很特别，这给我留下了深刻印象，在众多读过的书里，它显得卓尔不群。我期待着翻开他的第二本书。《绝望》就是在期望的心境下被快递员送到手中的。这次送来的是三本，《维罗尼卡决定去死》《绝望》《寻欢作乐》，它们厚度差不多，可读性强，名字依次排开，真有些存在主义的。看小说史就像人的成长史，不再迷失自我的向外追求目标（《唐·吉诃德》），或者盲目地自我膨胀（《浮士德》），转向了向内的寻找（《从〈哈姆雷特〉始》）。

《绝望》讲了一个名叫赫尔曼的年轻人，他到比利时去做巧克力生意，在一个开着紫罗兰的山坡上，他邂逅了一位年轻人，菲利克斯。他们长得十分相像，这让赫尔曼倍感惊奇。于是，他给他钱，向他示好，与他结交。赫尔曼的老婆丽迪亚是个想法单纯、大脑简单的人，她与自己的表哥（一位落魄的画家）阿德利安有一段隐情。丽迪亚被描写成"大书虫，但只读垃圾书"、"受过很少教育，观察力也很差"。作者的聚焦点是相像性会带来什么？赫尔曼告诉丽迪亚，他要杀死菲利克斯，让他替自己死去，从而骗取巨额保险金，于是，他骗菲利克斯驾车来到一个森林处，让他穿上自己的衣服，给他刮了胡子，修了指甲，一枪结束了他的性命。赫尔曼逃之夭夭，他打算以菲利克斯的名义再与丽迪亚合好。可是，事与愿违，事发后的报纸并没有被这种相像性所骗，赫尔曼大失所望。

这是故事的梗概，如果认为这就是小说的全部，那对纳博科夫是小瞧了的。这样的故事只是停留在《一千零一夜》的水平，纳博科夫的艺术性，体现在对故事的叙述上。在多个章节的开始（共11章）作者是以一个小说家的身份在写这个故事，而且还设计不同版本，这是一种"文心术"。小说开始，作者娓娓道来，不急于推进，当然，纳氏不会将小说写成侦探式的。他让人坠入迷雾之中，那描写真是沉着，端得住，不知其所云。他觉得相像性隐喻着丰富的内容。虽然他一再声称自己的小说不会提供什么思想，他相信自己是一根没有目的被划着的火柴。但其主题还是在后半部端了出来：

有时候在我看来我的基本的主题，两个人之间的相像性，有一种深刻的隐喻性的含意。我也许欣赏这一身体上的相像性，把它作为未来无阶级社会中将人们团结在一起的理想的相像性的像征……在幻想中，我看见一个新的世界，在新世界里，所有的人都是一样的，就像赫尔曼和菲利克斯两人相像一样，一个赫利克斯们和菲尔曼们的世界，在那个世界里，一个工人倒在机器下死了，另一个与他相像的人，带着安详的完全社会主义的微笑，取代他……

虽然看过很多关于人的独特性的描写，知道个性才是一个人的价值所在，但看到仿佛谜底一样被揭开的这段话，自己还是被深深地震撼了！

此时自己不能不反思自己，自己与别人相像性的东西越来越多了，还是越少了。想着想着，自己不禁出了冷汗。

　　这一周，自己大病了一场，高烧39度6，在床上趴了整整一天，恰好，这一天是假期，第二天，单位有安排，谁想，早上，烧退，可以上班了，这真是上班的命。这是放暑假前的最后一周了，我立志不虚度假期的每一天，不是让每一天都上进、励志，而是，多些诗意，多些美。这次高烧，提醒我，自己是如此脆弱，今天可以精精神神，下一阶段就活力殆尽。那无目的划着的火柴的比喻很贴切。脆弱是人的共性，还有懒惰，人们不愿意保持个性，那样要费很多力气，而且还没有安全感，最好是顺着懒惰的指引大众化，一个样！那样对得起仅此一回的人生吗？

　　此书，我又一次领教纳氏的写法，比如：第十二级台阶上开着一枝紫罗兰。那"第十二级"本不是表达的主旨，但还要准确地写来，在《荣耀》里就是这样的句子吸引了我。它让我觉得与我们表达的主旨和追求的目标相比，那些旁枝末节，同样有存在的必要，我们不应将它们丢弃，应该一视同仁。当然，我也觉得翻译有些让人失望，读起来找不到连贯之感，文字的优美韵味也没有体现出来。

◎ 一本成长小说

《黑色唱片》是英籍巴基斯坦后裔库雷西的小说。他讲的是在英国的巴基斯坦大学生沙希德成长的故事。我认为年轻人的成长就像一棵树,他要抵御很多的侵袭和阻碍,比如虚荣心、世俗价值、未经选择的社会组织、各种的观念、思潮,破除重重迷雾看到天日实属不易。能坚持走过来的,不是伤痕累累,也是泪痕满面了,就像一个人游过一片海,身上的血印、伤痕永远留了下来。有智慧的人顶多从中寻找乐趣,辨识自己的变化。

年轻人成长的小说还真不少,换一种看法,哪本小说不是写年轻人的成长呢?《人生的枷锁》《大卫·科波菲尔》《约翰·克里斯朵夫》。这本书更具现代性,黑色唱片,书中到处提到西方的流行音乐。沙希德喜欢文学,思辨,多像作者本人。他身边有哥哥齐力,一个世俗享乐者,有钱人;里亚兹,他的同籍朋友,具有政治号召力和政治狂热,身边围绕着很多人;斯特拉普,毒品贩子,追求同伴之间的强烈激情和亲密感;迪迪,沙希德的女友,他的大学老师,英国白人,有强烈的自我意识。沙希德在这些人中间走来走去,被享乐、不负责任的想法、狂热的政治观念吸引着。他像一个好奇的探宝者,每一个地方都走了进去,迪迪充当了他的人生导师身份,她身上表现出强烈的自我意识，如性爱，带领他走出各种观念的笼罩。当然，沙希德身上还有一个法宝，那就是文学，文学给他多疑，给他内心的辩论。

作者在英国是巴基斯坦裔，很有些自传体味道。作者说：生命的河水流过每一个人。作者借由这个年轻人成长的共同特点也顺势发出了一个少数人、亚裔人的心声，借由文学，吸引了更多人的关注。

作者通过大学生沙希德的思辨，探讨了理性与宗教、信仰的关系，人与社会组织的关系，亚裔文明与西方文明的关系。迪迪与沙希德的关系，让人想起但丁与贝阿特丽切。迪迪，这个时尚、有文化、年轻漂亮的女子偏偏看上了拥有特殊气质的沙希德。而且迪迪的过往身世就是一个特立独行的过来人。她早早放弃学业，到处乱逛，喜欢摇滚乐，热衷政治运动，最后发现自己非常失望，于是考取了资格证书，当了大学教师，远离一切社会组织，看上去寻欢作乐，其实是对社会失望，将目光转向自己。最后，她带领沙希德，逃离了身边的环境。作者最终选择的是西方文化中的自我，一个不属于任何组织、观念的自我。

书中对一味积极进取的人提出了批评，沙希德和齐力的父亲，是第一代移民，他们经营旅行公司，辛苦奋斗有了成就，却使自己的大儿子齐力走上了物质至上的道路。"老爸讨厌任何'过时'的东西，除非那些东西能吸引观光客。他要拆除旧东西，他喜欢'进步'。他总说：'我只要最好的。'意思就是他只要最新潮、最流行的东西，某种程度上也就是最阔气的东西。"沙希德的父亲仿佛也暗示了亚裔文明，书里说他们是"讲求实际的积极进取者",看到这句话,我十分震惊,与那句"精致的利己主义者"相比,我衡量着他们之间的距离。我们这里的部分年轻人,用这句来概括,我觉得十分准确。

另外,作者借由沙希德的朋友里亚兹道出了组织的狂热和压迫人的一面。作者在人与社会之间做了探讨。我忽然对社会又有了一个新的发现,东方是体制,西方是宗教,他们都要求人有共同的信仰,然而都绕不开理性的辩驳。但是,他们对于没有思考的大多数人却是必需的,因为经由文学将自己提升出来去接近天空的人毕竟是少数。这就提示我,既要警惕体制、宗教的压迫,同时又要考虑精英控制话语权。将二者对立起来,这让我十分惊讶,我的内心震荡不已。

我还喜欢这样的字句:"文学确实有助于我们反省自己的本质天性吗?""自由的想象可以触及很多方面的本质,自由的想象,在洞察其本身的同时,可以照亮很多别的方面。""也有很多虚构小说揭示了人的堕落天性。这些小说都是由作者创作出来的,可以说他们是控制不住要那样写(这里,回答了我不解为什么很多西方小说都是以悲剧结束,是因为作者心里始终有一个美好的世界)。""但是,尤其让她(迪迪)引以为耻的是读过好多关于自主励志的书。她说,很多女人都会读这样的书,想弄清楚她们为什么不能快乐一点。"

◎ 人应该为自己的灵魂而活着

很多作家都有自己的短篇小说集，这些小说各自独立，但放在一起又有同样的主题，展现出共同的气质，十分精致、唯美、丰富。著名的有：屠格涅夫的《猎人笔记》，乔伊斯的《都柏林人》，都德的《磨坊书简》，门罗的《逃离》，现在我又找到一部：马拉默德的《魔桶》。第一篇《头七天》，就喜欢上了，应了此书作序者的话：犹太作家都狂烈地热爱终极问题。他写的是一个鞋匠想将自己的女儿嫁给一个有前途的年轻人，然而，他身边干了七年的修鞋伙计索贝尔却因读书与他的女儿惺惺相惜了。它揭示的是灵魂，是读书，是真爱。

我读那么多外国小说，在读这本过程中，忽然，又有了新的洞见。外国文学之所以迷人，是因为它们是描写、探究、揭示灵魂的文字。关于灵魂怎样生活，我们现在还有过去，都不如西方描写、揭示得丰富。这是一个巨大的东西方的不同点，以致到现在，我们依然没有重视，没有学习借鉴过来。

我还有了一个发现，这个发现让我惊讶不已。看见一个带壳花生了吗？人的灵魂就是花生仁，人的现实生活、物质世界是花生皮。真正的教育是让花生仁长得浑圆、饱满，而非总作用在花生皮上，让它变得厚实而坚硬。看看我们的文化氛围，大有一种全力以赴助长花生皮的力量。于是，人们不知道花生仁才是核心，于是它变得干瘪、瘦小，以致有的干脆被花生皮挤占了，消失了。如此说来，书中描写的贫穷的犹太人，都像一个个子粒饱满、皮薄的花生！假如用这一理论去观看，《战争与和平》表现的是皮厚、子圆的花生，安德烈和皮埃尔是贵族，同时又有个体的灵魂生活；契诃夫的《醋栗》表现的是皮厚、子干瘪的花生；马拉默德的《魔桶》则是皮薄子满的花生。

此时，单位的一个实习生经过一周的实习，大胆地对这个"活少钱多家近"的岗位说了"不"。她怀疑自己顺顺利利找到的工作是否就是自己所追求的。大家对她的选择十分不解，因为她也说不出一个清晰的原因。她嘟囔着："希拉里68岁竞选总统，人生不过是一个体验的过程，自己想得到新的知识，不一样的体验……"好了，不必解释了，我对她说："我支持你的主动选择，那是内心的声音！"

我们从一开始也许就直奔物质世界而去，一路狂奔。在这个过程中，我们误以为理想为目标，错以为梦想就是彼岸，并以现实世界的法则（低头干）去逐梦，其实，此时的梦想、理想都已经变了味道，成了现实世界的一个符号。我真不知，这两个词坠落了之后，还拿什么救赎我们自己。

灵魂，是起点，在人小的时候，它微乎其微，很容易被一些小的规则吹灭。灵魂又不具备可视的特点，它总表现为喜欢、乐意、困惑、不解以至难受、悔恨。与其说文学是人学，不如说是灵魂学。灵魂的运转法完全不同于现实法则，否则怎么理解马丁·伊登获得成功后反而自杀？拉里（毛姆《刀锋》）离弃繁荣的故乡去过贫穷的生活？《复活》的主人公为什么那么自责？别以为他们太遥远了，也许自己太狭隘了！

小说写了十三个在生活条框下不自由的人如何珍视自己灵魂生活的故事。他们的现实生活不美，是贫穷、无聊、犯罪，但灵魂却结实饱满。《监狱》里主人公自己不顺心，但愿意去保护一个偷东西的小女孩；《夏天的阅读》写一个小男孩是如何通过自己的内心纠结走上阅读之路的；《哀悼者》写一个有着强烈自我反省的贫穷的老头儿；《借款》是一个无钱为死去5年的妻子立碑的丈夫如何借钱不得的故事；《我梦中的女孩》是一潦倒的作家追求一个喜欢的女孩终以失败告终的故事；《账单》虽有些不真实，有些说教，但凸显了犹太人的坚韧、正直、自立。最后一篇《魔桶》是父亲看着女儿和一个年轻人堕落的故事。在结尾处，我写道"会流下眼泪的"。

我最喜欢《夏天的阅读》和《我梦中的女孩》，我为作者的构思技巧而击掌，它的故事讲得十分不一般，巧妙而别致，一种谁都想不到的视角。《湖畔女郎》体现了作者高超的写作功底和对年轻人内心世界的洞察。此篇让我知道什么是艺术，它让我想起波提切利如何绘制维纳斯诞生的海面，茨威格如何描写女性丰富的心理。而且这一篇让我很自然地想起亨利·詹姆斯的黛西·米勒。

另外，看书、贫穷、罗马是此书的三个关键词，有两个故事发生在罗马；书中人物几乎都是穷人，有的十分可怜，大概这样更能够突显出个体灵魂的神性吧；看书，书中主人公大多数都绕不开读书、写书，这也是犹太人之所以成为人均阅读最高的民族的见证吧！

人应该为自己的灵魂而活着！值得一提的是，本书由周云蓬作序。

◎ 一本古典主义情怀的小说

看完《魔桶》,还想看马拉默德的书!于是,他的辉煌之作《修配工》漂到我的手上,多买了几本,送学生,广告语是:1976年的美国国家图书奖和普利策文学奖同时授予了这部作品。

这是一本古典主义情怀的小说,虽然成于20世纪70年代,人类已经告别了19世纪的古典时代。什么是古典主义?

就是真性情!

脆弱的马拉默德通过文字,将心中的怒气、愤懑、屈辱一句句地刻画出来。读着整篇的文字就仿佛听到列车刹车的尖叫和看到与铁轨摩擦溅出的火星。

雅柯夫是个俄国犹太人,妻子跟别人跑了,只有岳父跟他住在一起。他们十分贫困,岳父抱怨他缺少慈悲心。他抱着想看看世界的念头,带着很少的东西和一两本斯宾诺莎的书去了波尔多的一个犹太人居住区(他不是为了躲避贫困,而是为了好奇心,为了看看这个世界,这一点显出雅柯夫的卓尔不群还是幼稚可笑?)。他凭借自己的勤恳、善良赢得了别人的信任,然而却因为自己的身份被诬告成一个杀人犯,他被捕入狱了,但迟迟没有审判。他在基辅的监狱里被整整关了三年,受尽了折磨,就是看不到出来的希望。书中大部分的文字在写他在狱中的屈辱、煎熬，作者认认真真地将那份苦难的每一丝纹理都展示开来。就像卢浮宫里的巨幅油画《梅杜萨之筏》。在狱中，一个个希望破灭，不断地向更深的陷阱滑去，雅柯夫发出感叹："做个犹太人，除了身受非难，还有什么呀？他对他们的历史、命运和血腥的罪行都感到厌倦了。"作者将犹太人的苦难整个篇幅地展现在这里，读着读着，就读出了一个人的尊严！真有一种宗教情怀，仿佛他在替所有人受难。

然而，雅柯夫，一个犹太人，但不信犹太教，他是个自由思想者，一个犹太人在受难，其实是一个人在受难。

书中，最让我印象深刻的，是他在狱中对宗教的一段辩论。理性是宗教的敌人，他读《旧约全书》，"希伯来人与主订下了契约。但是，以色列人接受这种契约正是为了破坏它。这是由于他们怀有不可思议的目的：他们需要经验……他们说：受苦能启发人们的悔改，至少对那些能悔改的人是这样。因此，那些订立了契约的人就能消除他们违背主的罪恶。那么，主就宽恕他们，并提出新的契约。为什么不该如此呢？这是主的本性，一切都会周而复始，不必问他何故。以色列人不管是否改变，接受了新的契约，目的在于通过崇拜假神来破坏契约，所以他们最后将受苦和忏悔，无休无止地，直到永远。雅柯夫想：契约的目的在于创造人类的经验，但人类的经验又与主相左……"

这段辩论不知是否来自斯宾诺莎，但的确精彩，让我想起多年前读法拉奇的《男人》。这是人类的宿命。

这篇小说还有一种隐喻，每个人在现实中都是不自由的，假如人不被麻痹，现在这种麻痹的东西越来越多了，人类在短暂的时间里创造出的文明，难道不是在整个地球的牢狱里产生的吗？难道不是在短暂的人生这个牢狱里抵抗无奈、苦难而思考出来的精神之花吗？如果他拒绝用聚在一起聊天的方式消减焦虑的话。记得契诃夫在《第六病室》里写道"生活是恼人的牢笼。一个有思想的人到成年时期，思想意识成熟了就会不自由自主地感到他被关在一个无从逃脱的牢笼里面。确实，他从虚无中活到世上来原是由不得自己做主的，被偶然的条件促成的……因此，如同监狱里的人被共同的灾难联系着，聚在一块儿就觉着轻松得多一样……"于是，雅柯夫再也不是一个犹太人在那段历史中受难，此书像征了一种普遍意义。有人讲，熟悉就是死亡。一个人体会快乐容易，认识、体验苦难难！苦难能启发人们思考，苦难能使人自省。

　　这本书在让人不忘犹太人的苦难的同时，也写出了犹太人的尊严。在结尾处，沙皇为了庆祝罗曼诺夫家族统治三百年纪念，将发布大赦令，他的名字在名单上，但雅柯夫问道：是作为犯人宽恕还是作为无辜者宽恕？雅柯夫说他要求公正的审判，而不是宽恕。假如他们不经审判就命令他出狱，他们就先开枪打死他好了。这是一种精神的高贵，是对灵魂的尊重。

　　我还喜欢小说的开头，一个穷苦的犹太人，准备离开一个地方，不是单纯出于摆脱贫困，而是为了对世界的好奇，这一出走像是小说的序曲，一个引子，拉出了故事的基调，而且因为斯宾诺莎而显得十分有品位和质地。这个细节也能看出犹太人的与众不同吧！

◎ 有着奇特美的一本书

看了这么多书,还能发现一本奇特的、不一样写法的艺术品,这可能是让我继续读书的动力,同时也是给予我的幸运和褒奖吧。这样的作品每每让我欣慰——能将阅读保持下去真是一件幸福的事。巴别尔的《红色骑兵军》就让我有这种感觉。巴别尔真是卓尔不群,在众人都呼呼如潮水涌向一地的时候,他却能视潮流如无物,写出如此不一样的作品。简介中说:仅以两个短篇小说集《红色骑兵军》和《敖德萨的故事》,他便已跻身叙事大师之列。我初读此句,真不能理解,但是看了《红色骑兵军》三个短篇之后,我就明白了巴别尔是多么的"异类"!人们欣赏艺术品,以致在现实世界与人交往,其乐趣和意义,恐怕很重要的一点就是遇到这些"不一样"!对,寻找不一样。

昨天与一位老教授聊天,他说我们总讲发展,什么时候不提发展了,也许人就好了,他继而感叹:自己与这个时代有些格格不入。他的话语透出一种悲凉、无奈。我也有同感,大多数人都不过是时代的匆匆过客,走过也就走过了。巴别尔不一样,他让我好奇他出身于什么样的环境,读了什么书?

巴别尔是一个诗人、画家,一个内心高贵、有力量的小伙子。他将残忍与善良、死亡与优美、粗鄙与热爱并置在一起,这种强烈的反差产生一种美,强烈而震撼。他喜爱凛冽的色彩,善于多种观念的叠加,他的文章写得坚毅、寡言、固执、暴烈、疯狂、突发、炽烈、恳切。比如:

这时是七月长昼的下午两点。热浪好似七色的蜘蛛网在空气中闪闪发光。忽见一长条由戎装和编成辫子的马鬃交织成的喜气洋洋的洪流由山冈后面亮铛铛地翻过山头……他们的战马精瘦、矫健、迈着阔步,向前进发。在包有繁复的天鹅璎珞的镀金旗杆上,在火辣辣的尘柱间,飘拂着华丽的旗帜。骑手们以一种高傲而又粗鲁的冷漠策马而行。蓬头垢面的兵勇从他们的坑里爬出来,目不转睛地望着这股富有弹性的优雅的人流,惊叹得连嘴巴都合不拢了。(《安弗尼卡·比达》)

这样的文字倒是在阿根廷作家艾拉的《风景画家的片段人生》里能找到些相似。

我喜欢在书上划横线,划下自己心仪的句子、词语、段落。我喜欢巴别尔在书中描写夜色、月亮和太阳的句子:

"橙黄色的太阳浮游天际,活像一颗被砍下的头颅,云缝中闪耀着柔和的夕晖,落霞好似一面面军旗,在我们头顶猎猎飘拂。"

"河里满是黑乎乎的大车,在金蛇一般的月影和闪亮的浪谷上,喧声、口哨声和歌声混作一团。"

"万籁俱寂,只有月亮用它青色的双手抱住它亮晶晶的、无忧无虑的圆滚滚的脑袋在窗外徜徉。"

"苍穹中燃烧着绿色的闪电。一具被剥光了衣服的尸体横在斜坡下。月光顺着尸体两条掰开来的向上翘起的腿缓缓流动。"

"无家可归的月亮在城里徘徊。我陪着它走,借以温暖我心中难以实现的理想和不合时宜的歌曲。"

"月色如洗,以其无穷无尽的力量,向城市注泻。"

"幸好在这个备受月亮的乳汁折磨的夜里……"

"流星在空中划出一道粉红色的尾巴,随即消失了。银河横卧在繁星之间。"

"头顶上的天空远远地伸展开去,活像是拉开来的多键盘的手风琴……"

"落霞的宁静使城堡外的荒草幽幽泛蓝。月亮爬到了水塘上空,绿得好似蜥蜴。"

"在她头顶上,天空好似长满水草的黑潭,星星于其中蹒跚而行……"

"月亮矗立在高处,像个蛮不讲理的刺儿头……"

"哗哗地下着雨。夜风在湿漉漉的大地上飞翔。星星全被吸饱墨汁的乌云压熄了。"

"……密林似的晚霞仰面朝天地横卧在村庄的上空。"

"夜色好似鸟群,向天空飞去,于是黑暗把它湿淋淋的花冠戴到了我头上。"

"……含苞欲放的礼拜六,于残霞渐灭之际,踩着繁星,悄然来临。"

"月亮纤纤的月角在捷捷列夫黑黝黝的河水里濯洗着它的箭矢。"

李白看见月亮想起家乡,他是伟大的,后人只知跟随,见到月亮,再无其他意象可想,这是悲哀的,巴别尔少年时没有读过李白的诗吧。

巴别尔的文章像奇异、绚烂的画，巴别尔的文字像诗歌一样，是一种奇特的美。我记得在《红与黑》结尾处，小姐怀念死去的于连的情景，她将于连的头颅置在桌子上。

◎ 来一杯奥膏膏露

读尼日利亚作家奥克利《迷魂之歌》的时候，正赶上出差四川，于是，在飞机上阅读，我计划好时间，来回各50页。对未来阅读有了把握，同时为旅途增色，两天前，我就欣喜。我想着那些在旅途中读过的书，《铁皮鼓》是在来往贵州的飞机上，座位后面的同事伸着脖子找我聊天，《忏悔录》是在去嘉峪关的绿皮火车上、《追忆似水年华》是在齐齐哈尔芦苇荡旁的小村里。在飞机上看书，很容易犯困，于是《迷魂之歌》让我迷迷糊糊，亦梦亦幻。

奥克利的眼光没有着眼于现实世界，而是着迷梦幻、天国、魂灵的世界，写得很邪乎。作者对"爸"给予了很深的同情，爸身上具有堂·吉诃德精神，让我想起现代政党，为民主、自由不懈努力，最后终遭失败。寇图太太仿佛是非洲原始部落的首领，如她所说，"阔绰的生活、金钱、权力、责任，我所取得的成功正在把我压垮"。妈像征着美，在书一开始，曾有"海伦"比拟。书里明显有不同文明的符号特征。有西方基督教的忏悔、谦卑，非洲原始的想象，希腊文化的尚美，它们共同谴责现代社会的贪婪、理性、绩效、成功。

奥克利用文字像画家一样地描写梦境、魂灵、天国，大段大段的文字喷涌而出，真是佩服作者充沛的想象力！这种想象力天然地对抗工业社会的理性和无趣。而奥克利的世界是理性世界之外的世界，绩效世界之外的世界。现实中的人被理性、事物所束缚、包裹，慢慢地，自己的世界成为现实世界的子集。而奥克利却用自己的头脑创造出更加广阔的世界，我们的理性世界本应成为奥克利世界的子集。这是我读此书最大的感受，它提醒我自己生活在更广阔的世界里，理性、功利的世界只是其中的一部分，像大气泡里的一个小气泡。

前几天，偶入望京，这是北京东北很大的一片居住区，少说有30万人口，几年没去，变化不小，楼房林立，马路宽阔，还建了几个时髦的现代化楼宇，当时，正值晚间，灯火通明，简直就是电影里的未来之城。后来知道，这个面积巨大的居住区，没有一个像样的书店，这个崛起于工业化时代的社区，当然不会有庙宇、洞窟。这里的居民据说素质很高，但这样的环境不会影响他们的心智吗？

翻《人世间》语："工作并不可怕，可怕的是工作对其余生活的侵蚀"。我应该感谢我的小儿子，他让我有机会读"101个斑点狗"、"小木匠与熊爸爸"的故事。像作者说的："对活人而言，现实世界只是一个故事，一首歌；但是对死人而言，现实世界就是一个梦，我呢，我一直活在故事、歌声还有梦里。"作者太喜欢虚幻了，他还说："梦可以把你推到人生的顶点，行动可以彰显你最真实的灵魂"

作者在第三部，第十二章《显灵》里，讲了一个优美、悲伤的猎人捕获羚羊的故事。它揭示了人类的贪婪，正如开始所说："人类的欲望永无餍足，为了求取捷径，人类制造了大大小小的胡同、岔路、肮脏的街道，条条道路以极其独特的梦境引诱着一双双疲惫不堪的脚板，这就是当今世界的图景。"记得读布尔加科夫《大师与玛格丽特》，里面也有对贫富不均的揭示。在着迷于微信、网络、娱乐节目的现代人，好像渐渐忘记了一些人挥霍浪费钱财，一些人却贫寒流血的现实。我印象深刻的是，在读西格尔《奥利弗的故事》时的惊讶，这样一本问世于1970年，属畅销书的爱情小说，书中主人公痛斥血汗工场，记得当时的场景是发生在香港的平顶山上。

在非洲，原始宗教相信每个生物都有自己的灵魂，于是对大自然产生了敬畏，对比阅读，迟子建《额尔古纳河右岸》，也是写多神的萨满教，可是，想象力却立判高下。

当然，作者具有很强的精英意识，比如这段："白马还说：'真的愿意降生在这个世界上的人没有多少，生下来就能驾驭冰与火的人也没有几个。对大多数人而言，肩负起生命的责任感太过沉重，那会令他们走向崩溃，会令他们惊恐万状，会令他们不知所措。'"我喜欢这句话，仿佛正触动我心，前几天，我不知什么原因，忽然发现，大多数人都在随波逐流，大多数人都没有肩负起对自己生命的责任，懒惰是人的天性，没有人天生喜欢担起责任的。自己是很容易消失的，是的，如果承担，会太过沉重！

好了，还是换个轻松的话题吧，书中提到一种酒精饮料：奥膏膏露（ogogoro），用棕榈汁酿成，有机会，我喝上一杯，那是人生旅途中的一个小满足吧。

◎ 照见几十年后的城市生活

契弗连高中都没有毕业,因为成绩太糟,但是他后来成为了一个卓越的小说家。读他的十三个短篇小说《德国黑啤与百慕大洋葱》,让我了解了1930年前后美国社会的状况。那是一个初具城市化的社会,人们的物质生活已经很富足,虽然受着经济危机的威胁,联想到我们现在的城市生活,让我感叹,社会发展果真是有规律啊!太像了!我记得小时候看外国电影,总有一些隔阂,现在才明白,这是人们生活的环境不一样,不是文化环境,而是生活方式,对城市生活的陌生阻碍了我对外面世界的理解。契弗的短篇,记录了主人公的心绪,同时也记录了当时美国社会的日常生活角落,很像门罗的《逃离》。现在的我已经没有了陌生感和隔阂感,当然好奇心也随之减少,我不知道这个结果是我要的吗?

他的小说,流动性很大,总有人物在不同城市间流动,大概人们为了生存,要不断地走来走去,没有找到适合自己的落脚点吧。这里有在不同地方巡演的舞蹈团(《脱衣舞女郎》),有跟随赌马比赛到各处穿梭的赌徒(《萨拉托加》),有在不同城市表演的话剧团(《机会》),有不停行走到处宣传自己政治主张的年轻人(《随谈》)。这让我想起了身边的社会,在北京随处都能看到从遥远的地方来的年轻人，城市生活真是越来越相同了。这种际会也是历史发展不能避免的啊。有了生活经验后，发现很多东西都是历史发展的必然，包括自己个人的想法、思绪，于是不由得宿命起来，自己也会看看蓝天，想想自己到底有多少事情和想法可以自己决定呢？

假如二十年前，我读他的《贝永》《公主》，我不会有深切的体会，原因是我们的社会还没变成另外一个样子。现在，在大城市里，更多的不愿屈从自己内心而放弃谋生机会的人越来越多了，比如放弃工作去旅行不断被媒体宣传着。前不久，正是各单位录用新人的季节。一个女孩子，经过多次笔试和面试终于获得了实习机会。然而让所有人没有想到的是，经过一周实习，五一节刚过，她坚定地提出自己放弃这份工作，理由是说不明白的"不适合"。据说五一放假的前一天下班，她还在表示一定会继续努力的。这个180度的大逆转，究竟是什么原因造成的，不得而知。说句实话，我很佩服她，尊重自己的内心选择，无需什么理由。这就像此书最后一个故事《机会》。伊莉丝走出学校以为别人看护小孩过日子，家人催她找份养活自己的工作，而她喜欢当演员，这让大家不理解。后来，机会来了，她被一个剧团看中了，可是，她看完剧本后，十分不喜欢，于是她说："我可以确定什么是我喜欢的，什么是我不喜欢的……"她顶着世俗压力放弃了。我认识的一个女孩子，在一个单位工作了三年，因为薪水低等原因辞职了，换过两份工作后，她再去找一份报社办公室的工作，结果失败了，在回来的地铁上，她的思绪像浓雾一样弥漫了整个车厢。她抱怨报社对他们找工作的人不尊重，她认为肯定有人走了关系，自己做了炮灰，然而她想得更多的是我曾经对她说过的一句话：一个人应该干正确的事还是喜欢的事？可是什么又是自己喜欢的事呢？这句话是我在本单位面试新人的时候向一个面试者提出的，事后，我感觉在那样一个严肃的场合提出，实在有些难为年轻人了。

我喜欢那些在"好势头"要来的时候，能够犹豫、停顿一下的年轻人。那是自我呼吸、生长的时候，是个微小而精妙的个人时光。每每想到这样的时光，我就会想到自然之树在隐秘成长，谁都不知道，多好啊！

昨天下午领导找我谈话，在谈完具体事的时候，我明确表达了自己不喜欢机关的想法。那个在我心里像征着权力与关系的地方，我摇着头，"不喜欢，不喜欢！"我在想原来的自己会这样说出自己的想法吗？昨天，我可是刚刚读完《贝永》《机会》。小说是不是在逃离现实后，向我杀了一个回马枪？走出办公楼的那一刻，我的脑海里浮现了很多倔强地坚持自己的人物。他们在我心里都是昂着头的人。

契弗笔下的社会，终于在几十年后的中国出现了，那种与外国作品的隔阂感消失了。

◎ 一份对逝去情感的珍视

《纸牌老千》是爱尔兰作家特雷弗的作品,忽然发现自己读了好几个爱尔兰作家的东西。乔伊斯、班维尔、奥康纳,现在又加上一个特雷弗。他很像比他年长25岁的奥康纳,以短篇见长,描写人的情感极为细腻,并在叙述技巧上十分考究,这种叙述技巧形成了自己很个性的写作风格,如喜欢用代词"他"或"她",这样使叙述更侧重情节和内容,凸显内心的起伏,可是,读起来就容易变成智力游戏,因为要仔细辨认他是否已经换了人,有时,作者故意无痕迹地切换,仿佛时刻提醒作者不要走神,认真辨认,否则,故事情节就连贯不上了。

他的这本短篇小说集充分体现了中国作家何建明所说的:一个国家文学的成功,并不在于体量大小,而在于其细腻程度。通常在这些小说里设置三四个人物,于是作者就像搭建一个复杂积木一样,让这些人物在不同的位置出现,有主有次,作者像个建筑师,每一篇小说都是一个建筑,人物不多、篇幅有限,每一个的结构都保证不同,作者一定花费了不少心思。他用理性的框架书写人类的情感。这种结构精致得好像可以用数学公式来表达。欣赏它,就像欣赏不同阶数的魔方,真是叹服作者的精巧用心与创造力。

从内容上来讲,这些小说都在揭示两个人的关系、情感,而且这种情感多是逝去多年的。总之,全书体现了一种对逝去情感的珍视。当然,作者对大段的内心描写和独白十分反感,他采用了留白、像征的方法,显得十分高妙和优雅,作者故意描写、交代得不十分晓白,于是想象、猜测留给了我,一看即知,是短篇小说的高手。

作者写不幸家庭的少男少女相处一个美好下午的感受(《一个下午》);一个79岁的老太太看着自己的农场被孩子们改成高尔夫球场表现出的无奈(《奥利弗山庄》);父亲再婚后,女儿表现出的本能抗拒(《孩子们》);一对未婚的兄妹终其一生投身宗教的虔诚(《信仰》);小时候自己的伙伴因精神问题消失的隐情(《感应性精神病》);老太太回忆学生时代的一个男人与三个女生之间的隐约关系(《老相好》);一个女孩目击杀人现场之后的悔悟(《虚张声势》);一个47岁的女人在一段婚外恋后对自己丈夫的微妙情感(《房间》);一个小伙子开车误撞死一个儿童后的内疚(《裁缝的孩子》);一个女生出走后又回到丈夫身边的故事(《完美关系》);一个年轻乞丐与一个堕落神父的故事(《爱尔兰男人》);一个男人回忆四年前与妻子一起游览威尼斯,而现在,妻子已经去世,他看到一对年轻男女的争吵引起了他的追思。

看,琳琅满目,男人、女人、老人、小孩应有尽有,不过都是一种逝去情感的追忆。上周,端午节,我回老家,妻子、儿女在午睡,我独自骑车去不远处的蜜蜂书店。一张白色的6月的活动沙龙海报贴在门口,推开门,满架的书彬彬有礼地站在原地,一个穿灰衣服的店员和几个读者点缀在安静的一层房厅里。对面墙上的液晶显示屏告诉我店内进行了新的装修。原来的两层变成了现在的四层，品味、风格一如从前。我的老家有个蜜蜂书店，这让我欣喜。我浏览书架上的书时看到一些小纸条，手写了一些名人短句，其中有一个白色花体字抄的是杜拉斯的：有限的生命，我想体验更多的人生，于是我选择当了一个作家（大概意思）。这句话概括特雷弗也许合适。

我喜欢《奥利弗山庄》，在城市化的今天，一个老房子将被讲究绩效的工业社会吞噬，这并不新鲜。我对自家的老房子也有很多回忆，我曾被爸爸举着钻进天花板上查看漏洞，我下来后，满是灰尘，老爸见我帮他干完一件"大事"对我十分满意，说："身子小，这回派上用场了。"我觉得自己被家里人使用了一下，而增加了自信。冬天的早晨，我在家里人分配给我的小房间里，听老爸敲打暖气炉的"叮当"声，我以为他天天如此，后来才知道，只有当我回家的时候，他才如此认真，他努力不让烟囱漏烟，怕弄黑房子的白墙皮。如今，这所老房子在他去世后的第12年，也开始面临拆掉的境遇。

一个人埋没掉越多的情感，他越成熟。读《纸牌老千》在一种优雅、严谨的气质中体会人们的共同感受。不禁想：情感只有逝去，才会被珍视吗？

◎ 二十二？二十三？

　　早就知道约瑟夫·海勒的大名，他的那本代表作是美国高中生的必读书。找来"印象经典"的（《一支精巧的羽毛笔》）精装本。翻开目录，一下子找到"约塞连的生活"读了起来。结果，在一个湿气浓重的中午，我遗憾地合上书本，没有我想象的那么好，并不精彩。一开始，我还怀疑自己的理解力，又重新翻了翻关键之处，但是没有改变，多遗憾的心情，倒是与这个天气很是相配合。

　　既然打开了一本书，我就会将它读完，于是，随机挑选，先看了《乡村一日》《航海琐忆》，想看看海勒的世界是什么样子。这里有战事、吸毒、赌博、庸常的日常生活……

　　我最喜欢的是《航海琐忆》，一个年迈的老船长，退休后与自己的女儿、女婿生活在一起，但他的内心总有出航远行的冲动，于是不止一次用撒谎的方法，告别儿女的纠缠去乘船走上一段时间。他对平庸的儿女情长、日常家务忍无可忍。一次在船上，他还遇到了一个小伙子辛普森，海勒通过辛普森之口说出了自己想说出的话："我们都受着某个庞然大物的控制，它裹挟着我们向前冲。我们只能踉踉跄跄地跟着它，与它保持步调一致。我们所能做的，只有左摇右晃地扭扭屁股。但当我看到我的时间被浪费时,便火冒三丈。我无所不能。为了证明我有自己的意志,我能做任何事情。任何事都行。"

类似的另外一篇文章同样精彩,《天鹅之死》。一个曾经嗜赌如命的中年男子库珀,在婚后,被妻子塑造得事业有成,端庄正派,风度翩翩。一天晚上,家里开着盛大的派对,他被妻子要求去买一罐芥末。这一小段时间,他误入酒吧,邂逅一个舞女,她专为库珀表演舞蹈,在原地转了23圈,她惊呼自己打破了自己的纪录。库珀差点忘了自己买芥末这回事。

庸常与神奇、功利与喜欢在这两个短篇里形成了鲜明对比。我更喜欢《天鹅之死》,它的叙述非常有想象力,也许我读到的时候,正是我的想象力丧失的时候,事实也是如此。当时,一件冗长的工作缠绕了我一整天,再加上感冒的侵袭,我身心疲惫,整个世界在我面前变得僵硬,我为我丧失了想象力而感到十分难过。一个人的活力体现在想象力上,如果整个世界不能在自己的头脑里随意粘贴和移动,那就变成一个囚笼了。有的时候,一个繁忙的星期无意间就撞上了,毫无心理准备,你说怎么办?阅读海勒的一部部作品,变成了一种对生活的挑战,让生活充满张力。我不喜欢《航海琐忆》里老船长退休时的状态在五金业二十七年不遗余力的打拼,已使他养成了一个习惯过有目的的、时刻忙碌的生活。这种辩证在短篇《从黎明到黄昏》中又被说了出来:

……但某一天,你发现你是在浪费时间,简直一事无成。原本有那么多事你想要做,有那么多事你现在仍想去做,但你清清楚楚地看到,你什么都没有做,也永远不会做。于是你越思考,越狂乱,你越感觉到内心的恐慌正一点点地积聚。你看见世界是如此的巨大浩瀚,你知道自己是多么的微不足道,只能让周遭的一切白白浪费。你觉得自己必须尽快采取行动,不然就为时过晚。一边是工作,一边是女孩,让你选择。说起那工作,不用问,就是你应该写剧本时,却抄起了稿子。不过,你不能放弃这份工作,因为它是你的衣食父母。于是你就放弃了那女孩。事过境迁后,你一核计,才知道你非但一无所有,而且损失惨重。

还有第一篇《我不再爱你》,我也十分喜欢,将它与乔伊斯《都柏林人》里的《情人》对比,十分有意思,认识了人之间的爱情与友谊始于误会,是会痛苦的,这是第一阶段,但这一篇又往前走了一步,既然如此,自然造化而成,那又何必不去接受。如果一个人事事按照自己的本能选择,那会是什么样子?一对新婚夫妇,丈夫刚从战场回来,莫名的情绪变化使他开始怀疑婚姻,但是小说以一个巧妙的情节挽救了婚姻和人们的情感。读来轻松,但也令人思考。

在一个溟濛的午后,我想,人与社会的关系到底应该什么样呢?人应该是河流岸边的一棵小树,除非在极端情况下,如干涸与泛滥,树与河水没有直接的关系,非要说,也是一种静观的联系,可是,有些人看见河水流得欢快,误以为自己也在欢快地长起来。其实,树有树的活法,阳光、雨露、虫害才是它应该关心的,隐秘地成长才是他的本分。

噢,看了此书过半,才恍然想到,海勒写的著名小说好像是《第二十二条军规》,此书书名《第二十三条军规》——约塞连的生活,是它的续篇,我一下子释然了。可是,我现在并不想急切地一睹《第二十二条军规》了。

◎ 维罗妮卡之死

没想到快递的敲门声来得这么快,第二天上午,这本巴西作家柯艾略的《维罗妮卡决定去死》被送到了。未来的一段日子不愁"断粮"了。连同送来的另两本书都不算厚,现在作家的书很少厚的了,大概也是尊重读者的一种姿态,然而古典主义时代大文豪们则气魄大得很。

这本小说,读起来不费力气,指出了不同类型的成长问题。24 岁的维罗妮卡决定吃安眠药自杀,她有丈夫,有孩子,受过很好的教育。但她觉得:"正因为她觉得一切都无所谓,所以生活给她什么,她便接受什么。少年时代,她觉得选择为时过早,而现在已是青年,她又觉得改变为时已晚。""她得到了生活中希望得到的一切,便得出了一个结论:她的存在没有意义,因为所有的日子都一模一样。因此她决定去死。"因自杀未遂,她被送到了维雷特疯人院。

汉蒂卡是一个 35 岁的病友,患抑郁症,在疯人院接受注射胰岛素治疗。她患病的原因是:一个潜藏在她过去的男人。年轻时,她深深地爱上了一个男人,然而他结婚了,她的爱变得无望。她勉强说服自己,一年后自己结婚了,三年后,在经过斯洛文尼亚诗人普列舍仁的雕塑时(有机会去欣赏),她内心的欲望被唤醒了。她打电话寻找过去的恋人,备受折磨,于是,体面的生活破碎了。她精神崩溃了,来到了疯人院。

玛丽是疯人院的另一位病人,65岁,她原来是一位成功的律师,标准的成功人士,有家庭、优秀的子女、舒适、娱乐、才学。一次,与丈夫看一部反映萨尔瓦多人民疾苦的电影时,她突然感受到生活的重要,自己为别人做些事才是令人羡慕的事业。此后她感到自己对每天都做同样的事腻烦透了。她心跳加速,对周围的世界产生巨大的恐惧。最好的医院检查不出问题。于是,她来到了这里,患的是恐惧症。

爱德华,大使的儿子,富有、英俊,父母一心想将他培养成外交官,然而他喜欢上一个平凡的巴西姑娘,还染上了毒品,17岁的一次交通事故使他喜欢上了空想,最后热爱上了画画。然而父母坚持他应继承自己的衣钵,于是他放弃了画画,但患上了精神分裂。

伊戈尔医生是疯人院的主治医生,在这方面很有研究,他为维罗妮卡开了处方,告诉她:因为她的心脏受到损伤,只有五天的生命了。医生知道:死亡意识会让人活得更久。维罗妮卡的问题是顺风顺水,缺少生存意识,于是,她决定自己去爱,去追求快乐。他喜欢上了爱德华,逃离了疯人院,这种爱也使冷漠的爱德华苏醒过来,他想从维罗妮卡开始画起。

玛丽,留下一封信,离开了这里,她选择去波黑做志愿者,对于她,一次冒险抵得上一千个舒服安逸的日子。汉蒂卡,经过治疗重获自由。

现代社会是一个分工越来越细的组织,人们习惯按照岗位要求去培养人、塑造人。它不考虑每个人的不同,忽视每个人的内心感受，年轻人自觉或不自觉地交由别人去塑造。进入分工协作的体系后，体系会不断地暗示年轻人要符合岗位的要求，做个先进分子！而我，要对年轻人说：小心那份工作！

周一，一个工作过的老同事敲开我的办公室门，希望让我对一个刚刚准备到高中工作的音乐老师说些什么，她已经决定在暑期报个培训班，原因是对自己的工作有帮助，她还坐下问我工作的秘诀是什么。我像个老中医，一眼就识得一个被功利主义裹挟的年轻人。我真想送她这本《维罗妮卡决定去死》，但不能以己度人，我选了手头一本《道林·格雷的画像》，并签上：永远做自己喜欢的事。别无他言，我不知道前面的人生路上什么在等待着她。

充实自己的内心，比适应表面的工作更重要。上周，一位50多岁的老太太，谈自己忽然发现不能适应教师工作岗位了，于是自己报了一个花样滑冰的培训班，花大价钱请教练培训，一上四年，她的动机说得明确，希望这样能够帮助自己更好地做老师工作。看看我们周围为了提升职场竞争力而开设的培训班，多是别有他图的无用功。我们周围缺少存在感的维罗妮卡真不少！有段时间，我也是。

◎ 记忆之海的钓具

上周一个夜晚,和自己的老朋友大伍,坐在一个熟悉的酒吧外面,面对洁净的街道和温柔的夜色,一起分享了一瓶白葡萄酒。我们话不多,就么坐着,我仿佛看到了梵高画作里淡紫色、透明的夜空。一个跑步的小伙子、一对情侣、一个自行车骑行者分别经过眼前的街道。我们多年的友谊,还从来没有这么享受过。挂着微小水珠的酒杯、一盏方形烛灯、一个着白色长袖衬衫的服务生、一条熟悉的街道,这一切,让我这位朋友起身离座后,不禁说出"生活就是回忆"。我心底一片平静,相信今晚也会被将来回忆的。

中年比之青年,多了经历,有了足够回忆的东西,记忆之海形成了,可以不需要任何娱乐,仅凭回忆就可以打发日子了。小说读得多,那记忆之海就与整个人类的情感打通了,融进了无边无际的海洋里。对于情感,个人的既是世界的。每一部小说都是一幅画、一幅五彩斑斓的流动的画,我喜欢盯着一幅画看上老半天,什么也不做,那是很高的境界呀。毛姆的《寻欢作乐》就像甩向海洋的钓具,打捞上来的沉淀之物既是别人的也是自己的,或者根本分不清是谁的。

作者写自己少年时生活的英国乡下黑马厩小镇,自己的叔叔是当地的牧师，在这个偏远、保守，更重要的是人们"完全接受那个阶级的风俗风尚，仿佛那都是大自然的规律"。作者——阿申登结识了一个作家德里菲尔德，他娶了本地的姑娘罗西，他们不同常人的举止深深地吸引了自己，作者详细描写，这位作家夫妇教自己学骑车的经历，真是精雕细刻，如同一幅流动的画，尤其是德利菲尔德当面向叔叔说明带阿申登出去远行的情节，推动了整个故事的发展，足见毛姆精细入微的观察，不愧大师手笔。

当然，作品主要刻画的是罗西，一个出身低微但率性的姑娘。作者通过别人的介绍和自己的回忆，雕琢出一位年轻、健康的女性，毛姆在书里这样总结她：

她是一个很纯朴的女人。她的天性是健康和坦率的。她愿意让别人感到快乐。她愿意去爱……她生来是一个有爱心的人。当她喜欢一个人的时候，她觉得和他同枕共衾是很自然的事。她对这种事从不犹豫不决。这并不是道德败坏，也不是生性淫荡；这是她的天性。她把自己的身体交给别人，还似太阳发出热量，鲜花发出芳香一样的自然。她觉得这是一件快乐的事，而她也愿意把快乐带给别人。这丝毫无损于她的品格，她仍然那么真诚、纯朴、天真。

多么健康的女性！简直是赋予新内涵的维纳斯。在看这本书的同时，我看唐德刚的《胡适杂忆》，关于西洋的文艺复兴，他这样解释：在西洋是扭开中古神学和繁琐哲学的枷锁而恢复自由、开朗、纯朴的古代文明。

偏远、落后的农村，到城里求学，少年时的纯朴爱情，新鲜、向上的价值观，这些元素都深深打动了我。自己也有"黑马厩"，所幸，现在还保持着原貌，我不时回去，偶遇小时玩伴，同样会发出阿申登式的感慨，在第二十四章，作者自己回到故乡，遇到镇上医生的儿子，彼此同学多年。作者感慨他都已经当了三回爷爷了，"他的一生已经过去了。我脑子里却还有那么多写书写剧本的计划，我对未来充满了各种打算；我觉得在我今后的生涯中还有那么多活动和乐趣；可是在别人看来，恐怕我一定也是一个像我眼中的医生儿子那样的老年人。"

从一个农村小镇走出去，见了世界，有了自己的生活和追求，经历了足够的事情，人生的后半段再回到自己老家时，恐怕人们的情感是相同的，我每次回家的感慨也同世上、历史上千千万万人一样，我们彼此在这个小小星球上经历一番同样的心路历程。仿佛自然界是如此缜密一样，我们的内心世界也似安排好了的似的。用毛姆在书里的话讲：这一定是因为真诚的情感本身有着某种荒唐可笑的地方，不过我也想不出为什么会如此，莫非因为人本来只是一个无足轻重的行星上的短暂居民，因此对于永恒的心灵而言，一个人一生的痛苦和奋斗只不过是个笑话而已？

与我分享那一夜的朋友，是我的"发小"，五岁那年夏天，我们曾在一个雨后手挽手淌过一片水塘，哗啦啦的水声在水面响彻开来，水没过了膝盖，有些恐惧，一排瘦小的榆树站在水塘不远处。我们经历一起走来的各种情感，彼此丰富着各自的记忆之海。那一夜，我们像坐在平静海面上的小舟里，在我们的身下是广袤的、看不到边际的海洋，只有记忆会偶尔打捞上一些残破的东西，我们静静地分辨……

◎ 想象之于卑微的人

作家在人们心目中是什么样子？法国作家佛楼定在《博格丹·塔哈西耶夫作品中的沉默策略》中写道：人们习惯想象出书这件事会改变写书人的社会地位。大家幻想作家成功的场面，想象一堆堆书背后的那堆金子和奢华享受。人们羡慕作家一夜成名的好运。然而实际上，出书之后，作者的社会状况毫无改变，还有，除了几个少数的例子之外，出版社汇给作家的稿费其实是很羞辱人的。

不仅如此，佛楼定《作家们》小说集的主人公，都是"可怜的人"，是流亡人和边缘人。有从牢狱里出来因得了癌症住进疗养院意欲自杀的人；有杀了几个与人民为敌而被关进狭窄牢房里8年的女人；一个刚学会认字的五岁男孩，就开始打开笔记本写一个故事；有被长期关在特殊监狱和反恐囚牢，她写作一些寓言故事和一些散文，但没有一篇流传过；45岁的一个苏联人开始怀疑姥姥对他出生时的回忆，他开始查档案要写出无数被害者的名字，直到悄然死于狱中。他笔下的作家是社会里的弱势群体，但他们都近乎生命本能似的写作、演讲、讲故事。那些故事怪异、少情节，有些干脆是一些意像、一些名字、一些难懂的符号。作者将他们置身于卑微的位置仿佛衬托他们的想象、文字的价值。

那个疗养院里要自杀的欧勒班,一生写了五本书都不知名,二十六年的囹圄生活,他造了将近十万个新词,分为四类:六万个不幸遇难者的姓名;两万个虚构的植物、菌菇类及草木名;一万个只存在于幻想世界里的地点、河川及位置的名称;一万个不属于任何语言的词汇。那个铁窗里的他不断做着后异国情调的演讲:投入政治和文学是因为不愿意说下流的恭维话,也不愿意柔情万分地擦着有权者的靴子,想象他们是自己心甘情愿地自由选择顺服的权威之人,而事实上,能接近权威者的靴子本身就是有权者从那些按照他们的逻辑所培养的人们当中筛选出来的结果。

印象最深的是这篇:《明天将会是一个美好的星期日》,讲的是终有一天,靠打零工过日子的45岁苏联作家古西凌,开始怀疑姥姥对他出生导致母亲难产而死去的记忆。姥姥总是说那一天响起了钟声,然而那是苏联内务人民委员会在此时枪杀了几千个人。他确定了姥姥无意识地修改了她的回忆,她不想对他提到那年的大屠杀,而她也不想把那事件留在记忆里。那一天有太多死者和太多的血,他想写一本小说,重点是思索他姥姥面对犯罪的态度。姥姥和他自己一样都是体制的支持者。后来几年,他试着写出所有被杀者的名字⋯⋯

这一篇开始描写分娩时的真实场景,让我看得血淋淋的。作者写得十分冷静,将动物性的一面剖析开来。是的,我们要有审美的能力,同时也要有审丑的勇气!

当我读完此书的时候,我正在黄山脚下的太平湖酒店度假,房间三面被水环绕,闲适的时光、列队向北涌去的云、精致的美食让人置身富足、甜美之中，书中的场景与身边景致形成了强烈反差。我一时无法明白这样书写的意义和价值。合上书页的一刻，忽然一个词飘了进来，"对应物"。流亡者、边缘人、卑微的病者，这些对应的是权威者、成功人士、弄潮儿。然而他们有自己的生命价值，意像、想象、故事是他们的共同创造物，这些卑微者借由这些生命迸发的想象获得了自由和生命的价值。对于作者来讲，一个五岁小孩只要打开笔记本，开始滔滔不绝地写一个故事，他就逃脱了一切制度的束缚，越过了一切的权威（《开时》）。没有自由想象的人只能是身外条规的屈从者。

晚餐时间到了，我和家人来到灯光明亮，布置雅洁的餐厅，落座，这时左边四个人正在点餐，一个胖胖的中年妇女端看着菜单，她的身旁站着一位衣衫整洁的服务员，大概因为一道菜没有了，中年妇女面对餐单，正在训斥着，当然说给服务员的。好熟悉的神态啊，这分明是办公室里，一位领导在对下属发号施令。她主宰着这四口之家的晚餐内容，借由晚餐，她体现着自己的权威。对于刚刚看完《作家们》的我来说，她会想到意像、想象、故事的价值吗？原因只在于她不是卑微者吗？

没有想象的生活就是功利世界（兰姆）。

◎ 想想60岁的自己

里瓦是一个快60岁的文学编辑,他有个出版社,使他能够独立生活,出版社只有他和秘书两个人,在三十多年的文学编辑生涯中,他出版过很多作家的书,他自然也是个热爱文学、勤于阅读的人,对很多历史和当代的作家了如指掌。然而在世纪末,由于电脑所代表的信息时代来临,文学衰败了,两年前,出版社关张了。

里瓦性格内向,不善交际,工作简单,生活也简单。他是父母的独生子,他和妻子塞莉娅没有孩子,退休后的生活,他都快成了自闭症患者,总是面对电脑,这招来妻子的抱怨。每周三,里瓦会去父母家里坐坐,父母很乐意他旅行后的简述。不过这次事业衰败导致的坏心情使他讲不出话来,脑子里的一个闪念让他想去爱尔兰都柏林为印刷时代、为古登堡的黄金时期举行一场葬礼。多年的编辑生涯和性格使他对过去的印刷时代十分怀念,对未来的数字化满怀忧虑。他与父母和妻子的关系也陷入低谷,与父母的尴尬、不被妻子理解使他陷入了感情危机。

这就是比拉－马塔斯的《似是都柏林》的主人公——进入老年,事业失败,感情危机,仿佛走到了自己世界的尽头。这是我读的第二本比拉-马塔斯的书,上一本是《巴黎永无止境》。两本书有个共同特点,作者真是个超级文学迷,他对文学家和作品如数家珍,写起小说来,将自己的文学阅读笔记全都写了进去。

  里瓦最大的苦恼是读过那么多书稿,却从来没有遇到一部像样的大师级作品,但多年的工作,使他养成了下意识地用文学的眼光去打量生活的习惯。他的内心世界通过一本本文学作品制作的放大镜,被巧妙、独特地呈现出来。首先,全书的线索是乔伊斯的《尤利西斯》,也可以说,这是作者向乔伊斯致敬的一篇作品。里瓦的内心世界与别人的最大不同是:除了人性的普遍存在,就是有一颗被文学打磨过的内心。他去都柏林也是想重新唤回生活的热情,并以那里对抗熟悉的环境。

  为了揭示里瓦的末世心境,马塔斯在小说中不知提到了多少文学作品,当然还包括绘画、流行音乐、电影,几乎每页都不落,每个思绪都由一部作品来启示。作者真是一个将文学当作信仰的人,他借由主人公说出:"世界本是了无生趣的,或者换个说法,世界上发生的形形色色的事,如果不能借由优秀作家之口来讲述,都将是乏味的。""智者总是善于从存在的一切事物中抽丝剥茧。他们深知,只要你善于用文学的眼光去看事情,哪怕是小事,你都能发现它令人惊叹的一面。"不是吗?今年的暑期旅游,我们全家选择了皖南,婺源的李坑,思溪延村、汪口,绩溪的龙川,黟县的宏村、西递,初一看,的确美不胜收,但走多了,总有些审美疲劳,都是一样的白墙、同款式的牌楼,木雕、石刻也多样性不足。以致我提议提前一天结束旅程,惹来妻子的抱怨。一位走遍世界的旅行家说:世界对我越来越小了。我不知道少年时对远方的好奇心重要，还是老年时的走遍世界重要？我现在到了一个不断向自己提出问题的年龄了，这句话恰好也是《巴黎永无止境》里提到的一句话。

全书的线索是乔伊斯的《尤利西斯》，作者是一个注重内心生活的人，那种幻灭，又期待重生的人像极了主人公布卢姆吧（我没有读过，只是猜测）！琐碎的生活细节和思绪由众多文学作品观照、阐释，形成整体观照中包含无数细节关照的形式。这些内心细节的文学直接举例如下：

一开始，他从父母家出来，打了一个出租车，这时下起了雨，他犹豫是否跟司机谈论下雨，这里用了莎士比亚的《麦克白》里的一句话："让它下吧！"

怀着到纽约去寻找一位天才作家的心理，他去了自己向往的纽约，这也是为他去都柏林做的准备，他偶然在书店发现了布兰登·贝汉的《我的纽约》，书中写得绝妙的内心独白像极了自己对纽约的心境，以致他很遗憾，这本书没有轮着自己出版。

去都柏林的想法从产生到坚定，作者提到了哈默修依，他的作品充满了醉人的静谧与忧郁的内省，在荒芜的空间里，一切显得顽强而坚毅。此时正印证了里瓦的"静谧的执着"心态。

还比如书的结尾处，半夜里，里瓦想去看看妻子有没有睡着，当他看见塞莉娅像死了般沉睡时，他想起了《都柏林人》里《死者》一篇。那是我读到过的最凄美的小说……

连喝威士忌的感觉，也不忘兰姆的诗句"熔化了的金属"的味道。

借由那些文学作品，里瓦，再普通不过的心绪得到了升华，那是人类共有的思绪，是共有的人性。我们每一个人都不能避免的无聊、衰败、僵硬、厌恶，人与人之间关系中的不理解、误会，作者试图用文学去观照他，从而代替人类失去的神性。

另外，关于成长与痛苦的关系，书中的一段话真是智者之言。"人的一生就是逐步走向毁灭的过程。一次又一次的打击，却是这个过程中富有戏剧性的一部分。这些沉重的打击总是来得很突然，并且源自（或者看似来自）外界。人们会铭记这些挫折，为此而迁怒于其他事情，并且在自己最脆弱的时候跟朋友聊起这些挫折，但它们并不会立即让你尝到苦头。事实上这些挫折来自你的内心，从你决定当编辑并且大费周章寻找作家和天才的那一刻开始，这些打击就悄无声息地潜入了你的内心。这种打击与生俱来的伙伴便是无声的痛楚，等你察觉却为时已晚，早已无法对症下药；而只能彻底觉悟：从某种意义上说，你已经不是原来的你了，这些挫折总是一击即中。"

这本书翻译得十分流畅，是本适合世界文学爱好者的大众读物。它再次坚定了我后半生以文学阅读为选择的人生，用文学对抗无趣、乏味的现实世界，丰富自己的心灵之海。

写完此文一个月后，得知8月的上海书展请来了作者比拉-马塔斯，我十分惊讶，仿佛看到现实场景从虚拟世界被创造了出来，不，理念世界被具体化了。但我并没有去现场见见他的冲动。面对面并不能把握一个人，只有阅读他的文字才有可能理解他。

◎ 偶遇在角落里的书

夏天，回老家住了两天，感觉很不一样，全没想到老家会变得如此迷人！这全都因为"蜜蜂书店"。自从去年秋天在杂志上看到老板的专访，那句：钱只是评价成功的标准之一，即使破产了，还有书呢！就一直留在头脑里。今年6月底，看到《中国青年报》的大幅专访，高兴得将文字粘贴到短信，发给几个好友，标题是：欢迎来我家。但反应寥寥。在家住的两天，老妈将三餐包了，幸莫大焉！我和3岁的儿子腾出时间，想着如何打发。早上九点，我骑上自行车，在我的引导下，孩子乖乖坐到后座上，两只手谨慎地小心抓住我的衣服，两条腿自然下垂，我一边骑，一边不停地叮嘱他双腿的位置。近3岁的儿子已经不是原来的无意识状态，小小的自我有了萌芽，知道害怕了，正好利用。我带上他骑上15分钟，就到了村东北方向的书店。这次来，发现又多出第四层，书更多了，还有了咖啡吧，前几次来，总不尽兴，这次要待个够。蜜蜂书店的书恰好符合我的口味，文学书籍为主，还有哲学和艺术。要了咖啡和小点心，可以坐下来看书了，孩子也很配合。第二天要离去的时候，在沙发后边的书架下面，最里面的角落里，我发现了寻找、等待多日的《老妇与猫》。在网上和书店找了几次都没货，反而增加了对此书的期待。那份欣喜像小甜点出现在饥饿时。想去年8月，格林的《权力与荣耀》也是在这里发现的。蜜蜂书店在我心中，配得上这雅致的环境。老家的美除了那份乡愁，添上了新的内容。

读完《老妇与猫》发现，莱辛是个老牌女权主义者，最早写女性觉醒的是莫泊桑的《一生》。《另外那个女人》中的柔斯，在得知母亲因车祸身亡后，绝情地与恋爱3年，准备结婚的乔治分手了。莱辛写法十分冷酷，柔斯和乔治在得知母亲去世时都没有表现出应有的悲情，柔斯与父亲一起住，她只相信自己内心的感受与选择，与热衷党派之争的父亲不同，她表现出女性少有的独立，她相信金钱胜过"别人"。不久，父亲在战争轰炸中死去了，房子也没了，柔斯更加孤立了，吉米出现在她的生活里。吉米有孩子，有妻子，他做事情优柔寡断，下不了决心，这一点可跟柔斯差远了。他们住在了一起，然而这种爱，对柔斯来说更像一种陪伴。柔斯的爱不像世俗习惯的爱，她的表现方式很个性，她才不会懦弱地等着男人安排她自己的生活。她坚决要抚养乔治失去双亲的孩子，对新的伴侣吉米，大胆地与他妻子联系，了解情况。在柔斯的世界里，男人是易变的，人生是悲惨、邪恶的。莱辛通过书中的人物说出了"男人们正经事做不来，就会给人添麻烦。今天的世界，妇女须自己照顾自己了；她们要是不这样，别人是不会管她们的"。莱辛甚至将战争的起因也推到男人身上了，可是，想一想，不是吗？

我总想通过这些小说窥探作者莱辛的人生态度。通过此篇和《爱的习惯》（近花甲的话剧老男人与35岁毕勃的爱情婚姻故事）《一个男人和两个女人》、《喷泉池中的宝物》来看，莱辛对男子有着深深的不信任,这里的男人,多情,虽然口口声声对女人珍爱,但结果总是出现很多男女是非。仿佛莱辛主张:女人都是孤独的,别想得到男人的爱。这一点在《老妇与猫》中表现得最充分。她仿佛要警示女人是不同于男人的一种生物,对于她们,世界是多么悲惨,女人是多么孤独,她只希望得到一点陪伴。女人如果指望别人,下场十分悲惨,如《喷泉池中的宝物》,富贵之家的公主米润,以为手工匠伊甫瑞姆送给她的珍珠是爱情的表达,结果,人生的走向因为这一误解变得离奇悲惨。在书中,男女主人公,男性更倾向于动物性,而女性则更偏向精神性,"男子总主张一夫多妻,而女子不太主张一妻多夫",这种态度与莱辛的人生经历有着密切关系吧。只有《海底隧道》好像不涉及男女关系,十岁的小男孩以一己之力征服海底的岩石洞,母亲只是一个配角,但小男孩的性格仿佛又暗示着什么。在这些短篇里,作者还细腻地通过日常细节探讨什么是爱、责任。其细腻的手法让我想起加拿大的门罗和爱尔兰的特雷弗。

以上是我从价值观的角度分析,但不能忽视的是作者讲故事的本领,故事曲折,很是好看,看《老妇与猫》,真是让我同情心大发,感叹一个老妇人的命运,感叹人类世界的发展仿佛与一个人的需要背道而驰,人需要的是爱,而外在世界只有高楼大厦,人的内心世界被遮蔽了,没有得到改善。在我的身边,那些野心勃勃的扩张者,也确是男性居多。

◎ 想象力的高贵飞翔

7月的北京，吝啬得没有放出一个晴天，在房间里，我回忆去年此时的自己在扎龙，在看《追忆似水年华》。翻开书页，一句划着横线的字映入眼帘：在我眼里，一本新书并不是一件具有许多同类东西的物，而是一个与众不同的人，有其自身存在的依据。此时，楼下电动车的嗡嗡声响起，像大个头的黄蜂，在石榴树、枣树、银杏树下来回穿梭。繁忙、急促、宁静与不安混杂在湿漉漉的夏天里。不一会儿，高效、干练的快递员送来急促的敲门声，吓得快3岁的孩子以为敌人攻破了城堡，千军万马就要涌进门来，一头扎进我怀里。舒尔茨的《沙漏做招牌的疗养院》就这样递到了手里。这位比卡夫卡小9岁、一样短命的作家，同样有着奇特的眼光。

看介绍，这位作家一生只出版了两本书（另外一本是《肉桂色铺子》）。只此两本，即能判断其才华，他与同时代的巴别尔真是相像（巴别尔也是只有两个短篇小说集传世）。《沙漏做招牌的疗养院》情节怪诞，时间错乱，甚至匪夷所思，让我想起同样以想象力著称的阿根廷作家艾拉，他写的《我不想当修女》同样错乱，首尾不接。

看它的目录，你绝猜不出它包含着怎样的叙述。即使读了，也是模糊的、怪怪的。第一篇，《书》，想不到书会留给舒尔茨这样的印象，跟我记忆里现实主义的模样千差万别。他的小说，仿佛是作者缺少现实的营养，像个病人，不得不躺在床上，专事想象。他的文字奇妙、怪异、不同一般，像表现主义绘画（作者本身也是一个画家）。画家的素质在小说里自然体现了出来，比如在《沙漏做招牌的疗养院》里，描写街道空空荡荡，"好多地方，稠密绚烂、丰沛醉人的空气让一部分景致模糊难辨，仿佛一团湿海绵抹去了两三座房子、一盏街灯，或一块招牌的些许内容。"

作者对想象或说幻想痴迷，这在《父亲参加了消防队》中借由父亲之口说出了因由。父亲对安德拉（家中女仆的名字，在书中不同篇目中出现，以此表示全书的一体性）说："你从不理解更高层次的事物。你狂暴而毫无意义的怒火一遍又一遍将我挫败。如今我穿上铠甲，你休想用挠痒痒来放倒我，把我逼进绝望。卧床不起的无助年月从此一去不复返了！眼下，软弱无力的恼怒已经攫住你的舌头，你粗俗、恶劣的言辞，跟它愚蠢的程度成正比。你要相信，我为你感到悲哀，我可怜你。你无缘体会想象力的高贵飞翔，你对超越庸常的一切满含无意识的怨恨。"

舒尔茨的想象力将很多事物抽像化，变成一点色彩、一条划线，于是，琐碎的东西变得缤纷。比如描写日子，"日子变得如肥皂泡一般，越发瑰丽、轻盈，它们看上去如此完美无瑕，远达天际，以至每个时段的每一瞬间都是一个奇迹，无限延伸，几乎令人痛苦。"写父亲，"那是一种可悲的生活替代物，全赖旁人的纵容，以及他从自己衰弱的力量中提取的准则惯例。"

写鼾声,"男人已离开他险峻的梦途,正在费劲地攀爬隆隆鼾声的陡峭高峰。"

舒尔茨的文字像诗歌,价值指向高贵,如《春天》里描写大帐篷里的参观者,"我可以毫不费力地从他们之中分辨出,谁如今仅仅是表面上属于这个世界,而实际上过着一种离群索居、庸庸碌碌、行尸走肉的枯燥生活,过着一种装模作样、金玉其外的炫耀生活"。

舒尔茨的想象力来源于人的局限性。在后几篇小说里,主人公多是残疾人、小学生、退休老人,他们身处有限的物理空间而且十分孤独,舒尔茨用想象力让他们飞升,超越狭小自我,拥抱自由。"我仅需想象一扇门,一扇挺不错的旧门,如同我年幼时厨房的那一扇门,配着铁手柄和门闩。这样一扇值得信赖的屋门足以打开任何一个四壁封死的房间,只要你坚信门就在那里。"(《孤独》)在《领退休金的老头》一篇,结尾干脆自己悬到半空,越过屋顶高高飞翔,像黑塞的散文《魔术师的童年》结尾。最后一篇《父亲的最后一次逃跑》里,父亲变成了一只螃蟹。这让人想起卡夫卡冷酷的《变形记》,变成螃蟹的父亲,"尽管被煮过,而且在半道上失去一条腿,他仍凭借残存的力量把自己拖到某处,展开他无家可归的漫游之旅,我们再也没有见过他。"在作者看来,想象力是渺小、残缺、有限的人的翅膀。想象力就是生命力,或者说人的生命力就体现在想象力上。

◎ 值班的日子里看《夜深时分》

年节放假,单位要安排值班,值班对于我来讲就是自己独守一部电话机,自由、安静地度过一个白天。我还记得刚工作时,我被单位安排在春节那一天值班,我在单位的电脑上打"玩具兵"游戏,惬意而自在,那是一种被动的奢华。一个人安静地度过一天,显得十分特别。去年冬天一个人值班,我静静地看《局外人》,以致有人进来,我都不知道。今年清明节值班,恰好读完彼得鲁舍夫斯卡娅《夜深时分》,觉得很过瘾。我不仅喜欢中文名字,也喜欢英文名字 The Time:Night。

但我不喜欢译者的序言。译者经历过新中国建立后的学习苏联时期,对于作者由于意识形态所获不公平待遇有自己的看法,那就是从一个社会的角度去理解文学作品。作为成长在改革开放后,尤其是青年时期赶上新世纪经济大发展时期的我,则更关注小说中的文学性、艺术性。我读了序言之后,都不想读原文了,觉得它是一部控诉旧社会的作品,我们译者仿佛特别善于从社会的角度切入作品,比如《桦林庄园》的译后序,也是从爱尔兰的社会发展讲起,小说首先应是艺术品,艺术品是探究人心的。读了他们的序,仿佛小说首先应该反映社会,是对社会进行的喊话。再一想,我们几千年的历史传统,仿佛特别注重从社会发展看待一切，人是为社会发展服务的，是工具人格，社会是评价一切事物的标准，好像再也没有第二条了，再加上马克思对人的定义，社会吸引了我们全部的目光。这是我们认识世界的狭隘之处，应该摈弃。

彼得鲁舍夫卡娅的《夜深时分》让我想起俄罗斯文学的传统，对灵魂的关注，没有哪个国家的文学比俄罗斯文学更关注人的灵魂了。她的作品堪比托尔斯泰、托斯托耶夫斯基。当读了开篇不久，呈现女儿日记后，我就明白书评将她冠予女巫的原因了。她以女性所没有的敏锐和大胆探索了一年轻女子幽深的灵魂深处。这让我想起《格拉斯医生》，人没有想象的那么好，作者面对女儿的"勾当"，也明白：爱情，大自然就是这样规定的，无拘无束地去爱，爱情就会把翅膀伸向不该享有的人，伸向老人。于是，小说中的诗人的"我"冷静面对儿子、女儿混乱的爱情、婚姻生活，而且表现了一种冷静的宽容。说作者像女巫，除了小说揭示爱情的不高尚一面，大概还体现在作者直面人丑陋一面的勇气和坦诚上。她写自己年迈的婆婆，住进了精神病院，生活不能自理了，写她的嘴唇，像破布一样；像麂皮一样。"像麂皮一样的嘴唇贪婪地吃着，像麂皮一样，既长着唇须又长着胡子的嘴巴，虚弱无力而内部空无所有的嘴巴，她扭动牙床咀嚼，悄声说'我活不下去了'"。

读此书，让我领悟到生活和情感的致密感。在短短的一百多页里，老年（母亲）、中年（诗人自己）、青年（女儿），女性的心理和生理做了显微镜般的呈现，看似随意，但手法老道。对比杨绛的《洗澡》，同为女性的作品，但各自体现了东方的含蓄美和西方的求真态度。巧的是，同为贵族气质的两位女性，对作品的结构都十分讲究，《洗澡》的开头，精心选择切入的视角，此书的开头以一个简短的艺术处理拉开读者的距离，都是十分讲究的。

人性啊，人性放在不同的社会容器里，就会呈现出不同的人，不同的情感。书中一家人混乱成这个样子，不能全都算在社会上，这与诗人的性格是否有关系，诗人爱幻想，是个四体不勤的人，总之偏向非理性，她可以低三下四地去求编辑给自己一些活儿，挣些小钱（但对阻止人们亲孩子嘴巴上却表现得异常勇敢）。这些流露了诗人不适应现实生活，追求人的精神与高贵的品质。最近在看电视剧版《平凡的世界》，仿佛成励志电影了，让我不忍再看。而此书大有一种新发现的惊喜，艺术是探究人的，不是社会学的附庸说明书。

此书，作者的价值观强烈地指向孩子，而不是大自然。"孩子是天良的体现，他们像天使一样，经常心惊地提出问题，以后便不会再问，于是进入成年。他们将缄口不言，过起日子。"书中提到自己在公共汽车上阻止一个父亲亲吻自己孩子嘴巴的场面，虽然遭到众人唾弃，但自己仍感胜利，于此处，与情节发生共鸣。这让我想起老子的《道德经》经常拿婴儿做比喻。

此书紧紧抓住灵魂，显示了作者高妙的创作手法，它启示我：通过阅读、写作，让灵魂之我呈现、成长、丰饶，最终壮硕、飞升起来。她想要使处在现实中的自己飞升过头顶，关注着、欣赏着、冷静望着下面现实中的、肉体的自己。看他经历人间的一切，看他怎样体验欢乐、痛苦、焦虑、无奈、无聊的场面，每经历一次，肉体的自我就衰老一点，飞升的自我就壮硕一分。最终，肉体的自我走向衰败、死亡、消失，头上的灵魂之我获得有力的、自由的生命，永不消失。这就是人们说的灵性的人吧！

◎ 炎炎夏日读卡尔维诺

炎炎夏日，阅读卡尔维诺的《在你说"喂"之前》。这是卡尔维诺全集中的一本，随机选了此书，只是觉得自己应该，是时候认识卡尔维诺了。有很多作家，在阅读中偶遇，那出现在别人文字里的作者名、书名，总是吸引我神情驻足瞬间，我寻思着："他可不可以列入我的阅读计划？"快速做出判断是很难的，首先，我不想让"偶遇"和"别人提及"打断我的计划，那会得不偿失，我把它提高到"丧失自己"的危险程度，但我果真有"自己的"阅读计划吗？找到一套书，穷尽它，这不是一种懒惰吗？逃避选择，惧怕判断。左右为难后，只剩下"跟着感觉走"了。我要从他（她）人的文字间嗅出作者的品味，我了解那些文字的作者，大凡在文字中提到的作者、作品，一定是他本人十分推崇的，因为对于喜爱文字的人，在介绍别人时，都是吝啬鬼，不可能随便提及，他一定希望得到因他的推介获得共享的精神享受。

卡尔维诺，是在李黎的一本小册子游记《威尼斯画记》中正式映入我眼帘的。书中摘录的只言片语觉得很抽像，倒是李黎的闲适、优雅和西方艺术的好奇心给我留下了深刻印象。有年轻人问我，怎么选的阅读对像，这不，就是这样嘛。

《在你说"喂"之前》,选的是短文和寓言,按时间分为两个部分,20——35岁和45——61岁。感觉卡尔维诺像个神,是不食人间烟火的,他站在高高的云彩上面,但是低头看着地面上的生灵。他的文字抽像、飘零、高妙,充满想象力,即使写现实事物也用一层薄纱过滤了一般。他写他头脑中的印象,那是一个用文学编织的头脑。书封上写"1985年夏天准备哈佛讲学时患病。主刀医生表示自己未曾见过任何大脑构造像卡尔维诺的那般复杂精致"。

《闪念》很短,表示自己对这个世界荒谬的认识,希望"让我在此拥有在一瞬间找到又失去的那种不同智慧"。如此短篇开头的几篇,表现了年轻作者对世界的好奇、不解,对人们荒谬(《良心》)、盲从(《谁满意》)、按习性从事(《呼唤特雷莎的男人》)的认识,同时也表现出对独立思考的个人的关注(《团结一心》)。

《皇后的项链》结尾太出人预料了,作者才不会关注一根项链的最终下场,那是通俗小说的伎俩,他用一把快刀在最吸引人的地方结束了小说。于是小说立意变得高远,这是靠减法提高小说的品质的绝妙案例。

卡尔维诺的叙述总感觉轻飘飘的,始终不落下来,能保持住那么一股劲儿,一种超脱的品质。他的作品很安静,他让安静战胜人间的胜负(《三月的美好一天》《安的列斯群岛的绝对静止》),自然战胜规矩、秩序(《迷失的军团》)。

我喜欢第二部分的《汽油泵》《冰川时期》《水的呼唤》,生活中的细节,用充满想象力的文字变成了一篇气像宏大的作品,表现了作者对世界的广泛好奇心。作者是Oulipo的成员,一个由作家和数学家等组成的打破文本界限的松散的国际协作团体,他对科学世界同样充满兴趣。作者曾应一些大企业之邀,写作命题作文,如《冰川时期》《可恶房子的失火》,这些应景之作很吸引人。日常生活中再普通的细节,汽车加油、淋雨水龙头、加冰,作者为其注入不同常人的想象力,赋予这些细节新的内涵。让我感叹:生活中不可缺少想象,否则世界多么枯燥。

《镜子,靶子》写了恋爱中女人的成长;《亨利·福特》用我与汽车公司大老板福特的对话展现了工业文明带来的弊端;《最后的频道》引发人们对世界本质的猜想;《在你说"喂"之前》展现了一个男子与心爱的姑娘通话那一刻的心情,大有茨威格的风范,但仔细看,又不一样。

我喜欢充满想象力的文章,不喜欢巴尔扎克式的写实主义,我喜欢头脑里的印象,文字揭示的应该是主观世界,这有点表现主义了。我认为这是判断人与人之间不同的关键。

我还钦佩他的文学信仰,在序言中介绍:"他的写作活动不曾间断过;没有一天他不写作,在任何地方,在任何情况下,在一张桌子上或者在膝盖上,在飞机上或者是在旅馆的房间里"。我会不会变成这样的人呢?

◎ 可怜的人

奥兹的《咏叹生死》，让我想起《威尼斯之死》，通过普通的一个见面，经过作家的想象，幻化出对人生的苦苦思索。一个作家参加一个文化馆的文学沙龙活动，在讲座开始之前，作家看到普通大众的身姿、面孔，于是展开想象，编出一个个故事，表现了作者对荣耀、成功、爱情与死亡的思考。那些普通的人物都在寻找着自己的精神家园，他们过得战战兢兢，颤颤巍巍，曾经的辉煌在死亡面前该如何解释呢？让人产生一种"直把他乡认故乡"的感觉。

我们的文化很少谈论死亡，过两天，故宫博物院为庆祝建院90周年将展出283件珍贵书画作品。我记得两年前看过一幅《千里江山图》，不知这次会不会展出。前段时间听陈丹青的《局部》视频讲座，提到西方的普拉多美术馆《死神的胜利》。对比两个作品，很有意思，东方的主流追求是社会的稳定、繁荣，西方是人的命运。现实中，我们也很少关注死亡，更少从死亡的角度思考现世。面对死亡，人们会得出不同的人生启示：有人说干什么都没有意义，有人说还得要折腾……

《咏叹生死》这部中篇小说将性欲与死亡对照，"数百万年间，大量有机体盛行于世，都没有经历死亡。这些单细胞蛋白质有机体没有死去，它们自己不住地分裂，一个变成两个，两个变成四个，四个变成八个，等等。死亡并不存在。只有到了当代，当各种不同形式的再生，性欲再生出现后，才出现了衰老与死亡"。"成双成对来到世上的并非生与死，而是性欲与死亡。由于死出现在生之后，比生晚出千万年，很有可能希望死有朝一日将会消失，生则不会再消失。因此永生便在逻辑上具有了可能性。我们只需想办法消灭性欲，便可以具有从世上消除痛苦，消除死亡之必然。"这段论述真是有意思，此书应该改名"性欲与死亡"，它们是对立的两方面，而非生与死，它们是生命的本质。

作家与见面会上的35岁女朗诵者罗海尔偶遇，作家找借口送她回家，罗海尔与作家的情感进进退退，欲望、尴尬、撒谎、紧张，奥兹写得太精彩了，人类的本能竟然幻化出这么多的阻隔、恐惧，奥兹像戴了显微镜，将那些细微的感受揭示出来，留给人们去探究原因，这是为什么？译后记里点题："也许是对人类生存境况的一种隐喻，喻示着人在最基本交往过程中的不安全感"。海德格尔曾说，人的根本心情是焦虑。我一直感觉到，在现代城市生活中，每个人都成了做错事的拉斯柯尔尼科夫。他们任制度、权威安排、摆弄，全然不知越是如此，越是没有安全感，越挣扎，双脚离地越远。作家与罗海尔的既推三阻四又相互吸引的一夜让我想起了杨绛的《洗澡》，彦成与姚宓迎前又退却的不是性欲而是东方的情感。是什么让人类变得犹犹豫豫，充满畏惧？我们都是天上散落的星辰，本是来自同一块石头，从大爆炸一刻，我们开始远离，当我们好奇那一道道光束时，其实是想回到过去。作家与罗海尔的性遇之夜是一条主线，书中还有很多复调。现场一位六十多岁的男人，穷困潦倒，与卧床不起的母亲挤在一张床上，周围环境破败、凌乱；商人哈扎姆年轻时富有、虚荣，如今躺在监护室里，奄奄一息。莉吉、查理、露茜曾是三角恋爱，如今他们三个各自分离，没有联系；瘫痪在床的老者巴托克仍在探讨生死问题。我又想起那句话：只有你对外在世界绝望了，你才会好起来。

我倒是很欣赏曾经显赫一时的诗人贝特-哈拉哈米，晚年的他不再以发表诗歌为乐趣，而是"满足于一杯清茶、花园的宁静、云卷云舒，他依然喜欢，实际上越来越喜欢观察花园里树木颜色的变化，呼吸着牧草的清香气息。此处碧绿而宁静，一头奶牛/站在树桩前，孤零零，/两棵松柏立在一起/还有一棵孤零零。"我想，这是作家奥兹自己的化身吧！我倒是很向往。

我越来越觉得，人生是由三部分组成的：生活琐事、情感、意义。生活琐事无法避免，情感归文学，意义归哲学。奥兹的叙述，看似凌乱，不分轻重，尤其是那些复调的叙述安排，有的不断着色，有的故意间断，再续写，其背后是奥兹驾驭故事的本领，没有牵强、生涩之感。像随意散落的珠子，任由它们跑到哪里，但又都统一到一个主题和一个场景下，这些线索里又有重点描述。这种"散落"的形式也恰好与内容的衰败、不稳定相一致，剥去冗长的叙述，将细节、情绪、思考搭配合理，一本恰到好处的小说形成了。

合上书，想起《逃离》的写作风格，那里每一篇都是精致、细腻、充满淡淡的哀伤，像作者一针针绣出的锦缎。《咏叹生死》则布局随意，线条显得粗糙，但不乏深刻，像几笔泼洒出的一幅草草的水墨画。

◎ 玛丽

玛丽，是纳博科夫处女作的女主人公的名字，加宁的初恋情人，这个名字，让我想起很多文学作品里的女孩子，《神曲》里的贝阿特丽切，《少年维特的烦恼》里的夏绿蒂，《红楼梦》里的林黛玉，《战争与和平》里的娜塔莎，《寻欢作乐》里的罗西，还有奥斯汀的爱玛，左拉的娜娜……

《玛丽》是纳博科夫的第一本小说，写于作者27岁时，我想到马尔克斯28岁写的第一本小说《枯枝败叶》，海明威（与纳博科夫同岁）同样写于27岁的《太阳照常升起》。关于大作家的第一部小说，真应该好好研究一番。

尽管我早就知道他的这篇小说，并预想了很多叙述方式，但读之后，还是出乎我的意料。整篇小说通过对玛丽的回忆写成，初恋的美好是每个人都经历的吧，否则就像一朵没有开放的小花。当读到加宁收拾箱子，发现那里躺着5年前玛丽给他写的5封信时，"'明天玛丽就要到了，'他在心里大声喊道，四下打量着天花板、地板和墙壁，一副狂喜又害怕的样子。'明天我要把她带走，'……"我不禁惊了一下，没想到一本薄薄的小册子，作者要演绎出如此惊人的情节，我折上页，合上书，估算着还剩下四分之一吧？难道爱情小说要写成惊险小说？这可是我没有想到的。此时,我正置身在北京的秋天,窗外幽蓝的天空点缀着几朵高远、缥缈的云,阳光明艳,但从窗外溜进的空气却带着明显的凉意。我躺在窗户旁的小床上,想象着接下来的结局,快入秋季,我在心里提醒自己,要珍惜这良辰美景的每一刻。我像准备品尝普鲁斯特祖母的小蛋糕一样期待着。

隔了一天,一口气读完,明晓了加宁的独自离去,暗暗佩服纳博科夫非凡的文学才华。"它持续了仅仅四天……也许是他生命中最快乐的四天,但是现在记忆已经枯竭,他已经感到腻烦了。"作者仿佛在说:最美好的东西不在现实中,不在将来,而在回忆里。作品没有变成惊险小说,反而是一个文学水准甚高的艺术品,加宁正好是"盖茨比"的相反面。

此外,这本具有自传色彩的小说结构十分精致,可看出作者花费了不少心思的。故事发生在柏林的一个俄国人开的膳宿公寓,里面住着一个俄国老诗人波特亚金,他的诗曾在加宁与玛丽恋爱的信上被引用,如今他死在了这个小地方;柳德米拉,一个女孩,是加宁的情人,在加宁得知玛丽要来后,他与柳德米拉分手了;克拉拉是一个爱恋着加宁的女孩子;还有两个男芭蕾舞演员;阿尔费奥洛夫一直等着几天后就要到来的玛丽,这一点无意中被加宁知道了,玛丽就是自己的俄国初恋情人。这几个人各有各的位置,一起推动情节向前发展,加宁由想带玛丽走到自己独自离开,不能不说,这种转变有老诗人波特亚金死去的启示,"不管怎么说波特亚金总还是留下了点什么,纵然只是那两首为他展现出如此热情永恒的生命的苍白小诗……加宁一时间看到了生命中绝望与幸福所具有的一切激动人心的美,以前都变得崇高、极度神秘……"

纳博科夫的小说给我最大的印象就是细节、细节！我接触了很多年轻人，同时也听很多人讲话，但我感觉大家的话总是大话、大词太多，听了半天，不知所云，像一片飘忽的云，我等着第一滴雨点的落地，可是很难啊！我真希望年轻人都来看看纳博科夫的小说，重新整理一下大脑，看这段：

以后是在海上几天灿烂却令人难过的航行。迎面而来的泛着泡沫的浪花像两只漂动的白色翅膀拥抱着一切，拥抱破浪前进的船头；靠在船栏杆上的人的绿色影子轻轻掠过晶莹明亮的波面。生锈的操舵装置嘎吱作响，两只海鸥在烟囱周围飞翔，湿漉漉的鸟嘴在阳光下像钻石般闪着光。不远处一个大头希腊婴儿开始哭了起来，妈妈发了脾气，拼命想让他安静下来，便向他吐起唾沫。一名司炉有时到甲板上来，浑身发黑，眼睛周围一圈圈煤灰，食指上戴只假红宝石戒指。留在加宁记忆中的就是这类琐事……而不是对离弃了的祖国的思念，好像只有他的眼睛仍充满活力，而他的头脑已经处于潜伏状态。

这段细节，不仅表现了年轻的纳博科夫对"具体"的看中，而且表明人们的看是不理性的，不受大脑支配的，人们看到什么是一件很重要的事情。我一直觉得没有好的文学作品的引领，人们是不会看到新世界的。那最后一句，作者特意强调出来，一定有着特殊的、针对性的用意。

在此书开始不久，加宁感到无聊，有两页，写这种无聊，实在是太妙了，我们惧怕无聊、讨厌无聊，但是年轻的作者就要认真地直面这种无聊，而且写得实在充满诗意。

这天和以前的日子一样，在一种枯燥乏味、无所事事的状态中慢慢地拖了过去，甚至连能使无所事事变得迷人的朦朦胧胧的期待也没有……他喝了大约一个小时的咖啡，坐在一面巨大的玻璃窗旁看着过往人群……他属于这样一种人，他们能获得他们想要的一切，取得成绩、超过别人；但就是不会抛弃或逃跑……其实这是一回事。阻碍他的这样做的是廉耻心和同情心……

无聊本来是组成我们每个人生命的一部分，但是，为什们我们不去面对它呢？我认为它是一种生命状态，是一种真实的、健康的状态，在被文学家发现了以后，我们没有必要再掩饰、佯装不见。我反复读那段"无聊"的文字，竟然渐渐产生一种期待的感觉。

◎ 什么样的城市

看布托的《时情化忆》让我反思自己居住的城市，反思自己生活20多年的城市小区域。小说一共分为5章，我喜欢前两章。在那里，他以写实的手法详细描写城市的风貌，我十分喜欢那些文字。大概两三年前，我也开始审视、观赏身边的城市风景。以下就是一段文字：

从地铁口到我工作的单位，有200米长吧！我会经过一个汽车站，一个家具店，前不久，改成了中医院，一个过街天桥，桥下总是放着几辆自行车，即使黑夜也没有骑走。再往前，是个小餐厅，里面不断地换人，使人缺少一种亲近感，再前面是一个小胡同，又是几家小餐馆，在这个城市里，餐馆就像小草一样，一段不长的时间，一块不大的地方，就能长出一个个小餐馆，当然，消失得也快，不定什么时候就变了门面，快得你记不住上次这里是什么。这段路有一半是铁栅栏围起的单位大院，栅栏下永远堆着杂草，夏天是绿色的，冬天是枯黄的。令人振奋的是，这一段路栽种的全是国槐树，一次，有人问我，这些树是什么名字，我告诉她是国槐，还解释了与洋槐的区别，我说：当国槐花开的时候，夏天就真的来了。可是当真正花开的时候，我指给她看，她却一副漠然的样子。

城市生活的人有着共同的景色和相吻合的内心感受。工业化导致城市化，工业化还带来单调与乏味，城市呆板的风景也是必然的。城市是为上下班穿梭的人而建，大家都是过客，这是城市逃不出的宿命。想想，一个人十几二十几年绕过同一个街角、走过同一幢楼房、观看永远不变的墙体颜色，还有那些一点也不美的过街天桥、肮脏的垃圾桶、刺眼的大字招牌，多枯燥啊！文学的魅力就在于它能改变心灵的色貌，只有文学能将阴暗、沉郁的城市变得充满诗意。

广场上空是一片10月深秋广袤的天，阳光暗淡柔和，微带玫瑰红，一片片云彩在追逐，好像北极冰原上一群浑身潮湿的动物在奔跑一样，一阵旋风袭来，把人行道上的车票根、麦秸、碎木屑和树叶都刮了起来。"

……白天越来越漫长，每天都在蚕食夜晚，犹如涨潮的波浪，每涨一次就向夜晚的沙滩侵蚀一点；现在正是夏至后的一周，白日停止延伸了，好像遇到了障碍，或是力量已达到了极限。

晴朗的天空，我尽管表面尚好，还能得到抚慰，但我一直陷入布勒斯顿设下的泥潭里，这个城市用一种稠厚的浑浊把我与清澈的蓝天、清纯的溪水、明媚的阳光，以及纯黑的土地分离开；帮帮我吧！晴朗的天空，这个城市在收买你，你这位令人心碎的小兄弟。

城市那些丑陋的建筑将我的目光逼向了天空、阳光。你看，作者也时常举起头来，我为与作者有相同的感受而产生共鸣。

迪尤街上空的紫红色越来越深，然后又呈现出绿色，在天空的池塘里，在浓密的芦苇丛中，绽开一盘蒙上薄雾的月亮，宛如一朵只开一片花瓣的、毛茸茸的、淡淡的黄菖蒲。

那天下午，阳光好似灵巧、白皙、纤细的指头，在我的罗丝近乎是红棕色的秀发上拨弄着，又像一根根柔软的、温暖的细针一样在她的秀发上织锦……

白天更长、更晴朗、更自信，我心头感到多么轻松！

我喜欢这样的文字，有一种宁静感，充满诗意。这与我每日的心情吻合，尤其是在北京有雾霾的日子，我多期望蓝天、阳光，觉得这些足够了，一种内心被充满的感觉。

作者不仅对城市压抑人进行反抗，而且对工业化的生活方式进行反抗，城市是这种生活方式的代表。对于作者，它是阴暗、阴郁、压抑的，是阴险奸诈的。作者为了反抗这种乏味的生活方式，单调的人生，小说才插入了一起凶杀案和一段离情别恋。纵看人生，漫漫旅途，真是一日复一日，也只有突发的不幸会惊起内心池水的涟漪，至于爱情，那是上苍赋予人的礼物。当然还有小说的写作技巧，巧妙地将时间的焦点推远拉近，小说家获得一种操纵万物的快感，一切都可以在作家头脑里创造、扭曲、变形、重来、反复，时间也不例外。如同伍尔夫，在她笔下，人可以活三百年，时间可以很方便地拉长、快进，十分好玩儿。除此之外，人还能怎么办呢？

◎ 两个"浮士德"

海涅不仅写了很多诗歌，而且还留下了小说和剧作，这是我没有想到的。了解海涅，最好将他与歌德对照着了解，他们人生不同，作品风格也不同，这种不同形成一种对照。歌德比海涅早48岁，他的一生，让海涅说"漫长、光辉的神话般优裕的一生"，家庭富有，老爷是法兰克福市市长；海涅则没有那么幸运，年轻时曾寄居在叔父家，死前有8年被脊髓病缠身。《浮士德》是歌德的代表作，宏大、壮阔，流露出不息的生命活力；诗歌是海涅的本行，纤细、多情，富有极强的感染力。从他们两个人的人生经历可以看出，歌德受到了上帝的更多垂青，而海涅则被穷困、爱情失意、疾病缠身，去世前8年，脊髓灰质炎使他一直躺在床上，有时，为了镇痛，医生将他的后背切开撒上吗啡。这也许能对照看出，歌德的浮士德最终升入天堂，海涅的浮士德终究是悲剧。

有意思的是，他们都根据民间传说写过"浮士德"作品，歌德的《浮士德》是歌剧，记得自己阅读完这部作品，并没有太多的感慨。那时，自己对文艺复兴还没有太多了解，只觉得它表现了人类的"自强不息"精神。现在读了海涅的长篇诗剧《浮士德博士》，两相对照，发现很多乐趣。记得画家陈丹青介绍过绘画作品中的"并置",即将两幅绘画作品放在一起,启发人们的联想,其可获取的东西随着人们知识和阅历的增加会不断地丰富。这两个浮士德作品并置在一起,欣赏两位大文豪的异同,是一件很有意思的事。首先,一个是歌剧,一个是舞剧。海涅考察了浮士德不同的民间版本,做到力求忠实于原著,歌德版本大胆创新,尤其是结尾,被天使抬升至天堂,与海涅的坠入地狱结局相反,以致海涅称其结尾有些轻浮;歌德版可称宏篇巨制,其创作历时约60年,海涅版字数不多,一个月就写完了。歌德版是宝库,海涅版是一颗明珠。海涅版,浮士德分别爱恋上公爵夫人、斯巴达海伦、青春貌美的市长女儿。歌德版里,也有爱恋上少女和海伦,但是增加了筑堤拦海为人类造福的事业,并以升入天堂作为结束,这体现出老年歌德已经从少年维特的小情绪蜕变成了为人类造福的大情怀。海涅版,坚持悲剧的完整性,这不禁让我想起他遭病魔折磨的最后8年,他还曾跪倒在维纳斯雕像下哭泣,悲悯之心令人动容。

2008年12月,我曾到法兰克福,之前,刚刚参观完波恩的贝多芬故居。那一天,天空灰暗、阴冷,但城市的街道却十分干净、整洁。我们经过好一阵疾走,终于到达一处普通的现代感十足的建筑物下。只见,路的一侧,一个四层楼的建筑,像个不大不小的办公楼,四楼好像是后来重新搭建的,三层顶有个小的过渡平台,浅绿色的墙面径直地伸上去,临街的一扇绿色铁门紧紧关闭着,斜上方,伸出一个方形标识牌,嵌着一个人的头像,灰色的头发蓬乱地张开,一双眼睛,炯炯有神,瞪着前方,四周是一圈白色的印刷体字母。领着我们的导游,一转身,胳膊一指,甩出一句:这是歌德故居。我和几个年轻人才明白，为了赶时间，导游一路疾行，是想让我们多看几个文化景点，不过这一文化地标，太过殷实，我是一下子消化不了的。当时，歌德的形像，在我心里还只是一个与贝多芬偶遇在街头的故事。但我相信，歌德会在我的内心活起来的，什么时候，自己并不知道。那一年，我35岁，正是但丁在《神曲》里遁入森林的年龄，现在回想，当时的内心正是走出自己中世纪的前夜，那种隐约的对未来的期许，仿佛看到了自己人生黎明的第一缕霞光。我在不了解歌德的情况下，在面对他的故居不知做何感想的情况下，只好乖乖端正站好，留下存照，心里想着：歌德就出生在这里啊。现在拿起那张照片，只有我才知道那是自己文艺复兴前夜的自己，我虽不了解歌德，但怀揣一颗对这个世界的好奇心和敬畏感。我相信自己有未来，等于相信那些文豪会被一个个了解，歌德故居于我是一个文化感召。那一天，不时，天空会飘起细丝般的雨，也许临近傍晚，故居门关掉了，我没有机会走进参观。我现在就想，歌德也许刚刚关上门，坐上马车，准备到魏玛去开创他的新事业去了。

歌德在这里出生，一直待到17岁。望着那条布满整齐直线的砖路，我仿佛看见主人从门里出来，披着黑色的风衣，歌德缓慢移动他的身躯，轻声示意可以出发了，清脆的哒哒声响起，一会儿就消失在路的尽头了。

合上海涅的《浮士德》，想他不幸的一生，我也多了对其作品哀伤的理解。

◎ 只有细节的青春

马丁是纳博科夫的小说《荣耀》里的主人公，一个青少年的形象。娴熟、充满想象的文字让我以为是作者老年之作，其实是31岁写的。多年前读到的一句话还记忆犹新：人的青春怎么过都遗憾，重要的是你怎么提炼。

理想的青春到底应该怎样过呢？马丁就是一个作者坚定的回答：人的青春不被政治忽悠，不被金钱左右，如果非要交给谁，就交给爱情、艺术，青春让他成为本该成为的样子。马丁的过法是理想状态的青春，它虽不出现在现实中，但可以观照现实中的身影。

这是一部独特的青春成长小说，它的独特在于全篇的细节和想象。没有宏大的词语、没有坚定的语气。有的是：一只全黑的蝴蝶，一棵并不高大的松树，一块椭圆的石头，信纸下放一块墨迹，衣服上一粒快要断线的纽扣……

16岁的马丁，父亲（俄国人）刚刚去世，跟随母亲索菲亚乘船离开了克里米亚的雅尔塔，离开居士坦丁堡后，在船上遇到一位倾倒众人的女子，她给马丁读诗。他们乘船到了希腊首都雅典西南的海滨郊区法利隆。三天后再启程赴法国马赛，在这里与一个叫阿拉的姑娘发生情爱。之后，再乘巨轮经过科西嘉、撒丁岛到瑞士，转乘汽车从洛桑到亨利叔叔家。马丁被送到英国进入剑桥三一学院学习三年，他有时住在伦敦的济拉诺夫人家里，他在剑桥认识了同学达尔文，在济拉诺夫人家认识了让自己魂牵梦萦的索尼娅。在他读书和毕业的一段时间里，他辗转柏林相会索尼娅、在法国南部莫里尼亚克干体力活、回瑞士看望已经与叔叔结婚的母亲，最后，在爱情破灭后，他打算从拉脱维亚非法入境进入俄罗斯。

马丁在船上邂逅阿拉，经历了第一次异性恋；马丁还在一天夜里想到了死亡，猜想自己将以哪种方式死去；马丁看到自己热爱的索尼娅拉起别人的手时，他感到了巨大的失望；马丁一个人在冒险攀登一个悬崖时差点掉下去摔死，他恐惧至极；马丁在三一学院还参加了足球赛，当成了蓝衣人，当球队在众人注目下排队上场时，别人群情激昂，他"感觉自己钟爱的各种印象混在了一起：潮湿而富有弹性的草皮，从草皮上散发出的浓烈气息，看长条椅上成百上千的观众，球门前那块光秃的黑色地面，还有对方球队连续传球产生的沉闷声响。裁判拿出一只崭新的浅黄色足球，并将它放到球场中心用白线画出的圆圈里"。他还跟别人学打网球，跟同学打架。

年轻人特别容易被一种头脑中的幻影牵引，如包法利夫人，而马丁，所见之处都是不足挂齿的细节，作者之所以描写那些细节，他想对抗的是两点：一个是亨利叔叔代表的功利主义（代表词是有用、繁忙、职业、物质主义）；一个是索尼娅父母上了年纪的熟人，"他们受人尊敬、从政积极，心地纯洁，将来完全配得上用一百行洁如水晶的文字写就的讣告"。

马丁是一个活在当下的人，是现实版"小王子"。此书还让我想起黑塞的《在轮下》，其充满诗意的细节描写让我想起海明威的《伊甸园》。20世纪是物质和政治的年代，而这些都会构成对人的压迫。我多羡慕马丁，在那样的年龄感受该感受的，体验该体验的，恐惧、爱情、失望、死亡、友谊、未知名的淡淡的忧伤……

我想起了我的爸爸，已经去世12年了，他是一个感情淡漠的人，但是直到他临终前，我才知道他对孩子的热爱有如火球。在我如马丁一样的年龄里，他用沉默（有时是冷漠）为我支撑起一个我自由发展的空间，没有脉脉温情，但换来一个相对自由的空间，让我不被世俗之箭过早击中。他的沉默是坚定自己的选择还是茫然？总之，其结果成就了我那段值得回忆的青春。

上周，全家人一起逛三里屯Page One书店，买了一本托多罗夫的《日常生活颂歌：论17世纪荷兰绘画》。两者有异曲同工之妙，我十分喜欢。就像作者所言：着重揭示了我那年轻的流亡者在最平凡的乐事和看似无意义的孤独冒险经历中发现的激情与魅力。只要一合上书，我的脑海里就出现（随便翻看一页）：

当这个法国人从后面解开搭扣取下领带时，马丁不禁产生了这样一种印象：这个人正在把自己拆开，马上就要把头取下来了。他前脖颈上的皮肤松弛下垂，像火鸡似的。他松了口气，将脑袋向左右两边放松地转动了一下，然后嘴里哼哼着，弯下身，脱去皮鞋，换上卧室里穿的拖鞋……

书里有一段对痛苦感觉的话，说出了我想说的：

自幼母亲就教育他，一个人的痛苦即使再深重，也会在人群中消散、退却、化作无形,与对话者的类似情感体验几无二致,因此,在众人面前公开讨论深刻的个人情感不仅庸俗,也是对感情的亵渎……

◎ 远离童年的自己

好的作品多得看不过来，但还是喜欢看，只因为它能打动自己，感觉文字、情感是自己身上的一部分，作者经历的，自己也曾经历过，不管时间、地点多么不同，同为人，就有共同的情感与思想。童年看待周围人的视角与成年后是大不相同的，那时，社会规范还没有套上幼小的心灵，主宰他的是好奇心，也即是不会用挑剔的眼光看人。

奈保尔的《米格尔街》由17个小故事组成，每个故事透明、闪着光亮、晶莹而充满诗意，全是作家小时候在特立尼达的人和事（小安的列斯群岛东南，我国舞蹈家、北京舞蹈学院第一任院长戴爱莲就出生于此）。记得我是在地铁上读完最后两篇的，《海特》《告别米格尔街》，读到作者就要离开特立尼达去英国读书了，走前的一天晚上，妈搞了个小小聚会，人们来参加并告诉我会想念我的，之后便专心地吃喝起来。我的眼睛湿润了。我知道那是在向自己的童年告别，人长大就会失去那样的眼光了，就会沉默地去干挣钱的事情了，就像作者说的"我的一部分也随之死掉了"。

这本书里记录了好多好玩的人。有不喜欢呆板婚姻生活的博加特（《博加特》），有喜欢站在阳光下喝朗姆酒的波普，他总爱干叫不出名堂的事（《叫不出名堂的事》），有爱干喜欢的事，但就不善考试的伊莱亚斯（《择业》），有装疯扮成耶稣被石块砸的（《曼门》），有喜欢看蜜蜂的诗人布莱克（《布莱克·沃兹沃斯》），有孔武有力但怕狗的大脚（《懦夫》），有喜欢玩焰火的摩尔根，据说其原型是奈保尔的父亲（《焰火师》），有自办学校关心穷人的文化人泰特斯（《注册会计泰特斯·霍伊特》），有生下八个孩子，女儿跳海的劳拉（《母亲的天性》），有爱捡垃圾的埃多思捡回一个自己的女儿乐乐（《蓝色卡车》），有爱上一个疯子般的酗酒者最终不得不分开的优雅的海瑞拉夫人（《爱，爱，爱，孤独》），有喜欢拆汽车不善挣钱的比哈库叔叔（《机械天才》），有执着彩票并由此发疯的博勒（《慎重》），有痴情白人终遭抛弃的爱德华（《直到大兵来临》），有喜欢小孩子，但因偷盗入狱的海特（《海特》）。特立尼达的街上人来人往。

初中时候听过一首歌，歌词有一句：城市生活中我们失去什么……急促、起伏的旋律不知为什么给我留下了深刻印象。事实是，那些人已经开始反思城市生活了，那时我却一直向往着城市。如今在城市里，总感觉一切都标准化了，老年人自然一起跳集体舞，小孩子按部就班地上幼儿园、小学，不知道他们将来能回忆起哪些东西。小时候生活在农村，大家野得很，相信每个人都有自己的"米格尔街"，那是一个大生态园，鲁迅的少年闰土，不过只是截取了其中一个印象。

1982年，我9岁，当时电影《少林寺》热映，看《少林寺》成了小伙伴们可以炫耀的大事。我清楚地记得，是村子里一个叫"二狗"的年轻人带我去的,当时我住奶奶家,房后一条街,斜过里,就是二狗家,他们家很穷,全家又懒,又痴的,是村里有名的"小混混"。有一天,他兴奋地跑到奶奶家提出第二天带我到乡礼堂看《少林寺》,除了跟家人,我从没去过远地方。可是奶奶居然答应了,可见家里人对他的信任。第二天,正赶上下雨,我们打着伞,让淅淅沥沥的雨落在伞盖上,发出震耳的响声,我俩并排举着一把浅绿色的旧伞,走过通向村外的石子路,远处一片原野笼罩在雨蒙蒙的世界里,我们靠得很近,他大概也感到了一份信任的压力,深一脚浅一脚地照顾着我,过一会儿就将伞向我这边推一下。我记得我坐在大礼堂的第一排,度过了一小段玫瑰色的时光。回来的场景一点印象也没有了。没过几年,我听说二狗因为偷东西被判了刑,又过了几年,他出狱了,特地跑到奶奶家来坐,算是向乡亲们正式告知。那一天,他坐在那里,话不多,弯着腰,我们还是相信他。三十年过去了,一次回老家,在一停车场门口,我认出了正在指挥停车的二狗。我们相视一瞬,没有说话,我不知道他认出我没有,即使认出,我们也没有话可说了……

《米格尔街》童话一般,与其说是对贫穷、人们愚昧的讽刺,不如说是对趣味、纯真的颂扬。如果选择青少年读物,我愿选择它。书中淡淡的忧伤再一次打动我,让我想起一段段脑海里的印象,我知道,我现在,成了一个远离童年的自己。

后来看到书评,硕士奈保尔描写了后殖民地人们的生活状态,发达国家制定了游戏标准,看似平等,实则将大多数人抛出了游戏之外,那些人只有选择自我放逐之路。所以嬉笑中充满无奈。这是一种失重状态。我看完书没有想到这些,我的视野还不够世界化、不够社会化,看来,现在的我更愿意选择看中个体的本体论观点了。

◎ 巴黎之悟悟到了什么

一本薄薄的小册子能写出什么呢？当我打量手里这本《巴黎之悟》时，心里这么想。凯鲁亚克，美国"垮掉的一代"代表人物。这是我看他的第二本书，多年前看过《在路上》，内容都忘掉了，只记得一些人在酒吧里漫不经心地闲聊天。我带着这个问题钻进了书里。他的语言风格迎面扑来，文字随意、大胆、活泼、肆无忌惮，像个无所顾忌的街头小子，写这本书的时候，作者已四十多岁了。

作者以真名出现，这一点很大胆、直率，讲了一个巴黎旅行的故事。法裔加拿大人坐飞机到达巴黎开始了十天的寻根之旅。作者的祖先曾是一位国王的军官，一位男爵。自己准备到法国的国家图书馆查询，之后去老祖先的故乡布列塔尼，顺便旅游巴黎这座城市，看看巴尔扎克、帕斯卡尔的墓。作为一个无拘无束、放荡不羁的年轻人，他去了多处酒吧，结识了女人，品了美食，逛了红灯区。然而在国家图书馆却没有找到祖先的任何资料，管理员说资料在二战中被炸毁了。于是，凯鲁亚克准备乘飞机到布列塔尼继续寻找线索，在机场，因上厕所，误了飞机，可行李被飞机拖走了。于是改乘火车，到了布列塔尼，露宿街头，线索没有找到，花了好大力气找回行李。

悻悻地返回巴黎，结束旅程的时间到了。他的目的没有达到，但是去机场送他的出租车司机雷蒙·巴耶的一番絮叨倒是给了他巨大的启发。作者感叹，这一下子让我悟到了（悟到了什么，作者并没有指明）。一个十天国外旅行，看，有点像我们现在的国庆长假。

不知什么时候，旅行开始成为我们的生活方式，城市里的人，先富起来的人，以报团、自驾的方式塞满了各大景点。大学时，去郊区玩儿，是主要的旅行。1996 年，我刚参加工作，能赶上单位组织一次去天津的秋游，那算幸运了，去外地看看，要等单位的公差，后来走的地方渐渐多了起来，开始反思一次次旅行的目的。先是看山水的迥异，这是物理的山水、是绝地的山水；再是将看到的提升为观念，体验壮阔、神秘、惊艳的抽象内涵；最后探究其背后的历史、人文意义和价值。这是我自己十几年旅行的心路历程，随着越多的脚印踏上远方的土地，我警惕着自己好奇心的减弱，努力地拒绝"被旅行"。一次次地体验异地山水、文化，我也一次次地感受到旅行结束，一切照旧的失落。我不知道获得一种永恒的内心感受是不是奢侈和幻想。我还在不断地辩驳旅行的意义和价值。

书读到一半，我还在想，作者悟到了什么？总不会是一路琐碎的事情吧。我想到海明威笔下巴黎的那些青年，体会书中的对话好像海明威的"电报体"。带着这个疑问，我一口气杀到结尾处，诧异地合上书本，再打开，按照结尾的提示，回头阅读第一页，心里想着雷蒙·巴耶送他去机场的一幕，我终于看清了这部作品，不愧一部货真价实的艺术品，远超我拿到小册子时的预期。依然写人的普遍情感，抚慰人心。这是典型的寻找类型的小说，寻找的过程就是人生意义生成的过程，没有"受难"式的寻找，心中不会生成一些模糊的概念，自然也就不会对普通的事物有感触。

　　作者去追寻自己血统的古老线索，不惜千里迢迢，像堂·吉诃德。虽然一路坎坷和最后的失落让他败兴而归，然而作者内心真正需要的是那些虚无缥缈的高贵血统吗？巴耶的诚恳劳动、热心接待、务实的举止让凯鲁亚克审视当下的自己，人应该活在远方的理想中还是当下的细节里？这仿佛是一个纠缠所有人的问题，我记得《安娜·卡列尼娜》里，托尔斯泰也曾试着回答过此问题。我想到陶渊明的"采菊东篱下，悠然现南山"，也启示着自己如何处理好当下与理想。作者念念不忘祖辈的信条：爱、劳作、受难，这些在最后从出租车司机巴耶身上得到了很好的诠释。也许，重要的不是远方，重要的是将一颗怀揣着远方的心安在当下。

　　刚刚过去的十一长假，身边的朋友们晒着远方的照片。我用尽种种方法推托出行，火车票没了、可能要值班，没有加入外出旅游的大军。我畅享市内流畅的路网，不急不躁地过这一段日子。在家里干了一件事，将暑假刚从黄山旅游回来的照片打印出来，粘进相册，再注上日期和评论。胶水不小心将手粘在了黑色的相册上，一抬手，扯下一丁点黑色的底纸，我慢慢地将它重新粘上，力求不露一丝痕迹。

◎ 什么样的社会风尚

一本厚厚的《欲望号街车》，我两天就看完了，话剧的本子都是对话，句子短，自然快。合上书页，觉得不过一个普通女人堕落、毁灭的故事，但看完书后的分析《悲剧并不发生在舞台上》，这才对大剧作家田纳西·威廉斯刮目相看。出于审查等种种原因，作者将很多同性恋的情绪隐藏在细节里，不动一番脑筋还真是容易草草而过。这也让我对话剧有了了解，话剧不像文字，可以用道具说话，作者将所有的细节都用上了，像个大谜团，也像个数学游戏。当然，不是为了"好玩儿"，而是为了躲过不容它的社会风尚。

他承认自己的作品是"通过身为作家和普通人的自我那日甚一日的压力自然释放出来的"。"我想我的作品对我而言一直就是一种精神疗法"。田纳西不是在刻意玩弄把戏，而是出于真诚的态度，这一点看看他的简历就知道了，他的戏剧人物都有自己的影子。

《欲望号街车》反映了同性恋在社会中的遭遇。2015年6月26日，美国最高法院以5票支持、4票反对，通过了同性婚姻与异性婚姻平权的裁决，为同性配偶提供结婚权利。这一裁定意味着，各州不能禁止同性婚姻，此类婚姻将在美国全国各州合法，美国也由此成为全球第 21 个承认同性婚姻的国家。（《京华时报》6 月 27 日）从此剧上映的 1947 年到今年，70 年过去了，历史总算前进了一小步。我还记得 2008 年 11 月在美国旧金山市政厅门口看到的支持同性恋婚姻的示威人群。

我无意了解这些历史，而是更关注我们当下的社会，我们社会对同性恋一直是宽容的态度，但我们的社会风尚不知从何时起开始了一种"励志"的风尚。一种顺着金字塔不断向上爬的态势，人们鼓励、认可、赞扬爬在上面的人。无论哪个行业、领域，都有层层的既定标准，简直是没有了空白之地。人们除了爬"梯子"，别无选择！前两天，去看了谢老师，她也有同感，她说你去看看卡夫卡的《一份给科学院的报告》。多年前，我曾经读过，但忘记了内容，这次，乖乖地找来，再读，再读。不得不佩服卡夫卡，这个瘦弱的保险公司的小职员在上班、下班的路上都感受到了什么，都想了什么？那只猴子明白，自己不能逃出笼子，逃出去有更悲惨的命运。不能去动物园，那里没有自由，条件险恶，那怎么办？只好进马戏团，先是被别人训练，后是自我训练，之后就有了掌声、荣耀、地位，但这只是"出路"，不是自由！我们社会演绎起这样的把戏，更是规模宏大、气势宏阔。我曾对学生说，这都快成一种宗教了，口号就是"一分耕耘、一分收获"，旗帜就是各行各业的"领军人物"，外加一套繁复的激励政策，最终体现在金钱上。除此之外，我们真的是没有别的选择了，心里生出一股悲凉！

殊不知，这种出路被鼓励后，形成的强大声势裹挟着众多人，尤其是年轻人。年轻人是不自知的，被裹挟着往前走，这就是年轻人的宿命！仅仅几个人成了英雄，大多数都成了狗熊

（2011年，我就感受到了此句话的震撼，但没有现在明白），我们喜欢关注英雄，于是再大的牺牲也被漠视掉，过去知晓的人，觉得为时已晚，有的成了犬儒主义者，什么也不信了，无奈地看着那么多人前仆后继，因为利益的过分集中，也不敢劝阻后来者。这种风尚拥有一套话语体系，左右了民间的价值判断，再辅以相配套的物质利益和荣誉，它运转起来，有着巨大的加速度，俨然成了龙卷风。年轻人关于这一点，知道与不知道是大不一样的！前段时间，一年轻博士二十大几，忽发白血病，原因是焦虑，一年多睡眠不好，见其父，一张口就说自己毁了儿子，他讲，自己是数学老师，培养了几个名校数学博士，自己儿子当然更下工夫培养，一路苦学，到了博士，结果这根线断了。这个年轻人是不自知的，这个父亲也只了解了这个世界的一小部分吧！我为这个年轻人叹息，他的倒下，原因难道不是社会风尚。

近来通过看书、比较、思考，忽然明白了为什么有些人劝人读书，这绝不是简单的提供个选择，而是暗示一条路，也即通向真正的自由之路。我虽早已知道有人劝读书，但不明白为什么不是所有人，年轻时，自己的阅历不够，不能体会到读书对生命的滋养，因为励志、找"出路"的人也不排斥读书。现在的我回过头再看，才深刻地体会到：凡是劝人读书的人，都是别有用心的人！完全可以将劝人读书作为标准，划分一个人的生命状态，一个是自知、自为的，一个是不自知，被为的。那些劝人读书的都是另有一番天地的人，他们是同一路的人，但他们会谨慎地劝读，因为稍一用力，就滑到自己反对的一面。而且劝读，还要看对方的生命状态，总之，真正明了的，是少数。

真正的自由不在金字塔上，要看他是否有读书的禀赋。近来，我更深刻地认识到了劝读的意图，像明晓了一个暗号。有了它，我会随时随处找到同行者，知道自己不孤单。

这就是《欲望号街车》让我想到的身边的社会风尚。

◎ 谁愿意做被风吹动的石子

下午在书店逛，偶遇保罗·柯艾略的《牧羊少年奇幻之旅》，之前读了他的《维罗妮卡决定去死》，那本书将青少年的心理状况总结得很准确。想必这也是一本关于青少年成长的。看他的简历：19到21岁期间因性情叛逆被三次送进精神病院。我想他一定将自己的心路历程投射到了书中。这一天，说好，晚上同学聚会，会有几个小孩子一起来，索性买了4本，送给一个初中生，两个小学生，一本留给自己。一面交钱，一面想，可以不费力地买四本书，这是多么幸福的一件事。又想起，一个作者在一本书的结尾感叹道：现在的自己，衣食无忧，读书、写书，这是多么幸福的一件事！晚饭间，那个拿到书的初中生倒在沙发里，捧书而读，多么不一样的瞬间！

我花了两天时间读完，感觉它是一个多个寓言拼搭的故事，有的衔接处痕迹感过强，连贯性不好，像是一个小说的草稿。柯艾略是巴西人，深受欧美文化影响，故事的主人公，小男孩圣地亚哥，是个爱读书的牧羊少年，牧羊人是西方《圣经》中经常出现的人物，他的家乡是西班牙，故事中不断提到早先摩尔人的侵略，作者一定受到了塞万提斯《堂·吉诃德》的影响，或者，这就是一个向其致敬的作品。种种原因他受到别人的启示,要去金字塔附近,寻找宝藏,一路之上,他遇到撒冷王、玻璃店老板、英国人、炼精术士,这样一个寻梦之旅,焕发出神秘色彩。文字叙述清晰、晓白、简洁,易于年轻人阅读。这让我想起多年前我十分欣赏的一句话:将目标放在月亮上,即使迷失,也散落在星辰里。那时,我觉得写得太好了,请人写好,挂在办公室外面的走廊上。

聚会那晚,捧书而读的少年,让我想起这样的情景:一个沉默的峡谷里,河滩上裸露着无数椭圆形的石子,大的、小的、立着的、躺着的,有的沾满泥土、有的赤身裸露,有的陷进干枯的河滩,有的刚被牛羊踢离了原来的位置,太阳、月亮交替升起、落下,河水时多时少,峡谷上面的树林枯了,又绿了,没有人知道这些石子在这里待了多久,这时,一阵风从峡谷上方吹了下来,这股风跟原来吹拂了万年的风不一样,或者说,这是一股来自仙界的风,它是带着使命而来的。为了更有力量,它在空中盘旋了好一阵,待它积蓄了足够力量之后,沿着一条漂亮的曲线,它吹向了河滩上的石子。大多数石子以为它是普通的一阵风,跟原来经历的没有差别,于是,它们没有任何反应,照旧立在那里、躺在那里,想着,这阵风吹过,它们还会像往常一样继续欣赏头上的美景,以致没有一粒石子谈论风。可是,看似普通的这阵风认真地掠过河滩,尽力保持速度不变、力量持久。一只狮子站在峡谷上感到了这阵风的凛冽和迅捷,一只苍蝇仿佛感到了有别于以往的气息。这时,被风吹过的石子,并不是所有都一动不动,先是一个、又一个,忽然好几个,有的石子被风吹动了,有的只是翻了一个身,有的居然滚动了几下,令人惊奇的是,少许几个石子,像被施了魔法一般,开始了快速的滚动，渐渐发出与其他石子碰撞、摩擦的声音，有的越滚越快，仿佛要追上风的速度。长久沉默的河滩因为这几个石子发生了变化。之后，被风吹动的石子，再也不愿停下脚步了吧！要想做被风吹动的石子，恐怕要先安静地坐下来，拥有一段捧书而读的心境，风会慢慢吹来，看，它一直盘旋在峡谷上空。

我们这个相信科学的时代，太需要一个故事了，故事就是意义，故事可以延伸出前世，串联起今生。唯物一点说，就是人应该活得有历史感，我们每个人都不是片段、断章，而是人类未竟事业中的一个阶梯、一个铁环。看人，不仅要本体论，还要历史论。

在青少年时期，总有一些人展现出极强的精神需要，这让人理解：人的本质是精神的。对于这些人来说，自由成了他们的第一需要，压抑这种精神性，毋宁说就是置人于死地。顺乎其发展，他们就是文学家、艺术家，所谓作品就是人的本质与僵硬的环境碰撞出的火花。收集、欣赏这些火花，就是纵观人类文明。我倒是很好奇作者青年时的经历，那巨大的人生危机！

看《在北大听讲座》知道，很久以前，作家曹文轩就在报告中讲过这本书，不过，他的落脚点是：孩子躲过九死一生终于到了金字塔下，于是他挖了一个大坑，但是没有见到财宝。两个路过的人问他干什么，并将他暴打一顿，其中一个告诉他：你是最愚蠢的孩子，我曾经做过一个梦，在西班牙的草原上埋藏着财宝，但我可没有愚蠢到相信这个梦。这个孩子听后，恍然大悟，于是回到自家教堂的桑树下，开始挖，他没有想到财宝就埋在家的地下。财富就在每个人的脚下，但要经过九死一生才能发现他。

我看到的是，人要出发离开自己的安全区，去寻找和发现，看，我是伊利亚特，要起身去战斗；曹文轩是要回到脚下，是奥德赛。这是不是代表了不同生命阶段的人生感悟？

在蔡天新《里约的诱惑》里，作者揶揄了柯艾略，指出他不过是一个畅想书作家，水平不敢恭维。

◎ 一本书的样子

我十分在意一本书是怎样勾起我阅读兴趣的，自从书名走进我的视野，然后慢慢地发酵，最后决定翻开第一页，当然，也有很多书，在这一发酵过程中，被我放弃。有一天，我去了久违的西单图书大厦，那么多书一下子呈现在我的眼前，我有一种暴殄天物的感觉，我失去了判断和选择的能力，不知所措，最终我选择了两手空空踱出书店大门。

《你往何处去》是我年初听了一个社会学家的报告，他在PPT上推荐了此书，还打出了此书的照片，一本书的标准照。它闯进我的视野，是一个偶然的机会。"你往何处去"既有诗歌的美感，又带给人思索。我想会有很多作者遗憾自己的新书不能再用此句话了。这本书价格不菲，打开包装的时候，给我一种惊艳的感觉。六百多页的厚度，使它真正像一本书。我一直认为，是那些"小书"和薄薄的小册子使我们失去了阅读的耐心，失去了独处的机会。

薄的书从根本上决定了它不能将读者抽离开现世。

此书装帧精致，简约，选图紧贴主题，黑色的背景配上明亮、彩色的宗教窗框，显得肃穆、高神秘。打开书，序言、版本介绍一概没有，只有简短的作者亨利克·显克维奇的介绍，仿佛自信地向读者宣言：好坏，请自己判断吧！又仿佛一幅精美的画作，取名"无题"。我禁不住向爱人炫耀和感慨：一本书应有的模样，不就是这个样子吗？

书中讲的是皇帝尼禄统治时期的罗马如何丧失民心，让基督教在社会道德的低谷建立、扩大开来的故事；是一个罗马贵族追求一位高贵的女子，如何得到平静的幸福和获得精神升华的故事；是一个身穿布衣的老人如何征服权倾天下的皇权的故事；是一个崇尚希腊文化，爱好诗歌和尚美的风雅执政官如何周旋于皇帝身边最后毁灭的故事；是伟大的罗马帝国风情史；是半神的人，其精神处在十字路口的彷徨和痛苦；是基督教的发展史；是人类血腥历史的一个普通片断。

那里有代表世俗权力，追求享乐的尼禄；有喜爱人体美和诗歌的人文学者彼特罗纽斯；有虔诚、高雅的少女莉吉亚；有忠诚不渝、坚忍不拔的彼得和保罗；有成群奴隶和解放奴隶居住的拥挤街道；有野兽吃人的圆形大剧场；有太阳神阿波罗、爱神朱庇特、灶神维斯塔、春天和鲜花女神弗洛拉；还有宴会上罗马人斜躺在座位上的习惯。我觉得那里有很多是我们的历史所不能看到的。字里行间，我还能照见诸多现代西方文明的影子。

说起罗马，我同意蔡天新说的，任何一个年轻人，都应该在其年轻（包括心灵年轻）时去一次罗马，就像任何一个中国年轻人，都应去一次西安一样（请原谅，我在这里用了我自己也不喜欢的"你应该"）。罗马，那是最富有的城市，两河流域的平原有能力为它提供足够多的粮食，数不胜数的撑着白帆的船队驶进亚历山大港，这为罗马提供了富足的物质基础，贵族们有更多闲暇时间去享受生活,难怪书中的罗马人喜欢面包和竞技。中世纪后,这座城是无数欧洲知识分子向往的地方,他们自觉地将这里作为旅行的目的地。比如,果戈里就写过一篇小说《罗马》,密实的文字,长长的段落,极尽赞美之词;诗人里尔克旅居罗马,后创作《罗马的喷泉》;詹姆斯的《黛西·米勒》取材自罗马;易中天中华史,特别用了一本书的篇幅对比两个不同的文明,起名《两汉两罗马》。

在网上点了订购键后,我发现,我已经很久没有被一本书迷住的感觉了。到手之前,我期盼着它尽快漂到我的手上。到手之后,我一下子钻了进去,阅读中,我被它的情节深深地吸引,以致几天早上,想的第一件事,就是今天我会遇到什么样的故事。最初,那位推荐此书的社会学家将之放在"信仰"里诠释。信仰,是精神追求,是内心的辩论,是对超自然的一种东西的坚信,是感觉到身外有一股巨大的力量控制着自己。读完这本书,我对信仰有了更清晰的认识了吗?答案是否定的。也许,那些需要到自己的内心去寻找。

我喜欢它书的样子,从里到外地喜欢。

◎ 神游金阁寺

书，一本接一本看下去，在合上一本书之后，我经常处在发呆中，我犹豫是否要马上打开一本新书，一方面，我还沉浸在先前那个故事里；另一方面，我想让思绪歇一歇。还有，当我阅读一本书时，我仿佛进入了一个新的管道，这个世界再大、再丰富也没有我发呆时所处的世界广阔和自由，换句话，只有发呆时，才有一种卡夫卡说的"面对四面八方的自由"感。然而，我终于还是打开了一本新书……进入一条管道。

坐落在京都的金阁寺又名鹿苑寺，共三层，由下至上分别是法水院、潮音洞、究竟顶，顶上有一凤凰嘴。法水院西侧立着一个漱清亭，前面是镜湖池，寺后面有夕佳亭，亭后再往东走是不动山。

用城市建筑做小说名的还有《巴黎圣母院》《万寿寺》，如果加上街道还有《米格尔街》（奈保尔）、《涅瓦大街》（果戈里）。

很巧的，我读到雪中金阁的时候，窗外飘起了北京的第一场雪。

《金阁寺》原来是个成长小说啊！没想到！金阁寺见证"我"成长。"我"，是个结巴，于是失去了与这个世界顺畅交流的前提，"尽管我外表寒酸，可精神世界却比谁都富有。抱有一种难以拂除的自卑感的少年……"，想想川端康成的《雪国》，里面也是一个自卑感十足的年轻人，我不知道这个自卑感是不是亚洲人成长的特点。无疑，青少年怀有一种对外界的恐惧，小小的心灵需要慢慢地成长。

小时候，"我"先是被父亲在头脑里描绘了一个美丽的金阁寺，"每次看见阳光在远处的水田里闪耀的时候，我都会怀疑那是肉眼看不见的金阁的投影"。后来，这个金阁寺见证了"我"喜欢的有为子对我的拒绝和她的死。之后，"我"被父亲送到京都金阁寺住持那里，路上，"我就觉得金阁本身也像是一艘渡过时间之海驶来的美丽的船……"真正的金阁寺见证了"我"第一次入寺的情景，"我"第一次看见金阁，竟发出"美就是这样不美的东西"。不久，父亲故去，我走出了少年时代。日本战败，美军登陆，"金阁是以一名将军为中心的众多黑暗心灵的所有者所筹建的建筑物……"。在寺里一同学习的鹤川，是东京近郊富裕人家的孩子，他不介意我的结巴，这给了"我"莫大的自信，我们成了朋友。母亲来寺里看"我"，希望"我"将来成为寺的住持，不久，日本战败，"我"看见"在雪中任凭风雪席卷进来，它那细长的柱子依然以其清爽的肌肤挺立着"。"我"被送往大谷大学预科，结识了柏木，一个内翻足的人。不久，鹤川死了，那一夜，"我"独自在究竟顶值班，正赶上台风，"所有的一块块云朵都是从天的南边呈现，从月前掠过，笼罩着金阁的房顶，仿佛急于去办什么大事似的，朝北奔去。我仿佛听见头上的金凤凰的啼鸣声。"柏木是个不一般的家伙，他仿佛有一种将劣势转化成优势的智慧，由于他，我还结识了不同的女子,有了性的体验,柏木是个古怪人,"每次我同柏木结合在一起的时候,总是首先让我召来小小的悖德、小小的渎圣和小小的罪恶,而这些却又照例使我感到快活",最美的一次是柏木在潮音洞的栏杆上吹尺八。后来,"我"得知老师不会让我继承住持的职位,我从柏木那里借了钱,朝着故乡的方向出走了,其实,是无法忍受老师的伪善,"寒风呼啸的月夜,金阁像往常一样耸立着,洋溢着一种阴郁的均衡的气氛……"几天后,警察押着"我"回来了。由于解不开的心结,"我"竟决定烧掉金阁寺,大火在一个雨夜里果然燃烧了起来,"只见滚滚的浓烟和冲天的火焰。树丛间飞舞着无数的火星,金阁上空就像洒满了金粉"。但"我"打消了与金阁寺一同毁灭的想法,望着大火,"我"却找到了活下去的勇气。

金阁指向的是美,是各种不同的美在作者心中的辩论。美是一种世俗世界之外的美,金阁寺无疑是这个代表,作者描写了雨中的金阁、风中的金阁、夜中的金阁、雪中的金阁,每一次金阁出现,都是被当时的心境过滤过的。

小说呈现了不同的美。这种美呈现在强烈的对比中,比如,美与丑:自己是结巴,但却构筑了丰富的心灵世界,作者眼里,俗世是丑的、邪恶的,"刚觉得这无数的灯全是邪恶的灯,我的心就得到了慰藉。但愿我心中的邪恶繁衍,不计其数地繁衍,发出闪光,并与眼前不计其数的灯一一保持照应!但愿包围着邪恶的我心中的黑暗,与包围着这不计其数的灯的夜是相等的!"柏木是残疾,但却有着超乎常人的生活智慧;美与死亡:有为子死了、父亲死了(描写了圆寂火烧的场面)、鹤川死了,每一次"我"对金阁的认识都加深了一步;美与残忍:有为子是被宪兵杀害的，鹤川是自杀的，但确被家人隐瞒，柏木喜欢到金阁吹尺八，但却对身边的女人很残暴，当导游的我被美国士兵要求向怀有身孕的娼妓猛踩腹部以致流产，结尾我想焚寺自毁，这些反而突出了金阁的美。美与这些形成了强烈的反差，有一种追求极致的效果，这在东方文明里很少见，追求极致是西方文明的特点，小说也暴露出三岛由纪夫的西方思想，书中提到歌德、欧里狄克、哈姆雷特等西方符号。这也可以看成是两种不同文明的融合的产物吧。

作者不断地给美下着定义："美是永恒的"；"所谓美，必须就是这样的东西。它从人生中阻隔我，又从人生中保护我"；美是"概括了各部分的争执、矛盾和一切的基调，并且君临其上"；"唯有娴熟才可以变为可能，美就是一种娴熟"。

另外，小说充满了辩证，颠覆。"从少年时代起，我不被他人所理解，这成为我的唯一自豪"。"柏木第一次交给我一条从内里走向人生的黑暗的近道。乍一看，仿佛奔向毁灭，实则富于意外的权术，能把卑劣就地变成勇气，把我们通称为缺德的东西再次还原为纯粹的热能，这也可以叫做一种炼金术吧。"比如，柏木利用自己的残疾成功博得女子的芳心，"我"觉得"他的哲学越是充满诈术，似乎就越能证明他对人生的诚实"。柏木告发了我的借贷出走，被老师赶出，我"反而心头涌起一股奇妙的感谢之情"；"让母亲变得丑陋的……原来是希望"。

小说按照时间叙述，像一列火车行驶，不同的阶段，不同的风景：少年、寺中修炼、大学预科，一直到21岁上本科。其中，有一个场景被三个不同时期的自己观看，呈现出不一样的效果，一个有孕的女子送自己当兵的丈夫上战场,将自己的乳汁滴入茶水中,给他喝。这是一种很奇异的效果。最初看到是"我"进寺不久,与鹤川游玩时亲眼看到;再次,是"我"与公寓女子在游玩时,被女子提起;最后一次,是柏木从她那里学了插画,向我提起。一个小说之外的女子的命运被勾勒出来。每一次,给我的感受都是不一样的,"她的悲剧,过去曾被明朗而神秘的眼睛所观望,如今又被怀疑一切的眼睛所窥视"。这种书写形式,就像行驶在平原上的火车拐了一个不小的弯,远处的一个小房子终于从三个侧面观看到,它的全貌露了出来。这也显示作者高超的小说创作技巧。

小说写得极致、工整,每一阶段仿佛经过精确计算而得,像看过的《七年》,这样是否也失去了一些大作家的率性和性情呢?如《咏叹生死》《夜深时刻》。

◎ 向萨冈学习

上次提到小说是有时间轴线的绘画。看小说与看绘画还有什么不同呢？这次看了萨冈的《你好，忧愁》感觉到：选择小说就像赌博，不像绘画，你扫上一眼，可以先判断大概的好坏、喜欢。而要想了解自己是否喜欢小说，则只有一直读下去。有些非要读到最后才能对小说做出判断，如茨威格《变形的陶醉》。你可能依据书面的几句介绍不能判断是否可读，你必须花几天读自己犹犹豫豫选择的这一本。总之，只有读完才能知道是不是喜欢。

《你好，忧愁》是18岁的萨冈写的处女作。读完它，很是不解，作者为什么如此的早熟，就像莱蒙托夫。2月时，曾在广州北京路联合书店与之擦肩而过，觉得名字轻佻、优雅，有一丝知晓命运诡秘的灵气，举重若轻，不夸张，有赏识的好奇和底气，实际上是超强的反省力，平等又民主。这一点真应该向萨冈小姑娘好好学习！

看第一段，就喜欢上此书，余中先翻译。"在这种陌生的感情面前，在这种以其温柔和烦恼使得我不得不安宁的感情面前，我踌躇良久，想为它安上一个名字，一个美丽而庄重的名字：忧愁……"那么多的抽像名词，不知道作者小小年龄怎么感觉到的。像美妙的音符洒落在小说的开头部分。让你觉得作者对内心的情感十分关注,果然读完小说,发现作者将自己那段时间的情感精细地做了梳理,让我想起盘中鱼,为了摘出鱼刺,小心地对每一条鱼做检查,这样的18岁不白过。想想自己的青春,尤其是青涩的年龄,连回忆都所剩无几了。

人的一生,就像水上穿行,有人像一股风,迅疾地掠过水面,只留下缓缓的涟漪;有人像一条船,划过水面,劈开一条水道,掀起一阵阵水浪;有人简直就像一艘潜艇,用尽全力穿过整个水体。三种方式,距离都是一样的,最后一种最为恳切,我想大多数人都是像风一样就消失了。

凡是注重内心感受的人,都是愿意恳切生活的人,艺术家是这类人吧!前两天翻日记本,发现几个月前记下的一句话:感受就是灵魂。还打了着重号,现在看来,这句话还是能打动自己。18岁的萨冈能有如此的灵魂,证明了:生命的时间虽然相同,但生命的内里截然不同!

小说写的是:17岁的塞茜尔和鳏居的父亲雷蒙,过着随心所欲、荒唐的日子,父亲与年轻的艾尔莎寻欢作乐。但是与父亲年龄相当的、有教养的安娜闯进他们的生活,并宣布准备结婚,安娜是半个上流社会的女人,看中学习、规矩、上进,总是劝塞茜尔读书、写论文、负起生命的责任。因为害怕无所拘束、没有羁绊的生活结束,塞茜尔与男友导演了一出戏,结果拆散了父亲与安娜的结合,安娜驾车离开,不幸发生了。自己荒唐的举动酿成如此大错,青春陷入了深深的迷惘,"我的心中倏然涌上了什么,我闭紧眼睛,呼唤着它的名字来迎接它:你好,忧愁"。小说可理解为:父女是两个自由、不受拘束的细胞,同为一体，他们不是有思想的生命体。安娜是一个闯入者，她试图驯服这一对细胞，注入不同元素的东西，但是受到了少女的强烈反抗。不能改变原状（拒绝成长）的声音强烈，在这种冲突中，悲剧发生了。简直就是一个原始与文明，感性与理性冲突的像征。

简单的几个人物，却搭起了复杂、别致的架子，萨冈不仅有灵魂，还有智慧。安娜像个实体：自信、雅致、聪明、傲慢，有点冷漠，远离秩序、文雅、精打细算的市民阶层。主人公对安娜的排斥同样贯穿萨冈的一生。书中，父亲的情妇，29岁的艾尔莎，对于40岁的父亲像征着青春、活力、往昔的生活。主人公的举止难道不是对未来生活的恐惧、担忧，想永远保持青春无拘无束的样子。但是，时间的河水不等人，成长可以暂时躲避，但时间是个斤斤计较的吝啬鬼，会将积攒的力量找个时候重重地砸上去，有道是：成长是一件残酷的事情。这一点，只要有对生命的真诚就会承认。萨冈为这种时间对成长的报复起了一个优雅的名字：忧愁。能体会到，面对袭来的迷惘和困境，优雅是至高的境界。

萨冈采取了一种文雅、正视、不回避的态度，有一种自然而然的勇气，一种面对命运花招的揭底，一种化被动为主动的智慧，像是抄道绕到了命运的背后，命运也不过如此——你好！忧愁。

写下这段文字，我换了三个题目，最开始用的是"感受就是灵魂"，觉得萨冈年纪轻轻就有那么多感受，而且表达出来，真是惊奇和羡慕，但是太正式；之后换成"命运不过如此"，因为小说的题目吸引了我，好像萨冈参透了人生是不断面对成长的烦恼；最终，我决定换成"向萨冈学习"，这个萨冈，是一种面对困苦的态度，超脱、智慧，可以打个招呼、做个鬼脸，因为它戴着可怕的面具被年轻的萨冈识破了，既然它注定要来帮助自己成长，何必躲避、害怕、沮丧，一种先知先觉，不，比先知先觉还要高明的境界，向困苦打个招呼，扮个鬼脸的态度。我愿意换成这个题目。

至此，面对生活的困苦，有如下的选择：躲避，这是大多数人的选择，符合人性，趋利避害；忍受，无可奈何的选择，没有选择的选择；面对，唤起勇气，直面它；优雅，这是一种更强大的力量；最后一种是扮个鬼脸，参透人生，愿意全部接纳，它也就不过如此了，而且有兴致欣赏每一个困苦的模样，还想嘲弄它一下。我想起台湾作家陈文茜的《文茜的百年驿站》，书中有一张鬼脸的照片，她说：人生，有时不免困惑，无法解答时，搞怪是个好办法。其实，搞怪更是个人生态度。奇怪，她也是一个富家的优雅的女性，莫非也看过萨冈？

◎ 昨日重现

《昨日重现》是卡朋特的一首民谣代表作，高中时，我手中有她的磁带，一次上英文课，老师提到它，我说我有这首歌的原版，迎来同学们瞩目，第二天纷纷来向我拷贝磁盘，满足了年幼的虚荣心。

现在，我手里有一本茨威格的《昨日之旅》，这可以看作小说版《昨日重现》。书很薄，暗红色的封皮，一种含黑色素的红，内敛、端庄、高贵、含蓄，右上角一块长方形的白色，与红色形成反差，白底上是方方正正的印刷体黑字"昨日之旅"。红色、白色、黑色，搭配得洋气、典雅、美观，不得不说设计得很有品质。原书还有一个腰封，我不喜欢，撕掉它，但上面有一张茨威格的黑白照片，不可多得，我小心剪下，选个合适的倾斜角度，贴在封皮内里，看上去妥帖多了。照片里，老年的茨威格白色衬衫，灰色休闲裤，跷起一条腿，侧坐在白色休闲圈椅上，他微微向前倾斜身体，双手扶着一只黑白相间的爱狗。茨威格留着很短的头发，一撮胡子留在嘴上部，微笑着，神态安详平静。后面是繁茂绿植，掩护着白色的格窗。老年的茨威格心里藏着数不清的故事和情绪啊！

故事的主人公是路德维希，不过，讲述中，作者更多用的是"他",他凭借自己的刻苦学习被老师推荐给法兰克福附近一家大工厂的老板,枢密顾问 G。不久,他一门钻研的工作劲头得到老板赏识,邀请他当私人秘书,尽管不情愿,他还是走进了他家。后来,他与女主人相爱。他被派往墨西哥经营实业,因为战争,一隔就是九年,其间他结了婚。九年后,他还不忘旧情,万里迢迢,走进夫人的家,他们相约乘火车出走,然而过去的还能再回来吗?

草根逆袭,不忘旧情,这样的小说不少,比如《了不起的盖茨比》,当然寻找旧情的过程中,作者夹杂了太多的社会内容,成为一个社会风貌的透镜。相比《昨日之旅》,后者更像一个简笔画,但茨威格的风格却已十分鲜明,像《咏叹生死》(奥兹),很短,很随意,但大家之笔!

读茨威格,最震惊我的书是《变形的陶醉》,前 300 页,一个老套的爱情小说,但后面,俨然植入一个新故事,我读到那里,惊讶不已,真想抓住人诉说一番,告诉他们这是作者逃避编辑的文字游戏,谁有耐心读完冗长的前半部,才会看到茨威格的价值观。

我喜欢书中的细节部分,路德维希,穷人出身,但却与书籍结下了缘分,"为了购买书籍,他白天辛辛苦苦地去一文一文地挣钱……"。西方小说很多将穷人与书籍联系起来的情节,看似随笔带过,但暗示着穷人不一定非要追逐金钱的价值观。比如马拉默德《修配工》,主人公因为斯宾诺莎的书而出走,《寂寞芳心小姐》干脆说治愈穷人的良方是艺术,毛姆的《月亮与六便士》结尾将书与穷人连在了一起。路德维希在进入主人家之前,有过一段很长时间的犹豫,他怕失去自由,"他不愿为了金钱出卖他这一丁点自由,他生活中这点不让人闯入的隐秘地带"。他视失去自由为"心里的痛处、他的伤口、他最敏感的部分,触及他那最害怕被触及的地方"。好像东方人更珍视一个人拥有了什么,社会责任、金钱、地位、知识、学问、朋友,这可以概括为"中国式成功"吗?即你拥有了多少东西!而西方的传统是像古希腊人一样珍视"自由"。有了自由就不一样了,就可以自己做自己的主人,干自己喜欢的事,任由想法在脑际飞翔,过一种精神生活了,这可以概括为新式的成功吗?即你拥有了多少自己!回望我们的现实,主流价值只有一个字"干"。多年前,《纽约时报》发文,说中国社会用一个字概括,是什么?答曰"管",我觉得"干"是另一个答案。于是,我们培养的人是积极进取的,跟自由是搭不上边的。这样的后果是什么呢?社会层面是 GDP 和雾霾,是城市新颜和水污染。在个人,是社会既定的阶梯,职务、职称和焦虑与浮躁。年轻人一旦发现既定阶梯上升放缓或停滞,就很可能掉进"虚无之海",什么都不再相信,游戏人生,拒绝崇高。通过这么多年的观察,要么是世俗的"上进阶梯",要么是漫无边际的"虚无之海",几乎成为了我们年轻人大脑里的"世界图景"了。

扯远了,这是一个忧伤的故事,爱情能否承受九年的间隔呢?作者心中的昨日,不仅包括爱情,还包括其他美好的东西,比如和平、求知欲、忠诚、自由。

茨威格善于将自己的想法和价值观用自己最擅长的男女情感描写包裹起来,让你一看即知茨威格制造,他用自己招牌式的文字捎带了无数让人想不到的东西。

◎ 与我最像的作家

前段时间，影院上映《小王子》，公交、地铁、商场到处都是《小王子》的宣传海报。看到这个信息内心是欣喜和亲切的。我深感我们社会一些文化人，在利用大众文化吸引大家走进经典，就像几年前上映《了不起的盖茨比》、《爱丽丝梦游仙境》一样。这次，找来他的另一部作品《人类的大地》，领略圣艾克苏佩里的风采。还记得两年前，我读完《小王子》《夜航》，一种独特的亲近感油然而生，这种感觉不同于以往任何一部作品，尤其是看《夜航》。邂逅了那么多大作家以后，我终于找到了人格上与我最相近的人，那就是——圣艾克苏佩里。我当时激动的心情，现在还清晰地记得，我觉得自己在这个世界上不孤单了；我觉得文字真是了不得，可以穿越时空找到知己；我觉得人类世界太奇妙了，两颗相同的心有着怎样的不同成长环境？我当时立刻去找他的其他作品，只找到一本遗稿《要塞》。前不久，在蜜蜂书店，我发现了这本《人类的大地》，我又有机会重温那份喜悦。经过时间的检验，我再次确认，圣艾克苏佩里的气质与我最像，像找到了我的模板！

看完《人类的大地》，我写出作品的特质，我像发现自己一样小心翼翼地写着：广阔、俯视、诗意、坚强、负重、孤独、好奇、自由、欣喜、责任、宗教情怀。他不像有的作家，写作是一种想入非非的自由，与人类的大地失去联系；不像有的作家，有足够的智慧去塑造一个新的人物，承载自己的梦想；不像有的作家，作为一个观察者，只负责揭示事物的内里；圣艾克苏佩里的作品，主人公永远是自己，他根本不屑于创作文学作品，他只想吐露自己的心声；他不会没有边际地想象，而是借由自己的职业——驾驶飞机产生思绪；更不同的是，他自己亲力亲为，不去呼唤、等待，而是自己身先士卒，尽自己的一份责任。他有着工业社会良好的职业素养，但包裹它的是前现代社会的宗教情怀和永恒的诗意气质。他真正是胸怀千万里，心思细如丝的人；他是真正怀揣着宇宙情怀，着眼身边小事的人；他是真正的仰望星空，脚踩大地的人。他是我有意无意中默默寻找了好多年的自己。

他信奉：没有艰难就没有幸福；没有囚禁就没有自由。既然明白了这样的道理，面对未来，不迎不拒，勇敢地承担自己的一份责任吧！当然，前途并不总是一片荒漠，还有花朵、小溪，所以更不能失掉好奇心，一脸的紧张相。责任感和好奇心在作者身上仿佛统一到了一起。在《沙漠中心》一章里，他和普雷沃的飞机掉到撒哈拉沙漠里，失去联系，即使这样的险境，作者也没有营造恐怖的气氛，而是用诗意的语言，这不是做作，而是因为镶嵌在他体内的诗人气质。即使在这样的险境里，作者也没有丢失好奇心，他依然像小孩子似的观察灌木丛枝头的金色小蜗牛和以小蜗牛为食的沙狐。他跋涉在荒漠里，写孤独、写人，这不是求生不得的自怨自艾，也不是遇不到人的恐惧，而是近乎一种人的主动选择的盛赞。他写道：这样即使死去也是人样地死去。近而引申出：即使在喧闹的人群中，这样的人也太少了，也许现实就是荒漠，人是少数的，大多数都是欢快的奴隶。"在城市里，已经没有人的生活了"，"我力图找到我的同类，我忘了他们住在地球上的什么地方，这才是活着的人的忧虑"，"我没有一点遗憾，我奋斗过，但我失败了。这对从事我们这个行业的人来说也很平常。不过，我总算是呼吸过海风了"，"我不知道我喜欢什么，那就是生命"。

人选择负重，奴隶是快乐的！

我发现在作者身上有一种大与小的诗意统一，这种将读者心灵慢慢扩大的感觉，还是上次读杜拉斯的《情人》《乌发碧眼》。在《飞机与星球》一章，让我想到：飞机让人的视野扩大到整个大地、地球、宇宙、星空，有了这样的视野、胸怀，再去看小的东西，一个人、一个工具、一朵花，是不一样的，这也是最容易建立信仰的地方。

我借此反思自己的学校，高校的分科化、应试化学习，其弊端日益显现，我们过早的分科，结果一头扎进邮票大小的地方，即使取得一点点成绩，也是以丧失整个世界作为代价的，请问值得吗？还是汉宝德说的好，我们应"抱着通识的精神去学习专业"，其实这一点正是"小王子"精神，应有一颗阔大的心灵，但视线集中在某一点。我们现代人讲求高效，同时世故，扔掉了"阔大的心灵"，因为它"没用"，直接瞄准了"某一点"。想到这一点，我忽然明白了，诗歌与承担、意义与动作、胸怀与微小，真是相得益彰，前者为后者提供意义、价值，后者才会更有力量。我们的教育将过多的精力用在了微小的地方，殊不知抬起头是整个天空！岂止是大学学习，看看米开朗基罗的雕像就知道了，大师与工匠的区别就在于此吧！在《沙漠中心》里，作者这样写道："由此，形成一种对教育的曲解，他们会认为教育就在于把公式背熟，一个专业数学班的差生对自然及规律的了解要比笛卡尔和帕斯卡来得丰富，但他的心智能和他们一样推理验算吗？"

邂逅圣艾克苏佩里是我的幸运，有生之年，我还能找到自己的另一半，也可以说找到自己的影子。自己也算死而无憾了。圣艾克苏佩里的特点就是高远的境界、做人的单纯、责任的承担。

关于他还有要说的，比如责任，他的责任是在一种扩大的精神下的责任，我总有一种感觉，我身边的年轻人在这方面太缺乏了，其责任是在一种很狭窄管道里的责任，是经不住推敲的，于是看到很多不同形式的不负责任，道理同上。

写到最后，我想起，圣艾克苏佩里的人世告别，他驾驶着飞机，消失了，果真失联了，真像小王子一样啊（这话好像是三毛说的吧）！面对他的画像，我好奇地凝视。在书的扉页，摘抄一段：

我要摔倒了，但我并不感到绝望，我甚至不感到痛苦。我遗憾的是：忧伤于我就像水一样甜美。人们自悯自怜，就像和一个朋友倾诉一样自怨自艾。但我在世界上已经没有朋友。

合上书，发现底页印着纪德的话：人的幸福不在于自由，而在承担。关于幸福，我们社会也曾讨论，我也曾追问过自己的内心。那时王安忆的话最深刻：幸福就是你感觉自己幸福的时候。后来，我又对伍尔夫的话感觉好：幸福就是过去的日子。现在，我发现纪德的这句话最合我的心意。

◎ 不要相信译后序

《寂寞芳心小姐》是一本很薄的小说，放在一段工作较多的日子里阅读，正好。好的作品，即使很短，依然能给人留下深刻的印象。

书名是作者韦斯特跟大家开的一个玩笑，它是美国20世纪30年代经济大萧条时期一个报纸专栏的名称，专门接收苦难人的倾诉。寂寞芳心小姐深受基督教影响，面对穷苦人，他为自己的无力感到很痛苦，他梦想自己就是基督，担负着拯救他人的职责，然而并不是所有人都能理解他的内心，他的老板施拉克就是个木头人，对他和对穷人都是漠不关心，连他的情人蓓蒂也不理解他，以为他的痛苦是城市病，只要能躺下休息一下即可。寂寞芳心小姐同情穷人，怀着一颗怜悯心尽自己最大努力去帮助他们，但是结果却因为误会导致了相反的结果。

德莱塞的《嘉莉妹妹》、菲茨杰拉德的《了不起的盖茨比》都是这一时期的代表作，其着重点都是社会底层人的命运。小说写法十分简洁，抓住最主要的东西叙述，有一种留白的效果，与同时期的德莱塞对比，能很明显地感觉到现实主义与现代派写法的不同。

我深深为寂寞芳心小姐那颗不被世人理解的心打动。拯救他人、救赎自己是基督教的重要内容,多少世纪以来,感染了无数人去帮助他人,成为西方社会进步的重要因素。读到"羔羊"一章"……他发现每当他喊基督名字的时候,他心里就很激动,感到内心有一种神秘的、力量非常巨大的东西"。让我想起多年前读《简·爱》。简·爱得知罗切斯特的事情后,逃出庄园,来到一个小村庄当起了教师,在那里她遇到了奥立弗小姐,她的父亲想将她嫁给里弗斯,然而,里弗斯刚刚决定到异国他乡做牧师。简·爱力劝里弗斯与奥立弗结缘时,里弗斯说了一段话:

放弃!放弃什么!我的天职?我的伟大事业?我为在天堂造一座大厦而在尘世上打下的基础么?放弃我被列入那支队伍的希望,不跟他们一起把全部雄心归结为一个光荣的壮志,去改造他们的同类,——去把知识传进无知的王国,——用和平来取代战争,——自由来取代束缚,——宗教来取代迷信,——用向往天堂来代替害怕地狱么?难道我得放弃这些?可他比我血管里的血还要宝贵呢。它是我应该向往的,是我生活的目的。

读西方小说,总能遇到一些使命感极强的人,他们自觉地肩负起人世间的责任,并身体力行,投身到为他人创幸福的事业中去。他们都有一颗博大的胸怀、一种宗教的情怀。连《奥利弗故事》这种爱情小说,也要对血汗工场抨击一番呢!

我看此书,最大的感受就是小说描写了人的神性和兽性。以上是关于信仰,是神性;同时,芳心小姐还与老板妻子、被救助人的老婆发生暧昧关系,然而他已有自己的未婚妻,这是兽性。我记得周国平曾说过:希腊人是加上神性和兽性后成为人;中国人是减去神性兽性而成为人。此书是最好的例证(还有《人体》《夜深时分》)。他主要描写芳心小姐的神性和兽性,要是我们中国人来讲他的故事，一定定义成好人芳心小姐，即使你不这么写，我们的社会视角就是这样的啊！我们的舆论宣传对人的评价，仿佛是分成三段的鱼，掐头去尾只看中间段。

比如，最近听讲座，一个很有影响的学者，发言题目是：做好人，做有追求、勤奋的人……看，做"好人"，就是我们的主流价值追求，是从我们社会走出来的传统话语，孔子就将人分成君子和小人啊！不对比，就无法对我们的文化有更深入的认识，因为你在一个封闭的系统里！中学，我集邮，有一张陶行知的邮票，自然写着那句：千教万教教人求真，千学万学学做真人。注意！这里他可没有说教人做好人！我当时没觉得它有什么特殊，觉得不过是个口号，但是有了对比，与此书的对比，与现实情景的对比，我就知道陶行知为什么是教育家了！士大夫的虚伪、道德的伪善、教育上的弄虚作假，我们到底改善了多少呢？令人生厌的道德说教，当然，这也是懒于思考、内心贫乏的结果。尤其对年轻人，这样的话语将对年轻人产生巨大的压迫。我们的卢梭（《忏悔录》作者）什么时候出现呢？此书描写了一个人的神性和兽性，神性让我敬佩、仰止，兽性让我亲近，体会到作者的真诚。这是我读此书的最大感受！不能被那个译后序遮蔽了。

寂寞芳心小姐在帮助人上，找不到更好的办法，他看到穷人因为贫困导致精神的贫乏，他也幻想让他们用艺术拯救自己，用爱情、梦想、死亡作为人生的发动机，但是他知道这些的虚妄。他身先士卒，去向渴望爱的人施与爱，但是一次次幻灭。当他想用爱去帮助人时，这对我们来说是一种新价值，我们的选择是奋斗，然而文学不正是一种精神性的东西吗？它不一定负有改变现实的责任。

  作者韦斯特是犹太人,读这本书能够感到作者化身寂寞芳心小姐,那种对人的精神性的追求、对信仰的渴求是多么强烈!这也是犹太人的传统(比如马拉默德)。这也是此书感动我的原因。从作者的身世上,也能看出,此书是韦斯特的真性情之作。30岁时,他为了使自己专门从事写作,节衣缩食,隐居到一个小农场里,两年以后,不得不到好莱坞去谋生,专写电影剧本。这种忠于自己精神生活的选择,也许正是我们这个狂飙突进的时代应该好好学习的地方,由此也能明白犹太人取得巨大成就的原因了。遗憾的是,他与妻子不幸遇到车祸去世,韦斯特才37岁。

  看西方,其实是看自己,看得越多,对自己了解得越多。我们是世俗的世界,看中的是现世的身份,注重的是现实社会的前进,社会存在决定社会意识的教育与传统相结合,被过多地强调,反而成为一种容易束缚人的东西。社会资本的崛起,网络的搅局,使人的价值的树立再遭重创。年轻人的心灵不仅没有因为社会的开放而开放,反而因现实的压力更趋封闭,以致忽视人类苦难。

◎ 跟我生命没有关系的书

《普罗米修斯之罪》并不是我的生命特别需要的一本书，而是早知其名，偶尔得到，在没书可读的情况下，不想浪费它。就像吃完饭，发现桌子上还有一颗米，不可浪费，捡起，送到嘴里。读完原文，再读刘小枫的解读，扩大了我的知识范围。就像龙应台说的，"音乐、美术，在我身上仍旧是一种知识范围，不是一种内在涵养。生活的美，在我身上是个要时时提醒自己去保持的东西，就像一串不能遗忘的钥匙，一盆必须每天浇水的植物，但是生活艺术，更应该是一种内化的气质吧？它应该像呼吸，像不自觉的举手投足。我强烈地感觉自己对生活艺术的笨拙；渔村的贫乏，造成我美的贫乏"。

我知道普罗米修斯为什么被锁在山崖上，多年前，我读希腊神话，发现开篇就是普罗米修斯的故事，但是我全忘掉了。读完后，我还翻看了一本画册，里面有几张现代人画的普罗米修斯的油画，壮硕、筋骨凸出的裸体悲惨地靠在山崖上，很为老外对壮硕的人体痴迷而感动，我们多是飘飘欲仙的老者。读了才知道，原来，普罗米修斯盗取火种给人类，是代表着启蒙。但为什么是火，而不是一个苹果、一块冰什么的？也许在古希腊不像我们这样的农业文明，人家是工商文明，手工业作坊很多,而这些作坊都离不开火。我早就有这种困惑,为人类盗取点粮食不是更好吗?为什么是火呢?

刘小枫的解读就像工程师拆解复杂的魔方块。每句话、每个段落都能找到其根源,都要说明它存在的理由,连他自己都怀疑自己有过分解读之嫌。是的,一本小说,一个文本是可以如此欣赏他的理性的,文本可以让数学家写出它的结构和描绘出公式,这的确是一种有意思的事。然而,我做不到,我最不喜欢抽丝剥笋。这样高精水平的精读法,是我这个自由阅读者望而却步的。我最不喜欢顺着别人的思想往上爬,我喜欢自己来,别人的想法最好一句两句,在我思考的途径上,点到为止,我不着急,今天不行,就不行,明天断了就断了,但是,总有问题长期缠绕着我,我让他们自己从我心里冒出来,我会慢慢来。顺着别人的思路,等于让缰绳套在了我的脖子上。

唯一带给我"理趣"的是《了不起的盖茨比》的叙事结构,它像一根线拉动一个陀螺,使其旋转,最后,这根线完全离开陀螺。小说开头,是叙述者回忆一个故事,这才引出主人公,没想到,叙述者也参与到小说的发展、转承之中,最后结尾,一切散去,叙述者再次出现,已经远离了那个故事,这个结构可以用方程来表达。

原剧让我惊讶的有:古希腊人那么早就开始反思专制、倡导民主,思考人的启蒙,以及发现悲剧的价值(悲剧让人思辨,喜剧则不然)。现在的西方社会跟原来没有什么本质的改变,就像我们的社会没有什么改变一样,社会是从传统中走来的。

这本书没有打动我的地方,应该说在我心路历程上,我没有什么反应,仅仅是一个知识储备,告诉自己我知道了。我于是反思我看书的动机，起初，看书，是对现实中的价值、方向开始怀疑，有一种寻找的冲动。那时打开的第一本书是《日瓦戈医生》，那里浓郁的诗意一下子吸引了我，我当时正信誓旦旦将丁克家族进行到底，但女主人公拉拉走进森林的一段话，让我的想法发生了180度大转弯，我决定要孩子！是的，仅仅因为那段话。此后看书，我一发不可收，几乎每本书都能与我的生命发生直接的关系。我通过书籍看到的是自己经历的东西，可以说趣味并不是我读书的动机。我应该怎样活下半辈子？我如何理解过去的经历？我怎样解释自己的言行？我怎样理解我置身的社会？人们为什么选择这样的看法和行为？我可以有别的选择吗？这是我的动机！

凡是没有与我的生命发生直接关联的，我都视为知识，这些知识就像航海时经过的一个个礁石、岛屿，可遇见，也可不遇见。它仅仅是远方的一个物理存在，没有海水的连接与覆盖，它与我不能建立任何联系，一两块礁石并不重要，重要的是要有海水将这些礁石连在一起，成为一个整体，一个完整的世界。这个整体给我以意义和价值，这些礁石也可以比作一本书、一个知识点、一个新的数学公式，海水是我的情绪、情感，只有当自己的情感之水流到了那块礁石，那里才会与我的生命发生联系，于是，世界变得通达，我可以来去自由。如此说来，智商可以开掘礁石，情商可以涌出海水。我不喜欢可多可少的礁石（知识），没有海水将之相连，与我何干！情商低、心灵狭窄大概就是海水太少的样子吧，上天可以给人一个好脑瓜，但不会给出意义和关联。二者都有了，世界才会通达，才会变得可行可驻的样子吧！此时的我像哥伦布起航前，站在海边低头沉思……

倒是该书序言结尾有些意思,甘阳作:"我想对所有大学生说:大学四年,慌什么?忙什么?急什么?慢下来,静下来,开开心心读点书!"甘大教授真是天真得可爱,理想得可爱!

◎ 挑战心智的"裹尸布"

"我"伪装了贵族出身的阿克塞尔·范德的身份,隐瞒了大半生,自己借此获得了很多荣誉,在美国成了一个知名的教授。直到有一天,有一个小女孩表示知道了他的真实身份,表示想见"我"。于是"我"借一个学术活动的机会,从美国来到都灵约见这个小女孩——卡斯·克里夫。"我"害怕她对我现有的名声、地位构成威胁,对她十分警觉,猜测她想敲诈自己或借此扬名。"我"怕她揭穿事实,担心"我的人生,这个错综复杂的功绩,这个冒险、胆识、谎言赢取的来之不易的胜利,难道最终真要在这个半疯半傻的姑娘的出名欲望下化为灰烬?""我暴怒,是因为我没有成为真正的自己;我恐惧,是因为我害怕别人看穿真正的我。""我"警惕着被她揭穿,随时准备反击,保护自己好不容易得来的荣誉。

随着与这个女孩的接触,"我"发现自己的恐惧是多余的,这个半疯半傻的姑娘确实知道我的隐秘身世,但却像寻找旧日情人一样,表现得沉静、痴迷。这让我既放纵又不解,没有想到的是卡斯·克里夫表现得忧郁、纯净,在我一直不解的过程中,"我"渐渐爱上了她。单纯,有些病态的女孩子,在接下来的相处中,反而让"我"意识到"假如真像我所相信的,我所坚持的一样,世界上没有本质的、独一无二的自己,那么,我在冒充阿克塞尔·范德时究竟逃离了什么呢?单纯的存在,由情感、欲望、恐惧、抽搐、痉挛组成的那个我无力承受的大杂烩?成为他人是成为一个东西,仅仅成为一个东西"。由此"我"对自己的面具人生开始怀疑。

事实是,卡斯·克里夫是真实范德的女儿,常演喜剧的父亲给女儿留下了深刻印象,女儿见到假范德,宁愿相信是真的父亲,但患有精神分裂的卡斯·克里夫最后跳海自杀了。这是一个爱情使自我找回自己的故事,"她给了我最后一次成为自己的机会"。

班维尔讲故事的本领何其了得,不是读一遍就能弄明白的,有些类似心智游戏了。比如,书中人物总是朦胧模糊,首先"我"是两个自我的不断切换,女孩子的身世直到最后才渐渐揭开,次要人物也仿佛笼着一层纱,如克里斯蒂娜·科瓦奇,第一次出场的描写:"她外表发生了巨大变化,但是不管怎样,她变得有些不一样了。她看上去不像她自己,倒像是她的一个至亲,也许像她的孪生姐妹。她看上去要比我认识的那个女人模糊,轮廓没从前那么清晰,不知怎么的有点暗淡,双颊有点凹陷。"总之读起来要读者反复将不同处的描写拼对起来,想象出完整的人物。这一点让我想起纪德《伪币制造者》,作者留给读者的工作真是不少。

书中有些暗示与像征。如裹尸布,暗示着人的救赎,拥有人类欲望和世俗野心的我被她救赎。"不,不,远远不是那样:我以拥有她来成为真实的自己本身。这才是我在她身上搜寻的东西:我不是在寻求欢愉,或是青春,抑或是人生的盛宴里那最后几簇面包屑，不，才不是那些不足挂齿的事呢；她给了我最后一次成为自己的机会。"

书中卡斯·克里夫的出场便介绍她："数年来，她一直在从事一个研究项目。……好像和卢梭的孩子有关……"卢梭有几个孩子，他都将其送到了福利院，自己没有抚养一个。这里暗示卡斯·克里夫在寻找自己的父亲。如果看过《忏悔录》，这一点是非常明白的，能够猜出一半情节来了。

小说叙述中，班维尔在不断变换视角，如第一步，开篇以"我"为视角，在讲卡斯·克里夫时，换成了全知视角，这种切换在书中很频繁，有一种电影感，可也带来一些阅读的障碍。当然，也增加了好玩的情趣。

作者的目光在很多细节处引起我的共鸣。比如写宾馆：我喜欢宾馆的房间，喜欢他们为了保护客人隐私而嘴巴紧闭的氛围，喜欢这种与世隔绝的滋味……再比如写电话：在每家每户，在每个旅馆房间，它都一模一样地坐在那儿，随时准备突然响起来，毫无预兆。它是那么任性，总想着要多得到点关注，俨然一个号啕大哭的婴儿。还有：有时我会感到这样时刻的来临，我仿佛脱离了自己的躯干，向上漂浮，悬在空中，冷漠地俯视着自己。

我还知道了欧洲人常用由燕麦、水果、坚果仁组成的粥做早餐，它叫"穆兹利"。

◎ 一部关于死亡的小说

《额尔古纳河右岸》是迟子建于 2005 年写的小说。额尔古纳河是我国与俄罗斯的界河，右岸是我国黑龙江和内蒙古。我是从一位自驾车到过此地旅游的女士那里得到的，她说去了额尔古纳河，回来别人推荐了此书，于是，自己怀着好奇心阅读，这使她对鄂温克民族多了了解，长了不少知识。我很钦佩这样的阅读，旅行不仅是身体的位移，也变成了心灵的扩展。假如不去此处，人们很难会对此书感兴趣吧，是真切的体验点燃了兴趣点。前段时间，我借给别人一本余秋雨主编的《藏着的中国》，是我国很多著名博物馆的介绍。她因为 APEC 假期刚刚去过陕西博物馆，对中国历史开始感兴趣了，她说："我一翻，就喜欢上了。"她高兴得不得了，以致迟迟不还，我只好提醒她，这本书也是我从别人那里借来的。这种跟随脚步的阅读，是时空、身心的旅行，是身心共同的扩展。后来，我知道，人们学习知识，之所以会出现我们应试教育的事倍功半，主要是人脑中有个前额叶腹侧和扣袋回之间的区域，他负责进行"社会认知"，而要想激活它，则要先激活前额叶，这里负责情感教育。

我再也不喜欢那些与自己的生命无关的知识了，而真正的学问一定是与个体人的生命相连的。

我在高中就读过迟子建的小说，大概是"北极之光"什么的，内容忘掉了，后来有了"正确的事"要做，就再也没有接触过。借过书的那一刻，我又回忆起了高中时代，那个因文学阅读给我留下美好回忆的时期，以致掩盖了学业挫折的沮丧和内心成长的苦楚。"着实看了些书啊！"这是现在我对高中时候的评价。

　　我用三天时间读完《额尔古纳河右岸》，读完迫不及待地跑到这位女士那里聊了起来：

　　给我留下最深印象的是：迟子建写了那么多人的死亡，一个个地死去，这是我看过的所有书里写死亡最多的一本，而且，她笔下的死亡少有巨大的悲痛，死亡变成了一个非常自然的事情。鄂温克，这个古老的民族，借着最后一个年迈的首长的叙述，变成了一个充满悲剧，最后没落的民族。死亡是这本书的主题，书中的鄂温克人，有的是上吊自杀的，有的被狼复仇而死，有的被冻死，有的是被熊杀死的，有的是马蜂蛰死的，有的是被河水冲走的，有的是滚落山崖摔死，有的是被自己人误用枪毙命，更悲惨的是书中最后一个满身泥垢的孩子，生下来就是死婴。在书里，迟子建仿佛要穷尽山里人的所有死亡。死亡一点也不神秘、不悲壮，只有稍许的哀愁。有的死亡还提前就迫不及待地告诉你，然后再不紧不慢地讲述死去的原因。作者这是怎么了，小说是作者的心灵世界。作者写作时正值中年，自己亲爱的丈夫故去整三年，死亡在一个艺术家敏感的心理上留下了太深的烙印。

　　它太容易让人思考死亡了，一个中年人，是开始思考它的时候，如此去写死亡，是一种接纳它的方式吧。这是每个人都会面对的，不知死，焉知生呢！大概，迟子建想通过这一曲哀伤的挽歌将此书的价值观指向包容一切的岁月，同时，通过对一个个死亡故事的讲述，使自己对死亡产生'审丑疲劳'，通过熟视、直面而接纳、适应，死亡没了神秘感，也没有了恐惧感，变成了平常事，就此作家完成对死亡的超越。也许过于关注死亡，以致没有哪个人物给我留下深刻印象。

　　裹着灰色的兽皮，骑在驯鹿上，从一座大山里的树林中走来，大雪不仅覆盖了整个山林，而且黏住了驯鹿的脚步，干枯的鹿角上刚刚积下一层新鲜的白雪，就被颠簸的身体抖搂掉了，队伍后面的族人呼出白色的蒸汽，与雪中的雾融合在一起，分辨不出区别。每个鄂温克族人，不管老人、壮年人、小孩，身上都披挂着很多物件，除了御寒的皮衣，还有几根乌力楞的枝干，卷在一起的几张狐狸皮和灰鼠皮，它们卷在一起好像几千年了，放在桦树皮桶里的火种被最沉稳的一位老人保存着。一个壮年人从驯鹿身上翻下身，走在大雪覆盖的布满碎石的路上，他是一个萨满，被人尊敬的人，他的神衣、法器、皮鼓整整塞满一个行囊，由一只温顺的、长着一只高贵的头的驯鹿驮着。他不时地抬起头，几片雪花正好飘进眼里，但挡不住他望向山那边的目光，他什么也没想，因为他所有的亲人、财富都在身边，除了有些寒冷使他拉紧了皮帽。在大山的森林里，他没有什么可担心的。

　　这是看完书后我头脑里留下的印象。在文学的世界里，很难讲，我们人是进步了，面对时空的变化，我只有选择沉思。

◎ 一本小说就是一幅画

我喜欢看书,但这书更多指小说,我也曾试着看一些知识类的书,但总又不自觉地拾起一本小说来。这种现像我在去年就发现了,想了想,是因为小说是美的,知识则毫无美感可谈。多年的学校教育,那种对知识的穷凶极恶的攫取可能让我有了一种习惯性的抵触吧,那么追求这种美感,可能也是多年心灵饥渴的一种表现了。我不知道审美的需求是不是人的本性之一,我这种来自意识深处的需要,难道来自小时候在大自然中自由玩耍培养出来的秉性?看《你往何处去》这样的历史读物,我也会对情节之美、意境之美留下深刻印象,而不会为了解基督教走上正统的年份保留印记。我喜欢一些历史小说,喜欢它以美的形式带来了一点点知识,比如《爱与黑暗的故事》,就像我喜欢风,全没想到风中夹杂着植物的种子,那不是我想要的,仅仅是意外获得的,比起站在门前被微风拂面的感觉,那种子太不重要了。

我越来越觉得,一篇小说像极了一幅画,一幅流动的画。我喜欢丰富、飘动的色彩,如《都柏林人》;我喜欢欣赏作家如何选择一幅画的起笔,如《大卫·科波菲尔》从"我"出生的那一刻开始,《悲惨世界》从一个与小说没有什么相干的主教讲起；我喜欢简约的笔触，省去细节，如《伊甸园》；我喜欢超现实主义的，如《奥兰多》；我喜欢一笔一画，手法老实的作品，如《娜娜》；我喜欢插入众多文本，带有实验性质的作品，如《伪币制造者》。欣赏小说就是欣赏它们的不同，欣赏一幅幅自己没有看过的画，于是，有些小说，总让我发出感叹：原来还可以这样写！

《爱情、疯狂和死亡的故事》是一本不包含知识、画面多姿、奇特的画册，它是乌拉圭作家奥拉西奥·基罗加的画。15幅画，精致、多姿多彩，有的画面冲击眼球。我为自己在有生之年能够欣赏到这样的艺术佳作感到幸运。最令我回味的作品，当数小说的开篇之作，《爱情的季节》，在布宜诺斯艾利斯上完学士课的内维尔，刚刚18岁，来到孔科迪亚，正赶上当地的狂欢节，在一天晚上，他偶然看到14岁的少女，只是那一瞥，他就爱上了她。"内维尔为此献出了他这个热血奔腾的青年的全部爱慕之情"。18岁的年龄，太容易被爱情之火点燃，我回忆自己的18岁，同样发现那里燃烧着炙热的爱情火焰，我甚至认为如果谁没有在那样的年龄被点燃，就像一朵花儿没有开放过。

外界再普通不过的一句话、一个眼神、一面之交瞬间就可以让一个少年的内心燃起火焰。就像内维尔"热情达到了一个18岁的浪漫青年的最高程度"。别急，这还不是浪漫青年爱情的全部。四个月后，内维尔与姑娘莉迪亚相识，他们在两个月的相处里，"如胶似漆，恋恋不舍"，他们开始谈嫁论婚了。可是，他们的关系戛然而止，时间继续。年近三十、已经结婚四年的内维尔在布宜诺斯艾利斯的电车上偶遇莉迪亚，此时，

"只有一双眼睛他还熟悉"。在他家里的十天中,内维尔再次面对莉迪亚,然而他们彼此只有往事值得回忆,不久,他送走了莉迪亚,这个过程就像一只棉球掉进了水塘,一丝涟漪都没有惊起。内维尔想起了陀思妥耶夫斯基的话:只有某种纯洁的回忆,才是人生中最美丽、最牢固的东西。

很多人描写青年人爱情的炙热,但少有描写纯真爱情的全过程。人生里,只有将一份感情从多年的经历中抽离出来才能看清它的真面目。我们总是回忆爱情的高潮部分,殊不知没有衰败的衬托,它的美丽无从谈起。这就是人生的宿命。可贵的是,作者洞察了短暂人生中这段奇特、瑰丽、哀伤的情感的全过程。我印象里,《米德尔马契》也曾描写过爱情的全过程,但烦乱的人物冲淡了这份变化的情感,作者最擅长的是爱情的起始阶段,两个年轻人刚刚燃起爱情火焰的时刻,艾略特的文字犹如神来之笔。

还有几个故事表现死亡,专注于死亡,有的是被毒蛇咬伤而死,有的是被毒蜂蜇死,有的是疯狂而死,读它们,就像看恐怖画,有些害怕、恶心,但作者就是这样坦白地告诉你。将目光选择在死亡上,这与作者的经历有关,我也总觉得,经历死亡,对自己是一笔财富。还有描写愚昧的,年轻的妇女一连生了四个傻子,结果是悲剧再次上演,三个傻兄弟杀死了唯一健康的妹妹。

随着人生阅历的丰富,我越来越发现,人很容易交给习惯来支配,自身的愚钝和外界的灾难可以随时联手将一个人置于死地。中年以后,悲观的色彩渐浓,想想今年的心路历程就是如此。那远离了初恋火焰的人生,只剩下未经审视的习惯,渐走下坡路的身躯,往前面只有琐碎小事的辽阔地,死亡已经出现在地平线上,人生的福利仿佛用尽……

◎ 你别管他，他自己在那儿转

看贝娄的《雨王亨德森》，十分畅快，一目十行的感觉。亨德森是个"少尉，荣获过紫心勋章，到过北非、西西里、卡西诺等地的老兵，巨人般的身材，血肉丰满的肌体，永不停息的追求者，性格暴躁而又富于同情"的人，他还是一个注重内心探索的人，心里总感觉到一种声音：我要，我要。是的，这种声音让我想起苏格拉底说的"内心的声音"。他怀着一下子说不清的原因去了非洲，在那里遇到一系列离奇、荒诞的事情。读非洲的经历，让我想起王小波在《万寿寺》里的红线女，自由、飘忽，想象力大爆发。非洲成为西方人寻找生命意义的大陆，海明威到过乞力马扎罗山。非洲意味着逃离社会，进入人类的初创期，到那里去寻找生活的灵感。

一个人没有了物质生活的羁绊，又逃离了文明社会，他靠什么让自己活起来？小说仿佛是一个寻找生活意义的试验场。你不用挣钱糊口，也不用在乎身边人的眼神，请问你还能转起来吗？这种"寻找"题材的小说有很多，比如前不久看的《牧羊少年奇幻之旅》《巴黎之悟》，记得《战争与和平》也是写贵族（不用愁吃喝）寻找生活的意义。这让我反思现在的生活，再正常不过的上班首先是生存的需要，看看那些为了找工作而焦虑的年轻人就知道了。于是，物质利益支撑着自己，为了生存，为了生存得更好，要去奔波。以至于很多人成了一种惯性，即使自己不再需要更多物质利益的时候，还是被利益支撑着。当然在现代社会中，还有惯有的风尚：人们有用于他人、社会，大家就投来羡慕、敬佩的眼光。这成为支撑现代人的另一个拐杖。好了，去了非洲，两个拐杖都抛弃了，请问你靠什么支撑？

在一段段写实的故事中，作者渐渐体悟到"一个人必须学会在不为人理解的情况下过日子。也许要求别人理解是一种罪过"；"依我说，应该保全你们自己，活下去，在未来建立个新的习俗"；"任何人都是血肉之躯，凡是以力量自诩的人，终有力气消减、顾影自怜的一天"；"最好的生活方式是什么？""小孩对它感到惊奇，成人则主要感到恐惧。为什么呢？因为明白了死亡的缘故"；"奴役现像从来没有真正消除过，无论你怎样警告，总有许多人愿意受各种各样的奴役"；"世界是一个精神领域，旅程即是心路历程"；"物质的世界整个在眼前，属于科学的领域。但是还有一个本体的世界，在那儿我们进行着创造，创造，再创造"；"每个出生在世上的人都必须把自己的生命引向某个深度，不然还有什么意义呢"；"最为强大而富有抱负的人常常是最怀疑现实的人"；"恐惧是人类的主宰，它统辖着最广阔的底盘，使你面色如蜡……所有人都心惊胆战，畏缩不前，只不过程度不同而已"；"恐惧消失之处，便是美出现之地"。

作者找到答案了吗？在书中，隐藏着答案，一小段，被我一目十行的眼睛发现了。小说出版于1959年，作者44岁。刚进中年的贝娄借雨王亨德森之口，说出了"人生在世也并非匆匆过客,孤苦伶仃,像梦幻般消逝。不,先生!认真干一两件事就会捉住人生的。譬如说,从事艺术活动,匆匆的速度便会受到控制,易逝的光阴就会自然分离"。前不久看一篇文章,他讲,中年以后最好从事一项体育运动和一门艺术创造。我想加一点:还要不断去理解自己青年时经历的事情,这样时间真的可以被扭曲、回转、折叠。就像看毕加索的"时间"主题的作品和弗吉尼亚的小说。

密实的文字颇见贝娄功底,但并不吸引我,其想象力一直保持到书结尾,令人赞叹。其段落式的递进形式,让我想起横挂在绳子上的彩旗,一段就像一面旗子,个别旗子还是两种颜色,因为插进了过去的回忆。

当我挤地铁时,看到的是无数张默然的脸庞,在利益、习俗、媒体、工业化生产方式大行其道的当口,还会有人去想:人,这个天地的精灵,应该靠什么安身立命?但愿那些面孔下都有灵魂,但是灵魂的长出,是需要长时间的磨难和反省而来的。当你富有了,请问靠什么支撑你?亲情、政治、利益、习俗,还是其他?

我两岁多的儿子迷上了旋转的风扇,一见,就不愿走开,他对其发生了浓厚而持久的兴趣,并指着它说:"没人管它,它自己在那儿转"。这句话与孔子的"一箪食,一瓢饮,在陋巷。人不堪其忧,回也不改其乐"多像!

◎ 冷与热

看爱尔兰作家艾德娜的《圣徒与罪人》。开始,不明白为什么将"圣徒"与"罪人"放在一起,他们之间有什么联系。看到一半,有了感觉。一个是:人是有弱点的,如天性里有易变、撒谎、恐惧等,然而人在伦理社会里被压抑,人一定会违反这些伦理,于是每个人都是罪人,人人都会去做错事。但每个人都有头脑,有精神追求,人会将自己交给一种更大的力量,成为圣徒,这同样也是天性。另一方面,任由精神追求,越强烈,就会越容易违反社会规则和风尚,有人说,我会在原有规则下追求精神,做到上下两头都符合,如"戴着手铐跳舞",这怎么可能真正做到!这只能说你还不是圣徒,你还是更看中身上的规则,也就意味着精神不可能充分地发展。

我想问:圣徒与罪人是人充分发展的宿命吗?

看此书时,正是年终总结,工作十分繁杂,人们都被调动起来了,真是火热的生活。间歇,捧起《圣徒与罪人》,如闷热的夏日吸食一杯冰水,给火热的心灵降温。此书写的是人的孤寂,人与人的疏离,它比《逃离》写得更直接,更冷酷。剥开了生活的表皮给你看,再抬头看火热的生活,一下子让我冷静下来。

《铁铲王》写贫穷，然而这不是重点，重点是贫穷如何让一个人的心灵悲凉；《罪人》，写一个女人，睡不着，她想自己的亲人，他们都疏离了自己，自己什么都没有剩下，这让我想起莱辛的《老妇与猫》，但温度更低；一个女人，名叫米尔德里德，死了两个孩子，丈夫在大城市一周回来一次，她像找心理医生一样来到一个贵妇人门前倾诉，她倾诉男人的易变，自己的孤寂，只剩下神话、歌剧、花朵、艺术，这是短篇《卡珊德拉夫人》；《黑花》主人公谢恩为了不可实现的信仰斗争，进了监狱，家人被害，出狱后，惨遭杀害，他心中有信仰，但社会不容；《劫掠》直接写自己被人欺辱的经历；《内心的女子》，一个打工的小伙子柯里，受不了社会的欺诈自杀，一个纯情、乐于助人、喜欢流星、热爱生活中小事的小伙子，无法适应工业社会；《绿色乔其纱》，以两篇日记的形式讲，一个小姑娘跟着妈妈去拜访邻居，结果发现人们的谈吐、行为无聊、乏味。她写道：我们的生活似乎如此单调，如此波澜不惊。我祈祷发生惊天动地的大事——比如阉牛起义暴动，用角戳伤彼此，比如我父亲在睡梦中过世，比如学校着火，比如考夫兰先生拿枪打死自己的妻子，然后自尽。谁没有厌烦过日日重复的生活呢？《曼哈顿杂记》，一个女人想一个男人，像茨威格《一个陌生女人的来信》，但比之更理性，更冷冽。《求赐甘霖，滋养我根》，一个图书馆馆员，吉尔胡利小姐，喜欢一个男诗人的诗歌，到城里一家酒店约会他，在等候的时间里，他回想起自己的恋爱和过往，结果没有等到诗人。晚上她回家了，此时天色已晚，"大地本身被一种原始的孤寂吞没笼罩"。《我的两个母亲》写母亲的一生，以给女儿写信的方式叙说细节，母亲对女儿一直挂念，也有过一段爱情，最后渐渐惨淡地走向死亡。《旧伤》写老家的堂哥一直到死的生活，两个家庭是邻居，但一直有仇恨，自己见证堂哥的爱、哭泣、家庭、对自己的牵挂，"那不是出于爱，不是出于恨，而是出于某种没有名字的什么，给它冠名，等于剥夺了它真实的含义"。

西方短篇小说，很多写疏离，但也可以写得有趣、温暖，但这本书写得最冷酷。如果将门罗、莱辛与艾德娜比较，简直可以画出冷暖度表来。想必可以读过此书吧？

作者不相信人之间的联系，那是人性注定的，但作者相信文学、艺术。书中到处是花朵、神话、喜剧，除了冷酷，形成了书的另一特点——高冷、清雅。如下：

"——我相信文学是唯一存在的炼金术。——伏尔泰的话'幻想是人类心灵的女王'"，这让我想起达利的《记忆的永恒》里折叠和弯曲的钟表。文学的阅读和写作可以让时间发生扭转。

看这幅画"离入口不远有辆肉贩的货车，上面用典雅的棕色字母印着车主的名字，台阶上一辆小孩的拖拉机里面堆满玩具士兵和积木。走廊里，一组蜡烛在高高的架子上闪着微光，一盆繁茂的开花植物垂下枝条，拖曳在地上，像变形虫似的。花瓣是柔和的黑色，如天鹅绒一般，上面有细微的绿色孔眼，针尖大小，整株植物透出既美艳又不祥的气息。"

这位 2011 年的奥康纳国际短篇小说奖获得者，还让我重温奥康纳的简介。

这本书让我在年终热闹的氛围中内心寒冷。

◎ 谈情说爱的大师

一年轻朋友发短信,想倾诉爱情的得失、苦楚和内心的惊厥。可一时找不到时间碰面,中年的我,理解他,这是如炼狱一般的煎熬,想找人诉说,是已经到了自处的极限,外表的平静掩饰不住内心的巨浪。真应该有人安慰他,要撑住啊!可这不是所有年轻人的成长之路吗?我一方面想假装不知,让他自己去吧!一方面又同情于他。正犹豫时,我经历了这样一本书的阅读体验。

有些书,让人有相见恨晚的感觉,普宁的《米佳的爱情——普宁中短篇小说选》就是其中的一本。此时,冬至刚过,开始数九,对季节更换敏感的人会感叹的。想今年时光流逝,炎炎夏日读卡尔维诺,现如今,数九隆冬看普宁。不同的季节读书,会有不同的心理体验吧。

十五个短篇小说,只有两个与爱情没关。一个个爱情故事读来,让我大呼过瘾。普宁,这位俄罗斯第一位获得诺奖的作家,这位流亡海外的贵族(还有布罗茨基、纳博科夫)以诗意的笔触、精深的洞察力和高超的写作技巧将爱情这一古老的话题,进行了一次次升华。让我不禁审视自己从上幼儿园就开始对异性产生向往的情感,尤其作品带着自己不断回忆青春日子里经历的一段段恋情，原来，我是人类的一分子。我仰望天空，请问谁塑造了我？

我喜欢《轻盈的气息》，写一个中学少女对美、对爱的向往，短短的篇幅给读者留下无穷的想象空间，写法令人惊叹！隐藏在人类思想角落的情感被普宁揭示了出来，用文字按在了纸上；《素昧平生的女人》写一个女人因孤独而看书，喜欢上作者，于是幻想，这种爱情得到升华；《中暑》写旅途中一段偶遇的艳情在一个中尉心中产生的巨大回响；《名片》写在船上，无聊生爱情，船一靠岸，女人就走，真是绝决；《在巴黎》写我在巴黎酒馆搭讪上一位女侍者，我们相爱了，但不久她死去了；《娜达莉》写我与三个女性，有世俗的爱，有肉体的爱，而我更留恋给我精神之爱的娜达莉，但偏偏成了悲剧；《乌鸦》写父亲要和女佣结婚，而我们产生了真正的爱情，为此我拒绝了父亲的遗产；《三个卢布》写我住宿，遇到一个为了三个卢布而委身的女子，而我爱上了她，但不久她生病死了；《投宿》一只狗咬死了欲强暴主人女儿的投宿者；《儿子》写一个贵妇人爱上一个21岁的小伙子，爱得自愿死于情人枪下；《伊格纳特》写一个长工爱上女佣，因当兵在外，牵挂爱人而生悲剧。

《米佳的爱情》是经典，留在最后来看，好好享受。写一个小伙子思念城里的小情人，最后，收到分手信，于是米佳成了维特。其中，大段的景物描写十分俄罗斯。

普宁笔下的爱情是"青春的、繁衍与孕育的裸体美"。他作品里的女子多有些轻佻，他经常将爱情与死亡放在一起，这样，仿佛是将爱情放在了人生的大画布上欣赏，这种大境界下的爱情多了一分唏嘘。他让人思考，爱在悲剧的人生中占有什么地位？作者试图不断地将爱升华，用美、诗意、幻想、死亡。普宁还试图探索爱的边界、极致（《骑兵少尉叶拉金案件》《儿子》），联想《金阁寺》，我仿佛一下了明白了我们文化中的"中庸"。

我写下这些话的时候，忽然认识到，能这样冷静分析作品的我，已经远离了我的青春，那是内心动荡的、容易激动的、对爱情敏感的，也是危险的，用现在内心的平静、安全去换取青春的凛冽，我还愿意吗？我还记得在集体宿舍看海岩的爱情小说，第一本是从一个学生那里偶然得到的，结果一本本看完他所有的作品。假如我那时看到这本书，我的内心会是什么样的感觉？

普宁是心理大师，他善于捕捉爱情时的心理，在《骑兵少尉叶拉金案件》里，他写道：我首先要说的是他22岁。这是个危险的年龄，是决定人的未来的可怕年龄。在这个年龄，人通常正处于医学上所谓的性成熟期，而在现实生活中，则是处于所谓的初恋期。人们几乎总是仅仅抱着诗意的、极其轻率的态度来看待初恋。殊不知这个"初恋期"却经常伴随着形形色色的悲剧。从来没有一个人想到过，恰恰是在这个年龄，人会产生较之激动，较之情欲，即所谓的对异性的渴慕要深刻、复杂得多的感情。人在这个年龄不知不觉地经受着惊心动魄的煎熬，作着痛苦不堪的剖析，接受性的最初的洗礼。

普宁深知爱情绚丽、迷人是因为它混杂了人的情感的两极：欢愉与痛苦、美好与苦楚、获得与失去、羞涩与顺从、飞升与囚禁、自由与奴役、亲近与疏远、绵长与飞逝、幸福与羞耻、忠贞与背叛、爱与恨，在爱情里简直是冰与火的世界，是人间炼狱！他需要一颗强大的内心。古罗马诗人奥维德在《爱经》里这样说："谈爱犹如服兵役。怯懦的人们，且请退下。懦夫是不该来捍卫这种旗帜的。黑夜、寒冬、长路、剧烈痛楚，所有辛劳的考验，在这欢乐的营地中，都是理应忍受的。你须得时常承受自云中落下的瓢泼大雨；你常常冷得颤抖，还得席地而眠。"普宁深知此理，他写出爱情的两极，在两种不同的方向探索其极限，这是了解其作品的密匙。以《米佳的爱情》为例，他就写道：

我难以想象爱情可以缺少妒忌。依我看，没有妒忌就没有爱。

当他解开卡佳的亵衣，吻着她天堂般美妙的、处子的胸脯，吻着他以一种震撼他心灵的顺从和天真无邪的贞洁不知羞涩的袒露出来的胸脯时，是什么使他昏厥过去，是什么使他欢乐到濒于死亡，是卡佳的心灵和肉体。

……因此世间的一切在米佳看来就没有什么可留恋了，徒生痛苦而已，而越是觉得它们没有什么可留恋，徒生痛苦，它们却越是显得美好。

在他看来，世界好比一个樊笼，越是美好的东西，就越是使人痛苦，越使人受不了。

试问，叫他上哪儿去撷取力量来经受住这种既那么亲切又那么疏远（何况现在岂止疏远，说不定已永远他属了）的目光，经受住这种曾向他表明活着是多么幸福，然而却又那么无耻和可怕地欺骗了他的目光？

然而和早先一样：肉欲可怕的力量并未升华为心灵的渴求，并未激起整个身心的欢乐、惊喜和慵倦。

普宁，这位谈情说爱的大师，让我有了一段美好的阅读经历。

还有一篇名作《从旧金山来的先生》，笔法沉厚，很见功力。写一个人，是百万富翁，结果生病死了。他将一个人的虚荣心与大自然、时空、巨大的创造力相对比。人，是多么渺小，人应该怎么度过他的一生呢？

我应该向开头提到的年轻人说破此中秘诀吗？还是送他这本书看看？抑或将普宁的哲言发他？算了吧，我还是止住这好为人师的迫切之心吧！唯有一个愿望，愿他中年时遇到普宁的爱情小说。

◎ 莫扎特

去年年底,艺术家梵高通过丰子恺的《梵高生活》走进我的视野,很巧,今年年底,音乐家莫扎特通过许靖华的《莫扎特的爱与死》走进我的视野。当看到这本书的封面时,我还以为是假借名人而赚取眼球的书,犹豫再三。他是地质学家,同时对文学艺术感兴趣,其经历从中国到美国,又移居瑞士。最终下定决心买下,是因为看到作者任职的大学——苏黎世瑞士联邦理工大学,这所欧洲顶尖大学,因为我想到了爱因斯坦(他复习一年,第二次考上,于1896——1900年在此学习,之后走向世界),当然"三联"也帮我下定决心。看毕,果然是个宝物!

这本书不算小说,也非事实真相的叙述,而被作者称为"文字与推论之书"。作者在浓浓的兴趣之下,发挥科学家的实证推理,展现莫扎特最后几年的谜一般的生活。虽有很多想象,但每一虚构情节都有根有据,而且其想象、猜测以人性为根本,又合情合理,让我想起巴尔扎克的《贝姨》,其想象力不体现在文字上,而是体现在情节设置上。堪称科学与文学的完美结合。

莫扎特,这位只活了36岁的音乐家,不同的人看出不同的东西,许靖华看出了爱情的力量;薛涌看出了训练的价值(著有《天才是训练出来的》);懒惰、贫乏的人看出的是天才、天赋;如果让现在的父母解读,恐怕是让孩子早点儿上兴趣班吧。我想起去年夏天在国家大剧院听《费加罗的婚礼》,3个多小时,果真是飞驰而过,一场美妙的视听盛宴。纵使没有音乐知识,也会如我般被多段歌唱所感动。5年前,一次现场听学生乐队演奏《第20钢琴协奏曲》,好听,尤其是开始,钢琴一进来,一下子明朗了,有生气了,赶紧买来CD。8年前一位朋友送我一套明信片,我没在意,放在了抽屉里,上个月,闲来无事,偶然翻到,一张张查看,发现里面夹着一张印刷十分精美的邮票。一查,是奥地利2005年发行的萨尔茨堡全景小型张。我恍然大悟,一份美意被忽视了8年,所幸没有遗失,赶快珍藏起来。萨尔茨堡,莫扎特的故乡啊!

淡紫色的封面印着维也纳皇宫花园里莫扎特的雕像。莫扎特微仰着头,身着贵族的紧身衣裤,一手握着厚厚的乐谱,另一只胳膊自然张开,手指清晰可见,像一只展开的翅膀,年轻才俊的样子。莫扎特1781年来到维也纳与大主教合作,他人生的最后10年主要在这里。这次到维也纳,他偶遇熟识的威伯母女四人,他本来对大女儿有意,但她嫁给了一位宫廷演员,他的注意力转移到二女儿康妮身上,但是因为他们的血亲关系,其父坚决反对。但是,1782年8月4日他们终于冲破阻碍在圣史蒂芬大教堂举行了婚礼。时间发展到1788年,兰妮经人介绍成为莫扎特的学生,就此,他们成就了一段爱情故事。在此过程中,受到爱情魔力的操纵,莫扎特向妻子撒谎到兰妮老家偷会情人,向亲王数次撒谎,丧失人格地借钱。这些都被作者

——描绘了出来，莫扎特成了一个活生生的人，一个负情的、不讲信用的、追求享乐的凡夫俗子。许靖华绝不是一个仅有严谨推理想象的科学家，而是一个深谙文学、艺术与人的通才。莫扎特可知可感了，他的音乐可知可感了，此书与林语堂的《苏东坡传》有一比了。

音乐应该怎么听呢？顺着人性去听。

刚刚结识兰妮，兰妮："……你的音乐是那么纯净、调匀、均衡，而且完满。而其中的完满性只是间或显现，犹如悠远的回忆，瞬间又被焦虑、悲伤以及渴望所取代。太复杂了，人们不喜欢复杂。"阿玛迪斯："我作曲的目的不是取悦大众，而是为了表达内心的强烈冲动。"

《降 B 大调钢琴协奏组》一章，"……你，只有你，了解我的企图心、我的恐惧感、我的高傲、我的愤怒、我的孤傲、我的爱，以及我的秘密的向往。"

《降 B 大调协奏曲》是献给兰妮的，我真想找来听。

"这首《降 B 大调协奏曲》所传达的是涅槃的境界；以心中的爱、臣服、谦卑，去全盘接受自身的命运……音乐中承载着一种挥之不去的疲惫，交织着焦虑、悲伤、渴望的回忆。然而，和平与安详最终依然到来。这音乐超越了凡俗的喜悦或哀伤。"

此书于 2006 年 12 月 5 日出版，正是莫扎特去世的纪念日。纯属巧合，去年年底，我偶遇梵高，今年年底我碰到莫扎特，明年呢？假如说说我的期待，我想是——卡拉瓦乔。

◎ 困境真的走不出去吗？

看了安部公房的《砂女》才明白封面的图案是黄色沙滩的样子，一个大圆圈里有一个黑色的小圆圈大概就是以抽象的符号去表达书中的用意吧！

一开始，我印象深的是对沙子的描写。我小时候家边有一个大沙滩，每年春天北风都带来无数的沙子，我很熟悉。文学写进世间万物，就是这样让自己的记忆复活，久而不触及，恐怕那些记忆就丢失和死掉了，那样人也就不是自己了。接此书时打捞了一段回忆。我的小孩三岁多，晚上给他洗澡，他会说：小时候就是这样的。三岁多的小孩开始说"小时候"，多让人惊喜，他已经开始有自己的回忆了。人一回忆就变成自己，我想这就是自我意识的萌芽吧，是个值得记住的标志。

书分成三章，写一个人去沙漠采集昆虫不归，人们认为他失踪了，贴出了告示寻找。他落进了一个很大的沙穴中（我无法想象沙穴的样子），逃不出，最后46天后，干脆不愿逃了。书的整个结构用"失踪"包裹起来，像个薄皮大馅的饺子。

这让人想到很多，人能不能出走？人能不能逃脱"温水煮青蛙"？仔细看，作者的核心观点还是被我抓住了，有些书就是这样，作者将自己的核心观埋在一处，它是解读全书的钥匙。这句话是作者借一个演讲者之口说出的："超越劳动的道路只有通过劳动。不是劳动本身具有价值，而是通过劳动我们可以超越劳动……这种自我否定的能量才是劳动真正的价值。"我像发现了游戏通关秘籍一样高兴。现在，越是紧张忙碌，看闲书的渴望越强烈，仿佛专门为了追求这种张力。我忽然发现自己已经成了这么一种人，某一天没有精神安慰就过不下去的人了（书中语）。

从俄罗斯文学过渡到日本文学，能够明显地感受到日本文学的特点，俄罗斯是诗意的，日本是冷酷的。整本书读下来，没有了顺畅、平滑的感觉，而且有一种顿挫感，一种行走在粗颗粒上的质感，这种感觉如沙子一般，冷的、不舒服的。这倒与内容形成了一致，我不知道这是不是有翻译的问题。总结起来，可以发现，俄罗斯文学是诗意的，英国文学是书卷气的，法国文学是大气魄和细腻的，日本文学，想想三岛的一些作品，简直是精致的丑陋！书中文字是一种写实风格，用了大量科学词汇，如："麦比乌斯环""氰化钾""流体力学""热容量低的硅酸""旋转速度与仰角""哥伦布的鸡蛋""1/8mm的流动""圆周率"，大概意味着科学就是现实吧！作者将这个寓言般的故事写得一丝不苟，再加上一些奇妙而不同寻常的想象和感受，形成了本书特色。

书封面的两个抽象圆圈，意义多元。一个男人出走了、失踪了，这完全是社会给一个人行为的定义，而一个人跟随自己内心的方向行动（采集昆虫），在社会性来看，却是如此不同。这种本体性与社会性看来存在着一定的矛盾。但是一出走，离开社会就真的离开了吗？作者提醒人们——这很有可能陷入新的陷阱。这对那些以"梦想""寻找自己""看世界""跟随心的方向"为名离开原有位置的人提出了新的警告。我们很少问问自己内心真正需要什么，离开往往因为恐惧，而不是真正地寻找方向！

此书取名"砂女"，塑造了一个勤奋、安于现状、封闭的女性。加入与堂·吉诃德的对比，会发现，那是人的两极。

《砂女》无疑比《刀锋》《月亮与六便士》更近了一步，毛姆笔下追寻内心方向的主人公，不应该是人生的结局，毛姆真应该写个续集，要是安部公房来写，他们的选择依然会坠入老路。那些鸡汤式的话语真的就灵验吗？安部公房说，不可能，逃离不可能，只能换个地方越陷越深。难道困境真的走不出去了吗？

前段时间，一个干行政的年轻人向往做学术人，觉得那是自由的，而开始了自己的努力。我认为根基上两者是相同的，世上没有自由之路，只要行走，多是充满难处的。另一个年轻人，离开原有的单位，半年里换了两份新工作，可是还不如原来，于是悻悻地回到原初。我对她说，我早就预计你会回到原初。她说，为什么不早说。我说，说了也没用。我说，现在你应该明白了，人要像树那样，不动，隐秘地成长。有一年轻人，工作十年，内容不变，没了精气神。看着她真是同情，如行尸走肉一般，是换工作的问题吗？想小说里写的，外在的束缚对那些没有壮硕灵魂的人来说，都是枷锁。第一个年轻人跟我说，她现在开始在乎自己内心的感受了，我说，值得祝贺，灵魂终于发芽了，也许，这是人的唯一出路。内心的自由才是真正值得追求的,然而此路没有通畅和平坦,人必须披荆斩棘,再将痛苦化为精神,二者缺一不可,方可寻找到那唯一的"出路"吧!

◎ 一个丰富的精神体

读布罗茨基，能深深地感到，作者是怎样投身于文化，以文化为信仰的。在《小于一》里，作者说道："自由、平等、博爱……为什么没人加上文化？"说得多好，这句轻而易举捕获众多人心的价值观，仿佛成了标准，没人会去质疑它，然而布罗茨基在一大段叙述之后，给出了自己的思考，让我不禁又想，我怎么没想到？布罗茨基有着细腻的情感、敏锐的思绪和凭借自学而得的丰富的历史、文学知识。它表明了作者的文化追求，他对待政治和物质都是漠视和反对的。

作为诗人的他，有着一种将形像上升为抽像的高超想象力。他能凭借几个分子的化学物质的气味捕捉到人类神经末梢的微小感受。《小于一》虽然很厚，但翻译得晓畅、通明，布罗茨基随时准备着将日常的叙述上升为抽像的东西，如同平地升起一团云。大概这取决于诗人对生命本质的认识，他认为生命的本质是流动的、无定形的，人的生命如同桃子，所不同的是"桃核"不是坚硬的，而是一种念稠、富有弹性的物质，像小个儿的黏糊糊的瑜伽球。这样的认识才能产生其回忆录的写作技巧：是通过心灵的棱镜来折射生活而非反映生活。他的回忆录完全打破时间顺序，紧紧把握住核心，随时捏来一段，写上一通。

他更相信感受、意义，而二者的特质都有不确定的特点。生命是作者最大的主题，读他的作品，感到他将所有外在的知识、场景都融化到自己的生命中去，像滚雪球一样。让人不得不赞叹他生命的丰富和活力，这是一个充满活力的精神体，然而世界上，有些人成了坚硬的石头，或只是思考应该思考的东西。我们的社会不仅不爱谈论死亡，而且也很少谈论生命！

布罗茨基的母语是俄语，他却用英语写作，在列举了康拉德、纳博科夫、贝克特后，他坦言自己学习英语是使自己更接近伟大的心灵：奥登。我们的年轻人持续了好多年的外语学习，而且还会荒唐地持续下去。他们中有学得好的，过了六级，还要去刷分，以获得一个自己和将来雇主更满意的成绩。这就让我想起备好马匹和枪箭的中世纪骑士，他们等着雇主来打量自己。现实中的学子因为多年的考试，生命、心灵受到了极大的损害，只剩下一股向前的力。这就像堂·吉诃德，他不愿意做自己，朝着一架风车冲去。年轻人的身心分离大概始于高中吧，那个时候就开始不再谈论人生、生命了，"和谐的人"（爱因斯坦语）已经不复存在了，有些人要到中年时，才会等到赶上来的灵魂，有些人在一场大病时找到，有的人终生都没有身心相会。那流动的、易变的、小于一的自我让位于坚强、奋斗、追求外在物的理性了。作者说："你要学会从远处看自己"，这视域的素质，取决于个人的形而上学的种种可能性。怎样在布罗茨基与自己之间寻找到平衡大概是讨论教育的出发点吧。

布罗茨基成了文化人，成了精神人，他的文章，读起来，让人感到，一个居高临下的作者，一个人应有的样子，所有的知识、人物在他面前就像使臣跪在国王脚下，作者有一种占有的尊严感！相反，身心分离的人不会有自信吧，他接触的知识和人会成为他的枷锁。他让我好奇他是如何做到的，这个中学都没有毕业的人。

看《小于一》，我先翻看的是《毕业典礼致词》，这是1984年在威廉斯学院的讲话，我听了太多的毕业典礼致词，大概人们已经穷尽了对年轻人的嘱托和要求，我倒想知道布罗茨基会对年轻大学生们说些什么。果然，我得到了出乎意料的收获，他阐释了那句著名的圣经名言，探讨了善与恶的终极问题。我怀疑人们是否听得进去，因为这不仅长，而且抽象（相对于我们社会）。这让我想起一个问题——阅读理解能力。我曾听到有的年轻人对一些书说出自己的感受，一些我认为晓畅的作品，他们说看不下去。我忽然感觉到一个严重的问题——阅读理解能力。我想起《苏菲的世界》是写给15岁左右的中学生的，再想一想终身学习、写作的日耳曼学者（如马克思），他们代表了人类理解、把握事物的极限。阅读能力，就是对文字的感受力和亲近感，这是横亘在书籍与人之间的山，不是认识字就可以阅读的，阅读不是一件简单的事情。我们都承认社会经济发展的不平衡，然而它导致人发展的不平衡，导致我们民族与先进民族的差距，阅读理解能力是容易被忽视的。我感觉，我们忙于看得见的东西用去了人生太多的时间。

阅读理解能力是人的差别的根本！

◎ 一本书呈现的不同价值观

看书与琐碎的生活、无止境的工作形成一股紧迫的张力,为了调节好平衡,在事情多的日子里,我通常会理性选择薄一些的书来看。于斯曼的那本《巴黎生活》算是这一年看的页数最少的书了吧,因为这星期,安排的事情实在多。那股张力,久而久之,我习惯了,而且能感受到这股力的强弱变化,说来神奇,有时候,明明杂事很多,反而阅读量很大。因为这种种张力感,内心多少会有一些刺激。想多年前,我就向往一种充满张力的生活,觉得松松垮垮、毫无挑战的日子没有滋味,当然,我又不愿将精力只投入到一个方面,没想到,原来的期待,会是这样的一个结果。

放寒假了,意味着有大块的时间可以阅读了,而且是冬天,我可以躺在床上、跷腿在沙发上、坐靠在地板上肆意地看书了。找本厚实的,一头扎进去,我早就期待着这样的日子,厚书对于我,除了摈弃现实外,还被我用来衡量生命活力,看看还能不能有超级的专注力。去年这个时候,我看的是《你往何处去》,现在,波兰显克维奇的《十字军骑士》被我揽在手里。这是鲁迅看过的啊!这是与托尔斯泰《战争与和平》齐名的巨著啊!

整整一周,用时28个小时,68万字,对于我,仿佛是阅读的长距离跑，在看书与不看书终将过去的日子里，我完成一次小小的超越。

人生就像拼图，一幅完整的图像不知被谁撕碎了，每个人只随机占有一个小图片，在漫长的人生旅途中，你要自己去寻找其他的图片，这个过程没有必然的顺序，唯有靠自己，你要将所有的图片拼成一个完整的样子，然后再不断打量，看看自己在完整的世界里到底占据着什么位置。促使自己开始寻找的动机是好奇心，是小图板的单调乏味，这就是我看完此书的最强烈感受。十字军骑士在欧洲文化中占据重要位置，欧洲文化包含三个成分：希腊、罗马学术；基督教；爱打仗的骑士。那段历史，本来与我的生命没有直接关系，但是好奇心指向了它，我像找到了一块大拼图，眼看世界又向完整靠近了一步。

另外，这本书，我看到了三种不同的价值观：一个是十字军骑士，打仗和爱情是他们的人生主旋律。用打仗来体现荣誉、美德，用爱情来填补心灵的空虚。至今，尊重女士之风就是骑士的遗迹，爱好竞技体育就是和平时期的战争，骑士精神是欧洲的三个文明基石之一。另一个是基督教，人的现世活动都是为了上天堂，避免入地狱。主人公之一尤兰德被十字军骑士残害后，见到仇人齐格弗雷德被俘，并没有杀掉他，而是用剑割断他的绳索，这是基督教讲的：你要爱你的敌人。之后，作者让他上吊自杀，没有给他忏悔的机会，这就意味着他死后下地狱。而且，作者还让后来路过的雅金卡（女主人公之一）收尸埋葬，充满着基督教的人道精神。此书描写的时代，正是基督教大肆扩张的时期，骑士阶层与教会联手，不断扩大基督教的影响，这样骑士精神得到教会的支持。全书充满基督教的话语，如果与东方作家三岛由纪夫的《金阁寺》对比，会发现东西方的终极追求是鲜明有别的，一个是上帝的荣耀，一个是抽像的美。还有作者的价值观，此书写于19世纪末，民族国家意识正是上升期，在书的结尾，作者描写了波兰国王率领的大军击败德意志骑士团的庞大战争场面，一种浓烈的爱国主义情怀悦满纸上。结尾还描写了主人公兹贝什科与雅金卡的甜美、富足的生活。这些体现了作者珍视圆满、富足的家庭生活和希望国家强大的美好愿景。

人是观念和习惯的动物。创造出新观念的人，是伟大的人，新观念即新价值，之后的人大多数都是不过问来龙去脉的匆匆过客。前些年一次学生活动，讲课大赛要请一位评委，学习部的一位大三学生请了教育学院的张老师，张老师十分感动，没想到学生的主动性这么强，要知道，在课堂上的学生都在走神和玩手机。第二年，张老师又被另一个学生邀请参加这个活动，第三年，又是，张老师有些推托和不解，结果第四年又接到邀请电话，张老师拒绝了。我真是佩服第一个邀请者，他为后来的学生们确立了一条顺利、成功的路线，结果后来者都遵循懒惰、安全的生活守则按惯例执行了。

前几年去贵州黔灵山公园游览，见门里门外，人声鼎沸，少有山水的宁静。忽然想起，我们传统社会的价值观是：人间是天堂，亲情即宗教。这与古希腊哲学家芝诺所开创的斯多亚派有着截然不同的价值观，他们主张淡漠人生，我们是肯定人生。

一部庞大的史诗，作者用两个爱情故事串了起来，一个是兹贝什科与丹露霞，这是幻想中的爱情，天堂里的相恋，他们并没有过多的接触，兹贝什科愿意为精神世界的完美信守一生的恋情；另一个是兹贝什科与雅金卡，这是人间才有的两情相悦、活泼、热烈。然而作者让兹贝什科更多沉醉于前者，这也表明了作者高尚、纯洁的心灵世界。这两种爱情如同两个不同的圆圈，似乎也暗示着两种不同的爱情类型。于是，此书绝不仅仅是一部简单的战争小说，它还有对人性的深入洞察。

◎ 到一个城市，买本书做纪念

"明天，2016年就要来了，又一个三天假期在召唤我们。或许您已经悄悄溜出办公室，乘上前往远方的列车。三天的时间，足够一场短途旅行吧。"这是《中国青年报》辛酉生撰写专栏"读行"的最后一期《向远方》开头的一句。这正好契合了我用一个周末苏州游玩的心情。高铁让旅行便利。这次是我第一次周末出京游，我选择了苏州，先去了虎丘。

小时候，父母房间里有两个大块的方镜，向下倾斜着挂在墙上，镜子上方分别印着两幅彩色风景画，一个是颐和园，一个是虎丘。小时候，我仰着头，不知是什么意思，不久知道了颐和园，但"虎丘"却一直费解。一个奇怪的地方，与老虎有什么关系？这次得见，游览后的惊异感与之前的平淡想象形成了巨大落差，好一个历史如此悠久的圣地，我竟浑然不知。这次，还有什么吸引我来苏州呢？当然是诚品书店。11月29日，刚刚在金鸡湖畔开张，它成了我内心隐秘的指南针。从老城区自驾车到苏州工业园区，一派现代化新城，与老城区形成鲜明对比，转了一圈找停车位。进了店，发现人很多，而且看打扮，与外面的人群截然不同，诚品书店俨然成为城市新阶层的分流器，大家穿着时尚、洋气，一副有钱有闲的模样。书店太大，我选两层来逛,在有限的时间里,我随意选上几本,心里盘算着带回去送给办公室的年轻人,他们欢快的笑脸充满我的心房。选了克里斯蒂、德波顿、于斯曼、黑塞的几本,送完别人,自己也要留本啊,凭直觉选了两本《巴黎速写》。小开本很薄。书店有印章专门打上"诚品书店2015.12.19苏州",我高兴地将书收进包里,想着送给年轻人时,他们内心的喜悦。

后来看学者李欧梵的书,说他有一次到香港诚品,在人文书架处,买者寥寥,于是他站在书架旁,心想,凡是来此买书一本的人,自己赠他一本。可是,站了很久,也没有人来买。大概只有读了人文书的人,才知道它的好吧!

虎丘与诚品带给我丰富的一天。

于斯曼生于19世纪中叶的巴黎,比左拉小8岁,那是一个只有伯里克利时代的雅典才有过的时期,它让人想起巴齐耶的画:《巴齐耶的画室》。

在日常生活中,可以见到很多表现巴黎街头风景的画片。有的挂在主人客厅的墙上、有的印在日记本上、有的落在电脑的屏保上,塞纳河、卢浮宫、法国梧桐显得优雅、惬意。看此书,真是大开眼界,在那时的艺术家眼里,绘画与文学是相通的,就像我们的书画同源。于斯曼将一副巴黎街景用文字描绘了下来。此书完全可以做初学写作者的教科书,他完全在用文字作画。其印象派的风格完全与左拉的《小酒馆》(我完全搞不清现实主义写法与自然主义写法的区别)写法相对比,两种写作风格真是迥异。于斯曼老老实实去写巴黎的游乐厅、洗衣女工、理发师、海狸河,尤其是人物描写:

冬日的早晨,他已见证了多少悲喜剧,多少小说的序幕,

多少故事的收场，不管是冷得发抖还是冻僵，黎明都会照常升起！（《卖栗子的人》）

如果不能时不时地抓住一个把手放在别人口袋里的扒手，生活将会无聊得无法忍受。……是什么样的伎俩让这两个素昧平生的人一言不发，却不约而同地一前一后下了车，并在同一个街角转了弯。啊！既然不能运用声音和动作，那么一条偷偷摸摸靠近的腿，又能表达出怎样一个炽热而让人想入非非的信号？（《公共马车司机》）

而理发师喘着气，因为筋疲力尽而像牛一般地呼着粗气，然而又一次冲向你的脑袋，这一回用一把小梳子把它刮净，同时用两把刷子不停地擦来擦去。（《理发师》）

大概于斯曼早就想到了这些人不久都会死去吧！他们存在于这里，只是种种原因的偶然，他们受着更大的、宇宙间的力量的左右，但他们不知，还在不敢停歇地劳作着。"六个孩子，他们的胃口好着呢！劳动，再劳动！没有闲暇，没有懈怠，她在泥中跋涉前行，推着她的小车，并尖声叫喊着：货来了！"（《轮回》）

读完《巴黎速写》，走在马路上，忽想，眼前的所有人，两百年后全要死掉吧！然而没有人为这样的事实流泪，就像人们会在年终感叹"又过了一年！"就像没有人为一天的结束而叹息一样。难怪书中流露出凄惨、神伤的思绪，大概永恒的只有书页里诚品书店打上的蓝色圆戳吧……

◎ 一个女作家对人性的洞见

每个人的内核都是这样的吧："一个缺少力量、自信、轻快的我，一个幼稚的、胆怯的、平庸的我……"是什么外在的力量将这样的"我"改变，有的变得坚硬、有的变得虚荣、有的变得毫无力量？我曾经遇到一个中年人，他给人的印象是果断、刚强、说一不二的，但是他说自己其实很怕与人见面，曾怀疑自己是否是"自闭症"。说出那段话的是法国女作家萨冈，这个18岁写出《你好，忧愁》的人。她的《枷锁》虽然不长，但是极力探究人性的内核，将一个庸俗的故事极力挖掘，表现出了一个女作家对人的洞见。于是一个特定社会、特定时期的故事有了永恒的、普遍的意义。她试图挖掘日常生活一言一行的意义和价值，捕捉点滴行为背后的普遍情绪，展现了一个女作家细腻和深邃的洞察力。

故事讲的是"我"，樊尚，结婚七年的一个男人，与妻子劳伦斯的故事。"我"是一个钢琴家，投入音乐创作，但始终默默无闻，终于因创作了一首乐曲，风靡社会而获得巨额收入。于是，这种生活外表的改变带来了与妻子的冲突和对自己的深刻反省。妻子劳伦斯，其父强势，创造了财富，富家之女的劳伦斯年少时目睹了虚荣的父亲对母亲的冒犯和伤害，于是，在伴侣的选择上，为了避免其母的悲剧，选择了软弱的钢琴家做丈夫。觉得"我"没有成功，不谙世事，不会对她构成威胁。七年中，劳伦斯只是一个拥有者，是一个"一心恋着猎物的维纳斯"，她不知道什么是爱，只是享受着"拥有"的安全感。而"我"，樊尚，是一个真正懂得爱的人吗？"我"是独生子，父母早早去世，急于寻到一个避难所，七年里，"我"被妻子渐渐剥夺了很多，自己一步步退让，最后发现自己已经毫无立足之处了。自己也曾对劳伦斯说"我爱你"，但那仅仅是"我"认为，"我"想要这么认为。最后自己的巨款，被妻子和岳父侵吞，自己忍无可忍，决定要冲出这个牢笼，而就在将要出走时，劳伦斯惧怕得不得了，她害怕丧失一个拥有物，原来这个看似强势的女人比"我"更加依赖这种关系，她跳楼自杀，原来妻子和"我"共同织就了一个牢笼，她比我更加害怕牢笼之外的世界。

小说不仅探讨了什么是爱，同时也指出，每个人在生活中，出于种种不可知的原因，习惯将自己置于一个牢笼中，在其中获得满足感、安全感，只不过这个牢笼因人而异，枷锁不仅给人束缚，同时也给人安全感。冲出去需要极大的勇气和胆量，同时充满危险。这种牢笼是每个人不经意间编织起来的，来自每个人独特的经历和长时间的习惯，还包括感激、兴趣、惰性。

小说将故事放在一对结婚七年的夫妻身上，这让我想起自己看的另一本小说《七年》，也是描写感情危机，他们观察得同样细致入微，都是将日常生活进行分析，但得出的结果是不一样的，这一本小说，是观察到了两颗心灵结合的方式或结构。那一本是探讨理性、秩序对两人感情的影响和扭曲，这些都不是眼睛所能观察到的。

当你发现一个结构的时候，你会发现它隐约呈现在所有两人关系中，正如书中所说："我听到的不再是樊尚、劳伦斯的故事，而是一个男人和一个女人的故事……"这再一次证明了人类是渺小、胆怯的动物。人们渴望从他人身上获得依靠、安全感，以消除掉人自出生就被赋予的生存的焦虑。由此，人是可怜的、值得同情的动物。这样的关系，还可以迁移，婚姻、友谊，同事关系，都会呈现出同样的轮廓。

书中，作者变身男性，不断自省，虽然有些生硬，但是，读来真切感人，作者犀利的洞察十分了得，"你会怎么样？你将如何生活？在哪里生活？你会做什么？你能做什么？你如何能够承受艰辛的工作和生活？"

多年前看企业家潘石屹的书，里面一句话印象深刻：亲密的朋友关系一定是奴役关系。我们都想从关系中获得我们自己想要的。我们需要亲密的关系，正是内心脆弱，缺少力量的证明。书中夫妻的独特关系可以换成身边的同事、朋友、兄弟的关系，同样适用。西方印象中的东方，对权力充满迷恋，我们的社会也的确热衷构建关系，人与人之间的关系，近了，必然是权力的体现，如此说来，我们不难理解，我们少有独立的人格。权力与关系必然扭曲人格。知识不等于文化，文化最终体现在人格上，优秀的文化滋养优秀的人格。

樊尚忍受了七年，这种关系也是自己选择的结果，为什么最后无法忍受了呢？除了妻子和岳父侵吞了自己的巨款令"我"愤怒之外，小说一开始的一段话，还是括号里的，大概给出了答案："我在七年内读的书恐怕要比整个少年时期读的都多，尽管那时的我沉迷于文学"。这大概暗示着自我意识的觉醒。

　　作者还借主人公之口说出了人性的本质：简而言之，她自认为，且别人也认为，她与她本来的样子恰恰相反。人们总是拒绝自己，狂热地要做自己的对立面，小心隐藏，时时翻新；如果人们质疑的正是自己的全部，那么他就只能变得残忍和危险。由此，本书讨论的话题是一个本我被外界压抑、扭曲的话题。

　　既然是小说，书中自然还有很多细节让人玩味，颇能体验作者的心境。如开始部分，写汽车刮水器，推开两堆树叶的描写；还有巴黎9月温柔得难以抗拒的夜晚；还有比罗沙的画和贝多芬的七重奏；作者还试图将家庭聚会写得丰富和跌宕起伏，但毫不掩饰的自我赞许又暴露了作者的小气和才华的有限性。

◎ 享乐，是一种很高的智慧

西方的文艺作品丰富至极，这一点，很羡慕。偶得英国作家吉辛的随笔集《四季随笔》，忍不住地想读。首先它让我想到维瓦尔第的小提琴协奏曲《四季》（一共12部，前四部分别命名春、夏、秋、冬），一共12首，让人想起冬天温暖的木屋、夏天宜人的树林，只可惜现在赶上工业化，生活方式也被工业化了。东西好是其次，重要的是独自享受！现在很难，在我们这个社会更难！忙碌被推崇，业绩被崇拜。当然，柴可夫斯基也有一组音乐《四季》，是钢琴独奏。去年，爱人喜欢手工，她辛辛苦苦粘贴了一幅珍珠画——《四季树》，当时，我坐在沙发上，立刻被其惊艳、幽深的美俘获了：一棵大树加上倒影，被分成四部分，四种颜色，分别代表树的四季形态。我让爱人将这幅大画放在电视旁，多美啊！有了音乐、有了画，这不又遇到了文字版的"四季"？

文学一般被认为是有钱人的爱好，但是辛吉一生穷困潦倒，受父亲影响，他一生喜爱文学，并早早立志投身文学创作。以上这段话读起来多么惯常，在书面语里一点也不新鲜，据考证，辛吉最早立志写小说是在给弟弟的信中，当时他23岁。但是现在我再写这句话，却怀有一种对其高尚理想追求的敬佩和对

"我"、对当下年轻人的轻蔑和惋惜。

他承继兰姆的随笔传统，于春夏秋冬中流量出自然的心性。他自称是一个彻底的"自我主义者"，书中将价值指向大自然和书本，掩饰不住的热爱，所有的文字波澜不惊，如小股泉水从心中缓缓流出。辛吉不喜欢穷人，厌恶服兵役，认为"教育仅对少数人是可能的"。吉辛用自己的感官和一颗心感知着身边的细小事件，将他们仔细打量，慢慢处理、消化，最后变成自己生命的一部分，将他们变得有意义。"一天几乎不断下雨，但是在我却是高兴的一天。我吃过了早餐，正在看德文地图（我多么喜欢好地图呵！），查我所计划着的远行的路线，这时有叩门声，M太太拿进一个棕色的大纸包来，我一看便知道里面是书。……"

辛吉在《四季随笔》中谈论菜肴、政体、青春、科学、死亡、性格……用舒缓的语气谈，这一切都是作者的一部分，而不是身外的研究课题，辛吉将笛卡尔的二元论巧妙地否定掉了，所有的话题都与作者融为一体，如果排除某一个话题，作者就不再是这个"辛吉"了。继承笛卡尔二元论的倒是我们社会，自身的贫瘠不足以消化外在的客体，唯一的办法就是"再加点力"。辛吉讲：

我们必须区分两种不同的智力，一种是属于脑的，一种是属于心的，我认为后者比前者重要得多了。我小心着不使自己说，智力无关紧要；傻子令人厌倦，也同样令人憎恶。但是我所认识的最好的人，确实不是因为智力，而是因为心肠免于愚蠢。他们来到我面前，我看他们很无知，有很深的成见，可以有最可笑的错误推理；但是他们的脸面闪耀着至高的美德：仁慈、和蔼、谦虚、慷慨。有这些美德，他们同时也知道怎样运用它们；他们有心的智慧。

对于身外知识的获得，最终不是靠脑，而是取决于心的饱满、丰盈程度，这样会产生一种做知识主人的尊严感、愉悦感，如果是一个贫瘠的心，靠聪明的大脑，即使获得也是短暂的，长久下去，人会成为知识的奴隶！这就是"慢慢来"的缘由吧。要想获得一颗丰盈的心，文学、艺术、情感才是根本的，这就是"要用心"而非"要用脑"的缘由吧！

生活中，我幻想着电线变成树枝，电脑变成花丛，房子变成天宇，那样，让我慢慢体会辛吉的智慧：

我料想是我血液中的清教徒，阻止我不坦然承认：我现在所要做的一切只是享乐。这是智慧。求得学识的时期已经过去了。我不会糊涂到使自己学一种新语言；为什么我要使我的记忆中满储关于过去的无用的知识呢？在我死前，我还要读一次《堂·吉诃德》。

这段话让我再次思考人的一生应该怎样过，辛吉的智慧让我想起《你往何处去》里的贵族学者彼特罗纽斯。既然人一生很多东西都安排好，如生死，不如欣然接受，不必大惊小怪，重要的是采取什么样的态度去接受它。几年前，我厌倦了旅游，见到一句话：你要将看到的形成观念。我茅塞顿开。现在，吉辛的话让我知道，自己的智慧还不够，还不足以使经历变成享乐的过程，我仿佛又有了努力的方向。

若不是永久，也是很长的时期中，科学将是人类的无情的仇敌。我看到他毁灭生活的全部单纯和温和，毁灭世界上一切的美；我看它在文明的假面下恢复野蛮；我看它使人的心智昏暗，使人心无情；我看它带来大规模的冲突时代，这将使"旧时的千战"黯然失色，算不了什么，而且多半将使人类一切千辛万苦的进步，淹没在血浸的混乱中。

身体的疾病不是坏事。认为它是自然过程中一种自然的结果。痛苦是满可以忍受的，我们安慰的是，记住它不能影响灵魂，灵魂是永久性的。身体只是"心神的衣服或茅舍"。让肉体受痛苦去；我，本我，要站在一旁，成为我自己的主人。

艺术是人生妙趣的满意而持久的表现。

为什么我们吝啬赞美，因为我们欣赏力缺乏，我们少有思考。

这是一个"有这样好人在其中"的世界"，如此说来，这个世界还是值得去认识的。

我愿意将死看成朋友，它使我现在享受的平衡更为有力。我在世界上觉得不安心的时候，死会是很苦的；若是我发现我没目的活了一生，终场会显得突然并无意义。

我的成功越大，我的雇主越多。我是一大群人的奴隶。

花像征着一大解放，一大觉醒。

生活将我所要求的完全给了我……比我一向所希望的要多到无限……

此书唯一的缺憾是：序言过长，喧宾夺主，煞了风景。

◎ 博登湖

我读瓦尔泽的《惊马奔逃》，是因为我了解到作者居住在博登湖畔，小说的发生地就在博登湖。我想通过这种方式回忆和认识我曾经漫步和眺望的遥远旅途。多年前，我到这里旅游，邂逅了这个美丽如画的地方。过去的日子是幸福的日子，追忆博登湖成了我美好的回忆。去年，我又从《集邮》杂志获悉，建于1856年的林道灯塔印到了邮票上，一套两枚，那洁白的灯塔，曾经给我留下深刻印象，是博登湖的标致性建筑。平静、清澈的湖水、远方起伏的淡蓝色山脉、一尘不染的石砌砖道，还有那个尖顶的印着花的市政厅，宛如画中。这里每年6月邀请众多诺贝尔奖得主齐聚，，并遴选世界各国青年学子，搭建他们交流的平台，其中一项就是共游博登湖。

我急着找关于博登湖的风景描写，然而此书，将视角一准对焦到人物的内心世界，，还好，直到后半部，写两个男主人公泛舟湖上，才有了一段阴云笼罩下的博登湖的描写，算是如了我的心愿。

人的好奇心，有两个去处，一个是客观的自然世界，一个是人自己的内心世界。小说很精彩，写两对夫妻，在博登湖偶遇，两个男子是中学和大学的同学，有二十多年未见面。二十多年正是一个人进入社会到达中年的时间段,这没有交集的时间,时间化作阅历,给了两个人不同的东西,这些外在经历作用在本不相同的内心转轴上,于是相去甚远的两个人呈现了出来。一个滑入内心世界,不愿暴露自己,只想通过阅读,一种深层次的交流来满足自己;另一个,生机勃勃,喜欢冒险和入世,娶了一个小自己18岁的妻子。我还注意到,一个细节,注重内心世界的,父母早早去世了;另一位父亲90岁还很健康。然而这两位在另外一个人看来,却是另外一个平面。前者有冷静、坚定的举止,理智、稳健、平静的内心;后者像个孩子自大妄为,看不起别人,本领超强,其实生计都很难维持。

这是中年以后,有了足够阅历,每个人都会向自己提出的问题吧!应该回到内心世界,还是冲到身外世界。作者将自己放入小说塑造的第一个人物中,仿佛表示更偏重于前者吧!后者能够凭自己在活生生的世界里练就的本领拦惊马,但在暴风咒语的博登湖上还是丧命了。外在世界不仅充满危险,而且多是假像。像小孩子一样的虚荣心终究是一种不成熟的标志,不敢承认自己内心的渺小,害怕成为一个失败者。但是作者为了不以己度人,还是将倾向性的指针滑向了两者的中间地带,于是,后者,奇迹般的复活,谈不上人应该怎样。

中年就是在这两种极端中反复较量,浮士德不是也无法忍受复杂的内心世界,去开创现实的幸福吗?两个人集中在一个人身上,这也许是每个人都用的两个自我。一方面向往勃勃生机的青年,谁不想逞得一世英雄,一方面潜意识的自我不断成长,外在的表像不再那么吸引自己了。两个自我仿佛生命里的交叉线,中年正是相互交叉之处。而且,我发现那种展现勃勃生机的现世者总喜欢裹挟别人，表面是自负，其实是恐惧，有个人相伴，做拐杖、做依托，看看上一篇《枷锁》就清楚了。我不禁感慨，这世间，人与人的关系，也可以用数学公式来表达吧！这样的发现不亚于勒维耶计算出海王星。

既然人的行为来自人性，是每个人都共有之的东西，那么人的成长就是顺乎人性的发展。外在的强力影响，就要警惕，比如，梦想，这个我们社会过度谈论的词语。仿佛它是每个人应该有的，没有，就是一种缺憾。每个人顺乎自己的发展，保持反省的深度，远比一个说不清道不明的梦想要好吧！尤其在我们这个缺少辩论和深度思考的民族，梦想容易助长欲望、盲从、现世情结。

关于不同的性格还可以提出很多问题：过分现世的人是否内心贫乏？过于自省的人是否又太封闭？自省得来的印象难道就是真实的吗？他人的看法为什么呈现那么不同的结果？科学家探究自然世界，艺术家呈现内心世界，那个性欲不强，有读写癖好，喜欢慢跑，愿意远离喧闹人群的人不就是读此书的中年男们吗？

小说的叙述多是对话，生活的细节，犹如一幅展看的画，在平静的推进中，有两处激烈的描写，一个是拦惊马，但着墨不多，一个是湖中翻船，下足文字功夫。将这两段，一小、一大均匀地置于文章中，呈现了一种结构的均衡，也与内心的潜流形成一动一静的对比。尤其拦惊马，可说是神来之笔，看似与文章毫无联系的事件，惊马怎能与博登湖和中产青年男女相提并论呢？但是妙就妙在这没有联系上，假如换成主人公奋勇抓小偷或救治路边的重病者，是否又太过世俗、老套？拦惊马，一下子脱离于人的社会,有了一种超拔感,证明了主人公纯粹的精神和身体活力。那为什么不是疯牛或毒蛇呢?一个莽撞、力量过大,一个鬼魅、恐惧,都不能体现人的健康之美。另外这种平地起惊雷式的惊险为之后湖上更大的惊险做了铺垫。

◎ 魔术师的漂亮衣襟

看石黑一雄的《浮世画家》，感觉像看一个魔术师表演，一个面相白皙的人站在舞台上，双手向两侧伸直，除了宽宽的衣袖，素雅的气质，他向人们展示：看，什么也没有吧？可谁知，他的漂亮衣襟里藏了那么多东西！这就是小说啊，对呀，小说就是魔术师啊：有故事，有形式的美，有观点，有价值取向（关于社会的，关于人生的），有人性的剖析。真是不得不佩服作者。

"我"，小野增二，一个曾经取得巨大艺术成就的浮世绘画家，曾到国务院的艺术委员会供职，是个有信念和热情的人。退休后，很少画画了，"我"有一个大女儿节子，已经结婚，并有一个小男孩，二女儿仙子的婚事是父亲一直操心的，这主要因为一次订婚失败的教训，"我"和大女儿都很伤心，于是，"我"开始拜访老友，学生、原来的老师。那些人物和地点勾起他对过去的无数回忆。作者总是写着、写着，就收回来，说自己扯远了，再从头讲自己的家长里短。为仙子张罗婚事，就像魔术师的漂亮演出服，从开头到结尾，整整齐齐，故事讲得矜持、含蓄，一种将故事拖到结尾的本领，中间节奏把握匀称，娓娓道来，像是一位大叔在拉家常，让你觉得这样的故事，不可能开拓出什么大的主题。神就神在作者的回忆，一段一段的回忆，像跑了题一般，总能回到家庭琐事这棵大树上来。于是一次次跑题，像演员袖子里的道具，被神奇地变了出来。这里有自己最早学画的老师，松田，他主张艺术应该积极促进政治，主张战前的日本应该积极发动战争，"我"与老师的观点相左，不久就跑到另一个更有名望的老师门下，当然，这种离开也包含着艺术上的追求。毛利君，是"我"的第二个老师，但却对现实不闻不问，艺术成为逃避现实的管道，我再一次离开，其间还有在松田门下认识的同事"乌龟"。后来，自己也开始招收学生，黑田是自己最得意的学生，是一个十分激进的年轻人，这已经是战后了，自己选择了揭发和背叛。这里涉及艺术观、政治观，文中还借外孙、一郎之口提到野口由纪夫，这自然暗指日本战后自杀的艺术家三岛由纪夫。可见，日本发动的战争使一代代年轻人纠结着。

作者就是这样在舞台上随着曼妙的音乐起舞，按着自己的节奏，伸展、舞蹈四肢，一个个观点、一个个片断被抖搂出来。作者都是通过回忆来展示的，这使舞台有了一种历史感，同时增加了表演的艺术性。

如果说这种表演主要为了展示艺术观、政治观，那就错了。作者不会那样功利和狭隘，作者通过主人公表现出来的追求自我，拒绝平庸，不被权威所挡，而且独立思考，敢于冒险的精神，贯穿了整篇小说。小野增二最后取得巨大的艺术成就，就是通过勤奋的学习，又在关键时刻自己探寻出路而得来。这样的话语仿佛给每一个上进的年轻人：

我们有一些大胆的举动，做事情经常过于投入。这比起因为缺乏勇气或意志力，而从来不敢尝试自己相信的东西来，肯定更值得称道。当一个人从内心深处产生信念时,再犹豫不决便是卑鄙的了。

如果说有一件是我鼓励你们大家去做的,那就是永远不要随波逐流。要超越我们周围那些低级和颓废的影响……

经常有人口口声声说效忠,盲目地跟从别人。而我,不愿意这样度过我的生命。

还有这两句:

年轻的时候,会觉得许多事情看上去都是无聊、无趣的。但是年长一些,就会发现这些对你来说才是最重要的。

当一个人辛勤工作,并不刻意追名逐利,只是为了充分发挥自己的聪明才智时,名利就会在不知不觉中找上门了。

还有那共同的人性,结尾处,小野回忆自己获得绘画大奖后,在庆功会上并没有成就感,然而,自己兴奋地独自前往离别16年的老师毛利君的家,在小山坡上,一个人只是远远地看着,自己买了几个橘子,一个一个地吃着,他感到了"深深的成就感和满足感才开始在内心升起"。"那是一种付出艰辛,战胜疑虑,自己的努力得到了公正的承认"。还有小野看到外孙的模样像自己的儿子,由此想到"细微的遗传","我们并不是只在孩童时期才接受这些细微的遗传……我的某些举止特征……我解释什么事情时的手势,我想表达讽刺或烦躁时的语气变化,甚至我喜欢使用的、别人以为是我自己发明的整句话语……我发现都是从我的老师那里学来的",这让我联想:一个人在社会、家族历史长河中,有多少东西是自己所特有的呢?我们唯有打破时空界限,接受更优秀人的观念,来塑造自己吧!

将此小说与上周读的《枷锁》对照,会发现东西文化的差异,西方的艺术更在于你看到了什么。那手术刀似的眼光将自己深入的观察呈现给你，对人性和社会的洞察如西方绘画的写实传统，其外在表现形式并不刻意追求；东方艺术则看中如何展示的，追求形式的美，关系的和谐。另外，家庭是东方人的生活空间，是安全、牢靠、不能缺少的；而西方，让人与人的关系，尤其是家庭关系，在不断的审视下，都呈现出危险。另外，人分三段，神性、兽性、中间是联系两端的"思辨"，《战争与和平》只写了人的中段和上段，《人体》写了下段和中段。《寂寞芳心小姐》着重于上段和下段。东方小说集中在中段，而且是单面的，追求展示一种美，如《洗澡》《浮世画家》涉及上段和中段，但是思辨和神性只是点到为止，倒是展示了一种中段的形式美。缺少美，又缺少思辨的，当数《额尔古纳河右岸》；《雨王亨德森》是写中段的，多是思辨。这就是我的"小说"三段论理论。

  一个五周的寒假就要过去了，按计划读了五本小说。我不知是否辜负了生命，浪费了时光，不知道还有什么可以让珍贵的时光更加有意义和价值。今年冬天是少有的寒冬，一切都在沉静地默默逝去……

◎ 年轻人，我对你说什么？

一本制作精美、独特的小书来到了我的手边，淡蓝色的书面，中间印着一幅小的钢笔画。除此，在没有任何东西了。这就是美国插画师布莱克曼写给年轻人的《亲爱的詹姆斯——写给年轻插画家的信》。23封信，以写作日期为标题，22封写于1984年，最后一封写于2008年，作者已经78岁了。詹姆斯，是作者虚构的名字，我想，这本书也是作者写给年轻的自己吧。一个人老了，谁不怀念自己年轻时候呢？

我现在还没有到那个年龄，但跟年轻人接触多，我自然也有很多话要说，但是这是多年前的时候了，现在，我已经丧失了对年轻人想说点什么的欲望。我假设，自己22岁，还没有毕业，我能对那个年轻的自己说些什么？那个现在来看走了很多"弯路"的人！22岁的自己之所以是那个样子，好像早在童年时期就已经确定了。我还有必要说吗？我回忆自己的成长历程，哪些东西给我留下了深刻印象？哪些对我的人生产生了深刻影响？没有，我满意那个时候的自己吗？什么样的自己能够让我现在满意？想这些问题就像爱丽丝掉进了地洞，很深，并且里面有一个神奇的世界。年轻人的成长是一个自己探索、寻找的过程，再好的人和事，也是锦缎上的一缕丝线，织在哪里是不定的。我倒是想起，刚参加工作的自己，迷茫、不谙世事，厌恶周边的俗人，倒是很喜欢跟一个玩心很重的摄影师为伴；我还曾被一个好心大妈领到家，为其女儿修电脑，结果话语粗俗的男友让我对其女儿失去好感；我还曾被一位能闯敢说的兄长迷惑，结果在婚礼上，见识了他的吝啬和新娘的鄙俗，我又失望了；还有一次，我偶然被叫去和一位工人师傅吃火锅，白吃白喝的这顿让我内心温暖，可是，除此之外，贫乏的语言让我觉得他很无聊。我像贝娄笔下的《寻找格林先生》里的主人公。误打误撞上的这些事，过去多少年了，我还记得，当然更多的事情都忘记了。现在来看，这算重要的事了吧！可是当时，我却没有什么更深的感受。它是否重要，要由20年过去之后的我来确定。当时的我，怎么知道这些琐碎的事会给我留下深刻印象。他们中间，没有一位大师，甚至连老师都不是。我开始怀疑那些对你说"这将对你人生产生重要影响"的话语了。

正巧，一个年轻人要来聊天，恭维我说一个"人生重大决定"，让我来把把脉。我只问他一个问题，多大了，答曰：34岁，我心里盘算着，还早，没到但丁那般步入森林的年龄。

最近，我终于对柏拉图的"洞穴喻"有了深入的认识，年轻人，就像面墙而坐的人，此时，太阳光还不明艳，墙上的影子还不清晰，年轻人对墙上的投影充满好奇，正左右摇头期待影子摇动得更好玩儿，他自然对太阳很不感冒，年轻人得等玩够了影子把戏，通俗讲，得虚荣一把，他才会有可能被哲学家唤醒。这个来聊聊的年轻人，无非让我说说影子的故事。将来能否见太阳，还要看他自己的造化。当然，影子有影子的好！这就像一瓶水，所谓的"指点"，多是说说瓶子的样子，这在现在多指谋生、生计。关于瓶子里的水，我们很少有人关心。我倒是相反，看到一个个条件优越的年轻人（要么能干，要么赶上现在大发展的好时候），关于生计、发展，没必要给他操心，最终要给建议就是"不管"。关于瓶子里的水，内心的东西，我倒是感兴趣，可那是潜移默化的，怎么能一下子说道位。年轻人的路归根到底要自己走，自立，是最重要的人生课。如此说来，关于内心，我也没有什么要说的了。

类似写给年轻人的书，还有汉宝德、蒋勋、龙应台等。所有这样的书或信，首先是写给自己的，年轻人没必要信，拿来读读，有意思最好。倒是冰心的话，我近来很欣赏：年轻人，相信你自己吧！

书中讲了很多文学大师"成功"之前的故事和心态，像看木偶戏，揭开了幕布，看到了台后的道具，作者忍不住推荐了《魔山》一书，还讨论了夏加尔妻子的《燃烧之光》一书。好的荐言，多是注重内心世界，但不排除现实存在。作者信奉歌德的一句话，就像我现在信奉冰心的那句话一样：无论你做什么，或者梦想自己能够做什么，大胆去做吧。勇气本身就包含了天赋、力量和魔力。如果我要对年轻人说，我想说：是你自己的想法吗？如果是，我都支持。缺少冰心的诗意和歌德的"推背感"，但更强调"独自"。

布莱克曼的书对我还有一个价值：它将我引向了里尔克的书，这会在此后几周提到。

附：独个儿（黑塞）

世界上尽管有许多／大街小巷／但全都通往同一个殿堂／或策马或驾车／你能邀伴同行／但最后的一步／却靠你自己完成／因此最高的学问／莫过于斯言／把一切困难／独个儿承担。

◎ 开着几朵花的桃树

久读《中国青年报》，渐渐地发现，自己的渴求与报纸合拍了。最近，有两次，自己内心有了小心愿，都及时地在中青报上找到了答案。那一刻，很神奇，带给我一段绵长的喜悦。好像有人知道我想要什么似的！心底的渴望，本来并不明确，也没有急着寻找，看到那篇文章，它首先让自己发现了自己的心愿，其次才是给出了答案。《给青年诗人的信》就是这样来到我手中的，我已经读过两本里尔克的书，这一次本来不急着看，但是，它还是吸引我翻遍全书。

这是几封信，并不长，是里尔克29岁时写的，真奇怪，那时他的自我意识如此清晰、明确。好像懂了很多东西，至少比我早十年，不，二十年！里尔克写的是关于内心的成长，是潜意识，绝不是外在的技能的获得，所以此书具有了普遍意义。

第一封信，写你应该向内看，因为"没有比向外看和从外面等待回答更严重地伤害你的发展了"；第二封信提到反讽的重要，并推荐了一本书；第三封强调要随时听从自己内心的声音和感觉，像树那样成长，这才是艺术的生活，并谈及艺术与性；第四封写职业、寂寞、成长与性，他说"你身边的都同你疏远了，其实这就是你周围开阔的开始"。"职业是很艰难的不容易对付的,因为它被广大的习俗所累……"第五封谈到罗马的台阶;第六封谈到所有的职业都一样,一方面被广大的习俗所累,一方面是"枯僵的,跟生命没有关联……";第七封信写爱是艰难的,青年还不能爱,要开始学习,并独自承担;第八封信写年轻人普遍存在的怯懦、恐惧,并大篇幅分析,说外在事物是内心的恶龙,只有勇敢面对,克服自己,才能让恶龙变公主,其实恶龙才是无助的,是等着我们救助的对像。年轻人要学会真实地生活,不要被欺骗和隐瞒;第九封信写人应充分忍耐去担当,单纯地去信仰,体会、感受艰难的事物和自己的寂寞;第十封信再提寂寞、真实地生活。

此书翻译冯至,在序中将年轻人的状况做了形像化的比喻:梵高的一幅题作《春》的画面:那幅画背景是几所矮小、狭窄的房屋,中央立着一棵桃树或杏树,树丫上寂寞地开着几朵粉红色的花。年轻人的环境是贫乏的,但自身却流动着生命的汁浆,充满新鲜的枝干,但社会是腐旧的,他们想找人诉说,但寻找却一定是失望。

我觉得冯至将年轻人的状况算是了解透了,这幅画也一下子印在了我的心里。要想回避那种艰难,里尔克说人人都想回避,逃到习俗里去,最安全了。可是那样,里尔克警示到,那是不真实的生活!谁若是真实的生活,就必须脱离开现成的习俗,独立成为一个生存者。真实的生活,里尔克称为"伟大""艺术"的生活。一百年过去了。我们大城市里的现代人习俗少了,科技多了,又筑起了新的避难所,根源就是人们的内心恐惧吧。

里尔克说,我惊奇地发现大多数都瞒着和骗着,生活在不真实的环境中。因为真实的生活太艰难了,充满广阔的寂寞,生活之所以艰难，因为生活是简单的。进一步说，这种真实的生活，就是时刻注意自己身体的感觉和内心的感受！

为了让生活丰富，年轻人应该学习建立内心的多棱镜，这样，简单的观察，能够折射出多样的光，要不然，只有习俗，这一面镜子，这是真正的贫乏！

里尔克还说，年轻人热爱生活就像爱一间锁闭了的房屋，或是一本用别种文字写成的书。你还不能在生活里体验到它们。一切都要亲身生活。年轻人的可爱也许就在这知与不知之间吧。

年轻人是最容易向前冲的，也就是随波逐流，如蛇吞像一般吃下去很多消化不了的东西，这些吸引人的东西里包含了价值观，也就是习俗。所以年轻人是最世俗的，你是否消化得了和辨析得清，要看你有多少消化液，是否有一个良好的肌体。年轻的时候，打下一些人文的底子，就是垫下反省的基础，什么时候开始消化这些了，要看你内心的营养和人文的底子有多厚。反省是一种很高贵的品质，并不在所有人身上发生，尤其现在的年轻人，就像年轻人不会爱、不会说"不"一样，这些都是要吃很多苦才能学到的。用反省和进取两种品质来考察人，很有意思，一个高贵、一个务实。年轻容易接受进取，中年容易接受反省，青年到中年，就是进取向反省转变的过程。像莱蒙托夫，那样年轻的高贵，再次证明是少数人的命运，那也许是真正让教育发生的人。

不知谁曾说过一句话：成长是残酷的。是的，里尔克也会同意的。

◎ 怕

记得年轻时曾迷恋叔本华的那句名言"人生就像钟摆，在无聊和痛苦间摆来摆去"，现在觉得换成"在无聊与恐惧间摆来摆去"更准确。看了土耳其作家比尔盖·卡拉苏的《夜》就更有感触了。他以日记体的方式，写了入夜后，街道里的"夜工"受"太阳运动"组织命令在夜间实施屠杀，于是整个城市陷入一片恐惧、暴力氛围之中。

作者的叙事，真是绝了，反正看得我很泛漫，又是不同人的第一人称叙述，如《枯枝败叶》。其叙述像智力游戏，犹如《伪币制造者》。我可没有将其拼装起来的耐心，本来就如梦如幻了，还要费尽心机跟读者搞叙述的捉迷藏。倒是译者序给出了画龙点睛的说明。作者放弃传统小说议论与叙事的分野，继承卡夫卡"将两者纳入幻觉性气氛的叙述中，达到一种高度融合的状态"，"呈现为一种部分清晰、部分模糊的状态，理性和感性紧密交织的状态，而其主题的内核不再有一个遮蔽性外壳，干脆被抛撒到表层，在轮廓线、断层和罅隙中流动"。我的智力招架不住，不过我有我的看点。

作者写这种恐怖，不是集中笔力写夜工的行动，而是写这种恐怖氛围带给自身的恐惧感受，如梦如幻。土耳其是一个在东方的西方国家，大概，这也满足了西方对东方的一贯看法（东方是集权的），关于这一点，我倒没有什么感受，倒是作者写恐惧的感觉、幻想、思绪，那细腻的笔触，逐条的反省具有了普遍意义和价值。我甚至觉得，恐惧是人类生存的基本状态。这倒是让我细细打量起自己面临的恐惧有哪些。看来，我看小说，是想了解人，了解人的感情世界和内心感受。是那些感觉、感情上的共振吸引我，而不是叙述、结构上的复杂多变、逻辑拼图。为什么把小说写成智力游戏？

去年春天，母亲生病，检查后，医生初步诊断十分可怕，再进一步住院检查，是一场虚惊。然而在这个过程中，我的态度极为悲观、沮丧。事情过去了一年，我不断反省自己，为什么自己为她的生病感到极度焦虑。我真的是同情母亲的境况吗？原来，我有几个害怕。我怕死亡，母亲在，仿佛就有人顶着，母亲不在了，死亡就会像一个悬着的球毫无遮挡地落到我的头上；我怕承担责任，作为儿子，我有推不开的责任，责任是重担，天生偷懒是再自然不过的了；我怕住院后面对一堆琐碎的事情，安静、有序的生活被打乱。还好，这是一场虚惊，但我还是怕。

前两天，一年轻人，硕士快要毕业，来倾诉，她怕将来走向社会后，工作对生活的侵犯成为常态，不能像原来一样去看喜欢的戏剧了；她怕自己读书的安静之心没有了；她怕自己到了28岁还不能嫁人，不能挑起生活的担子；她坦言，自己正在度过一段心理的过渡期。

还有一年轻人主动来找我聊天，原来，他获得一个心怡单位的实习机会，重要的是在这个过程中，他获得了一些人的积极认可，仿佛他来报喜的。是的，很多学生离校以后，想回来见旧人，但总希望有一个令人振奋的事发生作为借口。"不干出点成绩怎么见人！"其实，他是怕做不出成绩，怕在熟人面前战胜不了自卑和平庸感！由此看来，倒是一个年轻人，有事没事，顺便坐坐，倒是有一颗温润、自然而然的内心。我在别人的鼓捣下，加入了微信圈，我怕成为剩下的唯一，成为一个被时代抛弃的人，一个精神的孤儿；那些早起的年轻上班族，睁着朦胧睡眼就爬起来，他们怕自己的饭碗丢掉，怕那样的话"不上班吃什么？"；他们怕领导的否定，也许只是一句不经意的不满意表达，自己的心理就会泛起涟漪；在大会上，一切举止尽量保持一致，言行与大家一样，他们怕成为那个众目睽睽下的"一个人"；家里的老人要一天到晚地忙碌，因为他（或她）害怕静静地坐下来，孤独会来敲门！校园里，年轻人去饭厅，总想找上一个人、一个伙伴，她怕自己一人走总有羞愧感涌上心头；她在上台发言前不断地低声向我说话，她是在缓解自己的紧张感；一个大会前，她将台上说的每一句话都写下来，做了标示，而且，还感到胃有些轻微的痛，她怕上台后，出了丑，承担不起一个被嬉笑的尴尬；一个人上了火车一定要看遍座位周围的每一个人，她害怕陌生的环境；一个人读了很多很多书，不是他喜欢那些书，而是他害怕自己放下书会迎来空荡荡的虚无感；一个人总要尽力保持领先，不管自己是不是喜欢这件事，她害怕自己暴露内心的弱小；一个人身上还有很多的怕，大多数都找不出原因，因为它们更多根植于过去的岁月里发生的早已忘记的事情。

在一个成功学主导的社会里，我们多么害怕失败啊！自己是个弱小的孩子，整个外在世界（多么像但丁想象出来的地狱）

变成狮子的大口，自己无处可逃，处处恐惧，于是随波逐流有了原因。

◎ 晃来晃去的人

每个人都是一个巨大的橡木桶，里面经过多年累积，装满了回忆，它们杂乱无章，互相挤挨着，它们有着大小不一的身块，有着尖锐、突出的棱角，有着怪模怪样的形状，像一堆杂乱的积木。这个橡木桶也不知道这些材料的意义，以为就是一堆毫无价值的陈年垃圾。它们也毫无生气，除了发生的那段时间，也就是被扔进桶里时，它们一直沉默着，像死了一般。直到有一天，一束光，照了进来，它从这些事件的缝隙间穿过，经过一再折射，所有的事物都被照亮了，发出或明或暗、或长或短的光，它们发现了自己的边界、位置，认识了近旁的空间、角度，有的还可以互相审视。这个桶仿佛也变成了另一个样子。那些事件都呈现出与崭新的自己，开始建立与木桶新的联系。木桶像被施了魔法，成了一件神物，从里到外放射出红色、蓝色、绿红的光亮。像睡美人的故事里，三个天使为爱洛公主变出裙子的小木屋。

这就是我读《晃来晃去的人》的感受。这个名字起得太好了，Dang Ling Man，年轻时，谁都是一个晃来晃去的人，看到那么多新鲜事物，可以去胡思乱想，又有那么多时光，无聊着、期待着，也被一个崭新的世界包围着。一个人只有掌握了艺术（绘画、音乐、文学）才会审视、欣赏、探索自己身上发生的事情。然而对于青年人来说，这又是十分贫乏的。除了顺着世俗的既定标准消耗他们的青春活力，别无他途。

贝娄29岁时写的处女作，看，又一个29岁。小说没有连贯的情节，这正符合年轻人的经历，本来是琐碎的事情，是自己当时不能理解的东西。一开篇，就很抓人，他探究美国的硬汉精神，可以追溯到亚历山大，他批评他们不懂得反省。这多像我们社会，经济上处在上升期，有"女汉子"的流行语，同样少有反省意识；他写"早在学生时代，我就有这种感觉，觉得大白天在外闲逛，总有点不太合适"，这种年轻人逛街的轻微羞愧的感觉，贝娄捕捉到了；贝娄写邻居万纳克老头的烟头点着木椅，使得楼里的人们一阵惊慌。最后约瑟夫感到："它的确给了我们一种被搁置一旁、让一整天从身边悄悄溜走的感觉"。这种细微的感触，说得十分精准，让我十分亲切。

其实整本书都给我一种亲切的感觉。原来我自己的个体经历与那么多人接近，即使另一个时代、另一个社会。他写约瑟夫与妻子吵架，雨中落难到吉蒂家，等第二次再来时，他发现吉蒂有了新男友，那雨中的惆怅如一首哀歌；不会被人理解，也得不到安慰，年轻人只有默默地承受，此时他还没有学会享受，还不知人生就是体验；他写约瑟夫讨厌聚会，"好多人聚集在一起，我就感到无聊乏味"，表现出年轻人不俗的洞察力和可贵的品质；他写约瑟夫与富裕的哥哥价值观不同，不愿接受物质帮助，以维护自己的人格独立。我们社会还没有将独立人格当作普遍的追求，有所依靠才是追求的目的；他写约瑟夫在街上看景，想象世界的样子，谁没有过这样的闲散日子？他写穷裁缝范采儿朴素的政治观和生意经；他写约瑟夫面对女仆打扫卫生也要想好一会儿，并抽像地思考一番；他写本来与妻子高兴地庆祝结婚6年，结果却见他摔倒在街上并被救护车拉走；他写与哥们儿斯泰德勒瞎侃，天南海北，但他不喜欢这种没有原则的混日子；他写房东不通知就断电，导致大家冻得不行。最后，约瑟夫相信：真正的世界是艺术的世界，思想的世界。只有一种可干的工作，即想象力的工作。这与贝娄在《雨王亨德森》里的观点是一致的。

他写细节、写感受、写思辨，写尽心灵上最细微的每一条沟壑。他写约瑟夫擦鞋：我把一只胳膊伸进她（姑妈黛娜）的鞋内——居然达到肘部，隔着柔软的皮革我可以感到刷子在挨着我的胳膊擦动。他写人们好斗的原因：我们的愤怒是骗人的；我们太无知，精神上太贫困，因此不知道自己是出于爱、孤独和混乱而袭击"敌人"，也许还有自卑的成分，但大部分是孤独。这与里尔克提到的是一样的：生活是艰难的，因为它简单。

最后的结尾很不"里尔克"，这大概也如实地反映了年轻人的特点，总希望或习惯有所依靠，有所归依……

这样的成长小说有很多，如《约翰·克里斯多夫》，两者对比，此书已没有了那种浓重的宗教味道和神秘色彩，文字清晰、可读，世俗社会的美国不失清新明丽。其对比呈现了不同的时代和社会。

仿佛我年轻时的所有回忆都被照亮了，然而，那时我是贫乏的，还不能掌握艺术，不会审视它们。那个晃来晃去的年龄，我努力辨析着每一件事物对我的意义和价值。

◎ 它让我想起了很多很多

德国70后尤迪特·海尔曼的《夏屋,以后》让我想起了很多,很多……

他写年轻艺术家的心绪,多是无力、乏味、偶然的片段。《红珊瑚手镯》写一对年轻夫妇,男的对自己失去兴趣,以他们祖辈的偶然故事作为衬托;《飓风》写在岛上度假的年轻男女,一段偶然存在的爱情;《索尼娅》写一个男画家对一个不喜爱女子的接近所持的态度;《某种东西的了结》写一个老太太历尽苦难等到的是无聊的晚年;《巴厘岛的女人》写城市里的艺术家群体中一个巴厘岛的女人的失根状态;《洪特尔-汤普森-音乐》写老年公寓里一个老头的孤寂;《夏屋,以后》写两个男女对感情与恋情的漠视、伤感、无解;《暗箱》写一个女艺术家玛丽追求一个男艺术家从有兴趣到失望的过程;《在奥德河的这一边》写一个隐居的艺术家无力待在现实世界、只对回忆偶尔为之的乏味状态。

首先,我想到了上一本贝娄的书,让人投身艺术,可是此书写的都是艺术家,却如此无力地生活。到底是艺术的错,还是人的错?这些人生活在边缘,不知所要的是什么。仿佛被作者剪去了进取心(进取心是我们这个社会被推崇的)、家园,表现出一股"失重感"。他们（作者）剩下的只是细微的感受，按照我的小说三段论说，作者描写的是中段和下段，中段包括感受、思辨、回忆、想象，这里主要是感受，感受无意义。

我通过此书得以观察当代德国青年的青年面貌，这与我们的上进主旋律截然不同。难道我们心灵里的每一缕思绪都会被社会放大？我们社会以追赶、只争朝夕为特点，于是造就了少有反省、务实进取的集体人格。而德国社会在经历了物质繁荣后，则出现了一种无聊、无意义的精神面貌。

我多年的阅读，一直在一种好奇心的牵引下进行，我想了解这个世界，尤其是那些自己不曾涉足的地方，了解那里的历史、文化。之后，这些不再满足我，我还想了解世界不同时代、地方的人，了解他们怎么想、怎么与人打交道。这种好奇或许是出于我对现存世界的厌烦和再理解的渴望。经过阅读，从东方到西方，从古代到现在，我一副打量了周边世界、满意的样子，发出"原来如此"的感叹。满足了我向外看的眼睛，于是我可以安然地向内看了！

这部小说依然体现着西方从个体到整体的艺术视角，体现了西方小说讲究的"看到了什么？"而不是如王安忆的书前序言所说的短篇小说首要是"优雅"。

我不再幼稚地认为那些德国年轻人真的如书里说的那样生活了。我们每个人心里都装着这样的情绪。只不过，作者看到了这样的情绪，并剔除掉其他，大书特写，以一种人性支撑起所有的人物和他们的生活。《堂·吉诃德》写的是人人都有的进取心；《罪与罚》写的是人人都有的恐惧感；《牛虻》写的是人人都有的意志心；《包法利夫人》写的是人人都有的虚荣心和欲望；《白鲸》写的是人人都有的好斗心；《奥勃罗莫夫》写的是人人都有的懒惰心；这里写的是人人都有的无聊、虚无感。西方自古希腊就有"将事情做到极致"的传统，它们都装在每个人心里，等待着社会这面大镜子有选择地折射出光芒。

我想起六年前自己阅读《战争与和平》，寻找值得拥有的价值时，我手握铅笔，不断将更有价值的词填到前面去：自由、大自然、宁静……整整7年的持续阅读、寻找，我只想用自己的眼睛发现。仿佛原来别人给了我一座楼房，我开始怀疑，于是，一间间地走遍所有的房间，今天，我有一种"阅尽"的感觉，我走出了大楼，回望着，从整幢楼到每间房子，从每间房子到整幢楼，我不再怀疑了，我了解了整座大厦，可以安心地做自我选择了。认识了我居住的大厦，我的内心升腾起一股暖流，一种安全感，世界不再是陌生的了！一种内心充盈的感觉持续着，暖流流淌了数日。我了解了古今，也就了解了微小的自己所做的事情的位置和意义。自己有了一种感觉，仿佛加入了人类共同体，所有活过的人都是我力量的源泉。鲁迅那句："推开窗户，所有的人都与我有关。它于我不再仅仅是口号了。"我仿佛理解了鲁迅说出时的内心感受与独特世界！

能有如此感悟的日子是闪亮的日子！

尤迪特·海尔曼的文笔优雅、精致、细腻，她有将独特的感觉写出来的本领，她是一个十分注重感觉的人，是这种感觉将自己与外界事物联系起来，感觉是生命的边缘，是使生命丰富的桥梁。如果我们不充分反省、不敏感，则只有少量事物与自己的生命有关，相反，地球对面的一声叹息也会打动自己。由此，生命得到不断扩大。渐渐地，我更注重故事给我的感受，而非故事本身，故事承载的东西远远超出了其本身。

她的书，故事没有目的，也没有思辨，只是个人的情绪，在一个目的性十分强烈的社会里，很难想象。也许反省就是目的，注重身体、自身，而不是身外的东西、不是幻影。就像里尔克说的：外在世界是一个虚假的世界，只有自身是真实的。然而，人自然会有一个成长的过程，年轻时最容易追求一个目标、幻影，如盖茨比、于连、马丁·伊登，也许只有经过了这个阶段，才会到达反省的人生阶段。由此，反省是一种可贵的品质，是一种成熟的标志。"行到水穷处，坐看云起时"，反省就是那片云，水不是不流了，只是变成了云，还在继续涌动，只不过，此时不同以往，有了天空的观照，不再孤独，变得立体、丰富！艺术最容易让人反省，然而我们的社会，反省还是一件羞于提起的事，一种稀缺的东西！

◎ 对堂·吉诃德的再认识

我看当代作家的书很少，上次看了格非的书，现在找来《骗子》一书，我发现，它们正好可以对比着看，这是西班牙作家哈维尔·塞尔卡斯的作品，正好与格非同龄，两个不同社会的同龄人会产生什么样的思考呢？

书有些厚，但设计得很精致，尤其是封面翻开后有一页亮白的方格皱纹纸，雅致，手摸起来极富质感。

1936年7月，西班牙发生佛朗哥政变，经过三年内战，1939年4月西班牙开始了40年以佛朗哥为元首的独裁统治，直到1975年11月他去世，之后逐渐实行君主议会制，走上民主政体的道路。此时的西班牙人急于"过上欧洲富人和文明人所过的那种干净崭新的现代化生活"，大家极力忘掉过去的不光荣历史，变成新人，然而没有经过战争的后辈在20世纪90年代开始对那段历史发生兴趣和迷恋，于是马尔科出现了，他满足了人们对那段历史的好奇和对英雄崇拜的心理。这是一件真人真事，马尔科仍健在，作者几度停笔，在几位作家鼓励下才终于写完此书。

作者的写作风格像纪实报告，声称这是一部非虚构小说。之所以称小说，就是试图理解人。作者投入调查的用心和创作的勇气令我钦佩，借此反观社会，具有很强的现实意义。

作为塞万提斯、乌纳穆诺的传承者，作者深入探讨其事件的人格因素。"堂·吉诃德是一个名叫阿隆索·吉哈诺的普通骑士，在快满50岁的时候，他决定该弦易辙，把自己打扮成一个游侠骑士，投身于一种勇士的生活，一种带有勇气、荣誉和爱情的理想化和柏拉图式的生活。马尔科的故事也相似：这是个名叫恩里克·马尔科的普通技工，他的大部分时间都是在巴塞罗那一家修理厂里闭关自守地过着一种不宽裕、中等和令人厌烦的生活，在年满50岁不久，他决定弃旧图新，把自己打造成一个平民英雄，……由此远离自己或者不承认自己，……从而去体验那种从未体验过的高尚热烈的生活。"人都有些想什么来什么的过程，当你去想的时候，已经向目标迈出了关键一步。这是每一个人都有的，是人所特有的，是一种人性，所以马尔科是我们每一个人。

几年前，我感悟到，一个人终会某种程度上成为你想要成为的人，想当官的人才会当官，你现在的样子就是你原来梦想的样子，它提示了一种观察过去的自己的可靠视角。所以人人都是堂·吉诃德，没想到《骗子》一书让我加深了对《堂·吉诃德》的认识。小说就是盔甲、盾牌和矛，帮助阿隆索·吉哈诺成为堂·吉诃德。

作者还将这一真实故事与小说创作联系起来，"虚构救人，写实杀人"，"小说家对自己的生活不满意，而且对普遍的生活都不满意……小说家编造一种虚幻的生活，一种假定的生活，以隐藏自己的真实生活……某种程度上是避免认识自己或承认自己……"小说就是翅膀，帮助人脱离现实；小时候，看小说，是看故事，遥远的，美丽的，中年后再读，小说变成真实的谎言，小说变成透视镜，能看到背面，看到过去、未来，使理解成为一种可能。至少我是掉进了作者逻辑里，对马尔科，一个骗子，产生了理解。

作者试图从人格、艺术中去了解马尔科。与《春尽江南》相比，后者关注现实，人物众多，前者是历史并试图从人格中寻找原因，由此具有普遍性。《骗子》的考证十分下功夫，部分内容多处出现、反复出现，有些重复和啰唆，以写实笔法写现实中的虚幻让我想起《砂女》。它还让我了解了欧洲的二战史、西班牙的独裁史，这些看上去是副产品的东西也许正是作者的真实意图（我对他国发生的现实事件并不感兴趣）。

读完后，忽然发现，哈维尔对人和社会的分析和理解绝不是局部的，虚构自己（把自己打扮成别人和自己想要的样子）和冲向干净、舒适的现代化具有普遍性。此书成了透视自己和社会的工具。西班牙作家大概受《堂·吉诃德》影响，总是将目光投向外表的自我与真实的自我，如乌纳穆诺、班维尔。

◎ 新人

小说就是"加上时间维度的绘画",这是我读《春尽江南》时悟到的,感觉很到位。我为自己悟到新概念感到高兴。因为我上了微信以后忽然发现,现在大家知道得太容易、太多了,没有不知道的,好像"知道"成了终极追求。

读了那么多外国作品,有了一种看国内小说的冲动,之所以选择这本书,最先击中我的是宣传文字"深度切中了这个时代精神的症结"。但是,书被快递送来后,放在床头躺了快一个月,一是太厚,有些畏惧,另一原因是我对国内小说的艺术性十分担心,不是崇洋媚外,而是我选的外国小说都是被别人千挑万选出来,而这本还是当代的。直到没书可看了,才拿起来。果然,当代作品,没有隔的感觉,读起来,如行云流水。像看电视剧:大白话,讲老百姓身边的故事。

主人公端午毕业于上海一所师范大学中文系,是诗人,在地方志办公室挂个闲差。喜欢古典音乐,是个自我幽闭起来的人。他的妻子家玉是律师,上进心强,干事利落,女强人一个,信奉"一步都不落下"。他们有一个上小学的儿子,若若。书中人物还有官场、学界一些朋友和同事。

故事的主线从家玉与端午相识开始,中间经历了家玉买房,因租赁公司无端消失，与租户发生了矛盾，直到采取了不讲理的方法才将非法住户赶走，女强人家玉的婚姻也开始走上了末路，在教育孩子失败后，家玉主动提出离婚，而后生病，在去往西藏的路上自我毁灭。令人怀疑的爱情，充满欲望的活法是家玉悲剧的主要原因。

一开始，读起来，可以一目十行，作家在这里写出了琳琅满目的现实，婆媳关系，父女关系，夫妻、恋人、买房、小孩上学、学术会，官场风貌，格非的胃口很大，包罗万像，有一种将全部现实呈现的欲望，有一种太满的感觉。真的像电视连续剧，生动、逼真，完全是现实的翻版，看不到艺术加工。我将其理解为"接地气"。对于有了一定阅历的自己，这些就是发生在身边的，自己对这些事实没有太多兴趣，反而，我想看格非，这个学者型作家的思考。这些字里行间的"思考"，倒是没有让我失望，尤其是那段关于"新人"的论述：

三十年来，这个社会所制造的一代又一代的"新人"，已经羽翼渐丰。事实上，他们正在准备全面掌控整个社会。他们都是用同一个模子铸造出来的。他首先解释说，他所说的"新人"可不是按年龄划分的。就连那些目不识丁的农民，也正在脱胎换骨，成为一个'全新的人种'。这些人有着同样的头脑和心肠。嘻嘻哈哈、浑浑噩噩。没有过去，也谈不上未来。朝不继夕，相时射利。这种人格，发展到最高境界，甚至会在毫不利己前提下，干出专门害人的勾当。对于这样的"新人"来说，再好的制度，再好的法律，也形同虚设。

这种"新人"很容易成为我们社会里的"成功人士"。书中提到福楼拜的最后一部小说《不伐和白求》，两个年轻人到乡下，怀着一腔热血要贯通人类知识，"他们就是探求知识海洋之旅的'新人'，他们要靠知识去彩绘自己，美其名曰为创造自己，但智慧、知识之根，却不能被创造而只能天生生就"。（欧凡《柏林苍穹下》），福楼拜早早就感到了新人的登场。

想象身边，那些能力、信心满满的人，如果再加上制度的推波助澜，真是感觉他们会将别人和自己一并毁掉。"新人"这个概念，让我想起车尔尼雪夫斯基的《怎么办》，那里的"新人"是"像十八世纪法国启蒙学家一样，相信理性应该而且可以主宰生活，它具有最高的权威，既是反思传统、评价现实的准则，又为设计未来提供了依据。他们也用理性来解决感情纠葛……他们信奉'合理的利己主义'。

作者概括现在是"恶性竞争"灵魂出窍的时代。内心的自我被忽视了，那个"虚无、软弱、恐惧、厌倦"的小我。但作者还是塑造了保持独立人格的小人物：主人公端午，喜欢流浪、寻找存在感的绿珠，地方志办公室的老编辑冯延鹤，疯子元庆。

很多人物都可以在外国文学中找到原型，"新人"与车尔尼雪夫、疯子元庆与契诃夫的《第六病室》、家玉与《包法利夫人》、绿珠与《战争与和平》中的皮埃尔等。

作者囊括了太多的事件与人物，放弃了对一个人的深入剖析，即使家玉，感觉也没有写尽其张扬的个性，可能毕竟这方面，作者太不喜欢和熟悉了，倒是家玉的醒悟写得动人、美妙。

其文字如果能够再艺术性一些可能更适合我的胃口，其文字有些粗糙的感觉，不过我也确实读出了韧性。

跟着格老师去听古典音乐倒是不错的选择：德彪西《贝加莫斯卡》、舒伯特《冬之旅》、贝多芬晚期四重奏、莫扎特《狩猎》、海顿《日出》、鲍罗丁《第二弦乐四重奏》和《在亚细亚草原上》、勋伯格《升华之夜》……

我不知怎么忽然对描写无聊的文字发生了兴趣，格老师开篇不久的这段，很见功力，一看就是高手："再后来，就像我们大家所共同感觉到的那样，时间已经停止提供任何有价值的东西。你在这个世界上活上一百年，还是一天，基本上没有了多大的区别。用端午略显夸张的诗歌语言来表述，等待死去，正在成为活下去的基本理由。彼此之间的陌生感失去控制地加速繁殖、裂变。"

此书的确切中了这个时代精神疼痛的症结。借端午之口，作者说出了自己的价值观：人过得踏实和朴素。但我要说，没有致死的寻找怎会感悟到？

快结尾处，格老师忽然提到了我的学校，提到一个操着河南口音的教授，我一下子惊喜了，仿佛格老师走出了小说，实际是他将自己的情感、情结写进了小说。我当时是在地铁里看到此段的，禁不住想这是哪位教授呢？看来，格老师对我工作的学校情有独钟。这种真实在虚幻中呈现的惊喜让我度过了一个愉快的上午。正巧，两周后，我问起一个中文教授，他说格老师早前曾有意来我校。原来如此。这是阅读带给我的至真快乐、独特体验，情景在小说与现实间切换，令我十分珍视。我也想着阅读简·奥斯汀小说时，简·奥斯汀会借主人公之口说出我的名字，啊，那会发生吗？那将是多大的惊喜啊！

◎ 清新可人的故事

科尔姆·托宾的《布鲁克林》让我很有阅读感，文字干净、雅致、流畅，一个中学生也能读起来。作者不卖弄技巧，叙述方法就按照时间轴线。

20世纪五十年代，年轻的爱尔兰姑娘爱丽丝生活在小镇上，这里人们纯真、甜美、关系简单，远离大都市，家里生活虽不富有，但是自有一份知足的恬淡。母亲、姐姐和艾丽莎生活在一起。当时，工业化正在加速发展，到城市里工作，是一股潮流，她的哥哥就在伯明翰。

经一位好心的神父介绍，她乘船来到了纽约的布鲁克林，在一家商场做销售员，住在房东基欧太太家里。她工作认真、负责，很得老板赏识，自己还上了夜校，学习会计，提高学历，以便找到坐办公室的工作。她一周工作六天，周四上夜校，周五去舞会、周六看电影，在舞会上，他认识了意大利小伙子托尼，一个喜欢看棒球赛、风趣、有活力的年轻人。他们一起去海滩游泳、看电影、看球赛，还到托尼家见他的父母。直到一天，她的姐姐罗丽猝死的信，让他感觉到灾难已至。在回爱尔兰小镇上后，她感到在人们眼里，她不再是原来的自己了，虽然只经过了两年时间。在回家探亲的两个星期里，她与原来就认识的吉姆走近了。她一度不知所从。哪一个才是自己的选择？

此书给我留下深刻印象的是，爱丽丝前往美国的轮船上，因晕船呕吐不止，那份离家的艰辛和面对陌生环境的崭新历程。还有在巴尔托奇商店她如何成为一名上班族，托宾展现了一副美国都市生活蒸蒸向上的风貌：人们争相购买红狐牌丝袜；周末看电影成为时尚；夏天商场有了空调；去海滩游泳成为休闲的时尚；地铁开始挤满人；提高学历成为城市人的自觉行为。这些城市生活方式从那时开始展现出来，看，多像我们现在。我不禁想未来，何时再发生变化，变成什么样？其中写冬天的布鲁克林，爱尔兰的母亲写信询问，好奇房东太太怎能负担通宵的取暖费用，爱丽丝回信说：在美国人人都是整夜开着暖气的，基欧夫人在任何方面都毫不奢侈。在冬天的早晨，爱丽丝最喜爱美国的地方，就是暖气可以通宵达旦地供应，空气也像烘烤着似的，不用担心爬出被窝后脚丫子会在地板上冻僵。

这是城市生活一个温暖、迷人的细节，想想自己迷恋城市生活也是从这一点开始的吧！多少农村青年来到城里读书，不愿回去，他们已经无法忍受老家冬天的寒冷，暖气是城市文明的吸金石。多年前与一位年长的人聊天，他是从重庆搬来的，他说看中的就是北京有暖气啊！看来，全世界人都一样。托宾简直描绘了一幅城市生活最初的标准图景。现在的中国，毫不过时，人们正是将这一生活方式作为自己追求的目标。

托宾作为一位小说家，其功底绝不是徒有虚名，在爱丽丝来布鲁克林不久，她害了相思病，那段描写展现了作者强大的反省功底，仿佛一位飞翔的天使一直在爱丽丝头上飞翔着，它洞悉爱丽丝的每一丝情绪，了解她的每一下心动。可是，连天使也是无能为力的，只能看着爱丽丝受此煎熬。

我已经远离了恋爱的年龄，两段不同地点的爱情并没有打动我，我相信，看书是要与人的生命相结合的，如果刚好卡在那个点上，产生共鸣，那是难得的体验。爱丽丝的两段爱情是在人类社会发展的大背景下的无奈选择，无论什么时代，人都要恋爱，然而，所呈现的却不同，这就是大历史下的个人情感。简·奥斯汀时代，伊丽莎白不需要跨越海峡，只需擦亮自己的眼睛，而托宾时代，人类已经开疆破土，于是，爱情变得迷人而残忍。

连我也没有想到，书中印象最深刻的一句话是爱丽丝回到家乡，在美国托尼和爱尔兰吉姆之间选择时，她考虑是否写信给托尼，说他们的婚姻是个错误，但是如何告诉吉姆呢？人们做事情是有局限的，"特别是当某些事情从未听闻，没法想象，超越经验范畴之时"。读到这句话不久，我看到中青报的《十二月党人的女人街》长文，都已下班了，但我还是一口气读完，那种超越生活的震撼深深吸引了我。从我自己生活的环境中无法理解，更别提做到，可是，阅读让我了解了完全不同的革命与爱情方式。我在想，熟悉是死亡，我实在没有必要稳稳地靠牢自己生活的小圈子。只有阅读才能超越现状。我很珍惜这个年龄看到《十二月党人的女人街》的震动。我也借由托宾的话反思我自己的生活价值和方式。

◎ 诗歌与墓园

伊夫林·沃的《至爱》不算长，出版于1948年，很容易与《寂寞芳心小姐》《布鲁克林》联系在一起。那时，美国正代表着一种新兴力量，一个不同于欧洲的、世俗、科学、繁荣、消费的理性的社会呈现出最初的样子。英国作家伊夫林·沃却为这个欣欣向荣的城市沮丧、悲哀，就像劳伦斯在他的爱情小说里早早地批判工业文明一样。小说很短，但读完后，不得不叹服作者是个小说高手，其写法现代，所谓现代就是将事情的主要纹理写出即可，给读者更大的想象空间。小说包含几个要素：宠物火化场、林中低语陵园、诗歌、死亡、一对青年男女、两三个职场人。在这么小的空间里，作者居然写出了足够丰富的内容。

没有用的好莱坞写作者被开除了，失去工作的弗兰克在家中上吊致死。同处一屋的丹尼斯为其置办葬礼，在林中低语陵园，结识了单纯的殡葬美容师——美国姑娘艾米。艾米的爱情在英国人、被称为诗人的丹尼斯和自己的上司、同事乔伊波伊之间滑动。艾米发现丹尼斯总是篡改别人的诗，觉得受了骗，离开丹尼斯，滑向恋母情结的乔伊波伊，但是在生死的关键时刻，乔伊波伊拒绝帮忙，使得单纯的艾米对人间失去希望，注射毒药自杀。

　　作者用讽刺的笔调写出一个消费社会、理性社会，一切都变成了商品，没用的诗歌被驱除了。《寂寞芳心小姐》里，是基督精神被驱除了，这里是诗歌，大家都意识到：一个表面繁荣、理想的社会，新的危机正在发生。有意思的是两本小小说，里面都有一个报刊专栏作家，人们会写信向他们倾诉心中块垒，实际上，他们也是凡人，自保都勉强。西方的工业社会驱除了基督，人们还习惯去找心理救赎，但是事实上没有人能救得起自己。这是一幕现代的悲剧，但是作者用喜剧的笔调写出。

　　再将她与亨利·詹姆斯的小说对比，就译后记所讲，是一种反写，这真是高妙，原来，小说也可以像诗词一样来"和"。詹姆斯写的是美国人在欧洲，如《黛西·米勒》里的黛西，一副特立独行、蔑视世俗常规的外表下，却有着牢固的世俗观念。《至爱》里的丹尼斯，是在美国的英国人，高贵、脱俗的外表下却有着功利、线性的一面。当丹尼斯和艾米吵翻时，丹尼斯表现出情感功利化的倾向。他谈论问题头脑清晰，所有东西都有真假、高低、彼此之分，丹尼斯有的是一个科学的头脑，一个除了0就是1的头脑，他十分适合这个新兴的社会，然而她不理解人的感情。在这里，一个功利社会对人的改造已经显出模样了。科学来了，社会功利了，人功利了，爱情功利了。

　　小说从艺术上来讲十分有趣，没想到，小说也可以像中国对联一样有上下联，可以对仗得如此工整。这真是开了眼界。不得不佩服他们将小说艺术玩到一种如此境界。而且，詹姆斯的小说，作者还通过书中的对话提到"……他所有的故事都关于同样的事情——美国的天真和欧洲的经验"。这也算一种"纹心术"了吧。

另外,作者文字精湛,小说开头的一段,就写得美丽、通透。"……风摇曳着棕榈树铁锈色的手指状叶子,将各种干燥的夏日的声音扩散开去:蛙声、尖细的蝉声,还有从附近居民的小屋里传出的不绝如缕的音乐声……"一幅美丽的画卷首先展现在我的眼前。现在我越来越发现,人世间,一些看似不经意的细节,都是大师们苦心打造的结果,有多少小说家为了一个开头而寝食难安,数易其稿,只为了能打动自己,打动少量的有心人。我又错过了多少别人的精心创造,那全都怨自己,怨自己没有一颗珍视好东西的心灵和能力。

作者还推崇希腊文化,不断提到爱伦·坡的《致海伦》(爱伦·坡也是美国人),大概是作者为不断发展的社会提出的一个理想方案吧!

犹如昔日尼西亚那些三帆船,

悠悠地航行在芳香的海上,

将困乏疲倦的游子

送回他故乡的海岸。

◎ 在琐事中升腾起艺术与哲思

法国当代作家芭贝里写的畅销书《优雅的刺猬》充满艺术和哲思，在小说已经写得如此透彻的西方小说世界，仍能写出自己的创见，令人佩服。我也为大众能获得如此的艺术享受感到羡慕。

小说中塑造的门房形像，让我想起《春尽江南》里在地方志办公室挂个闲差的诗人端午。前天，杨绛先生走完105岁的人生旅程，她在《我们仨》里的人生观，也类似。我还记得多年前，一个文化人劝读书：坚持读5年看看，你变不变？我们现在的社会，尤其是年轻人缺少深入阅读的可能，代之以肤浅、躁动、不安、急迫。

小说分五部分：马克思（开场白）、山茶花、语法、夏雨、帕洛玛。简短的开场白，以马克思的话阐明作者的人生观和社会观：对于在欲求中迷失的人们来说，只要满足他们的基本需求便可。在膨胀的欲望受到制约的世界里，将会产生一个没有战争、没有压迫、没有腐朽等级制度的崭新社会。作者对阶级不断提及，甚至说：享受和痛苦的程度与阶级地位成比例。

哲学教授出身的芭贝里处处质疑，借由另一个"我们规划自己的一生为的是自己去相信不存在的事情，因为我们是不想遭受苦难的生物。于是竭尽全力使自己相信有些东西值得追寻，有着这样的人生才有意义。"

小说主人公勒妮，一个高档公寓的门房，54岁，敏感于阶级等级，喜欢荷兰静物画，尤爱托尔斯泰作品、莫扎特音乐，对日本电影感兴趣。她连自己的猫都起名列夫，一天，公寓里搬来日本音响师小津格朗先生，他也是托尔斯泰的崇拜者，自己的两只猫分别叫吉蒂和列文，因为对艺术的共同爱好，他们走到一起，这看似跨越阶层的惺惺相惜，完全是艺术的馈赠。写勒妮到小津家做客时，简单的访问，被作者写得跌宕起伏、荡气回肠。猫可以与《战争与和平》联系在一起，马桶也可以和莫扎特的《安魂曲》联系在一起。

读此书，我最感兴趣的地方是作者如何写生活琐事。琐事写多了，一地鸡毛，写少了，不接地气，作者心中时刻装着哲学与艺术，时刻将琐事升华。邻里在练习合唱，她就欣赏起合唱艺术中的崇高之美；看见蛋糕，想起《追忆似水年华》中的玛德莲娜蛋糕；跟随父亲去养老院看望奶奶，想起如何打理现在；看见小津家的推开门，干脆来了一段空间美学，让我猜她一定看过巴什拉的《空间的诗学》；看这句写得多文艺：

除了留存于口中的那股花生的醉人芬芳，一种说不出来的焦虑感也在心中孕育而生。

她将艺术比作《战争与和平》里列文刈草，享受劳动本身带来的自由和快乐；她理解生命的意义，就是随时追捕那转瞬即逝的片刻时光，小说的结尾也是在勒妮与小津一顿幸福至极的晚餐后去世的。这种人生观让我对日本的樱花、人生观有了了解，犹如《金阁寺》。

她说"艺术赋予我们情感以外形,让我们的情感变得触手可及","艺术是无欲之情感"。她还说"艺术画作是超越时间的恰当感"。感觉芭贝里在书里暴露了自己当老师的癖好:我有很多知识。我有一种上课的感觉。

她说生小孩、看电视、信上帝都是人们逃离、回避对未来的恐惧感而为自己人生找出的便捷小路。走在那些小路上,人就舒适了……

另外,全书由很多并不长的短篇组成,可以想象,是作者一篇篇单独写成的,恐怕也有些是教案,这样组织起来,少了一种故事推进的流畅感。另外,不同叙述主体在小说中再次的运用,犹如大小提琴的不断回旋,确实耐人寻味、煞费苦心。

她还大写特写厌倦……

前两天跟几位老教师吃饭,大家抛开自己的专业,背起唐诗宋词来,我发现:行为虽然一样,动机却完全不同,有人是为了练脑,有人是感受美,有人是想砸品诗词的味道。前段时间,我发现有两个文化人分别说生活的根本是无聊的和琐碎的,芭贝里说是荒诞的,我们大概是因为懒惰、习惯、恐惧丧失掉自己的艺术和哲思之根的吧。

◎ 小说，人生的变奏

菲兹杰拉德的小说，将自己的经历和感受写进去，他用小说的形式将生活提炼、重置，散发出迷人、多姿的色彩，他的一生也是如梦幻般的一生，读他的小说就像读自传，看他的人生就像看小说。这一点，很像杜拉斯，小说是人生的变奏。《夜色温柔》很难辨别它讲了一个什么主题：有钱阶级的聚会、婚姻、度假、滑雪、电影、酒店生活、环法自行车赛；苏黎世、罗马、巴黎、尼斯（一个地中海沿岸的法国城市）、蒙特卡洛，一串欧洲城市的风貌；青年男女、恋人、演员、小说家，上层社会的处优生活；欧美名校、弗洛伊德、心理研究、精神分裂，时髦的新兴学术。对有钱人生活抱有窥探心理的人，真可将此当成手册来看了。他的小说有着浓烈的时代气息，就像《了不起的盖茨比》一样，记录了工业文明以来人们最崇尚的生活方式。但是，作者是个小说家，不管是什么时代、地点的人，他们都不自觉地为时空所困，在作家笔下，主人公（其实就是作者自己）慢慢地走向自己的悲剧结局。

主人公狄克受过很好的教育，在英国剑桥和耶鲁大学就读，追随弗洛伊德来到苏黎世完成学业。他对未来生活充满向往，追求当时最有影响的心理学研究，想干出一番事业。狄克还有一副英俊的外表，是个人见人爱的小伙子，一个完美无缺的人。这样的人，等待他的是什么样的命运和未来呢？

通过精神病治疗的实习机会，他认识了妮珂，妮珂也是个文化、金钱一样不少的人。她的父亲华佗毕业于哥廷根大学，这是除了牛津、剑桥外最负盛名的大学。当时，美国还没有在文化上崛起（这要等二战以后了），美国人连自己都看不起自己。当时的医生知道父女两个来自芝加哥，联想到芝加哥大学（现在的芝大赫赫有名，光诺奖得主就80多个），就想到"成片麦田、一望无垠的草原"，马上对大学失去了兴趣。后来，狄克结识了妮珂，但是，年轻人还不懂得爱，哪个年轻人又真正懂得呢？他觉得被需要了，妮珂有精神病，需要他的治疗，这多像我们眼下的年轻人渴望肯定啊！六年的婚姻，妮珂的病在狄克帮助下大有好转。这又暗示着现实中的作者对妻子泽尔达的精神病束手无策。

露丝玛丽是个单纯的美国人，一直在母亲的庇护下，来欧洲拍片刚刚出名。在聚会上，她爱上了狄克。露丝玛丽从小在必须工作的观念下长大，因为当时的美国像"火车那样一味只顾向前奔驰，根本蔑视另一个世界里生活节奏较为缓慢、容易慌张的人……"当时的好莱坞还没有名声。狄克在喜爱他的露丝玛丽眼里，同样是个不会爱的人，他一开始无动于衷。

然而狄克夫妇各有所爱（这又是作者的生活翻版），狄克在欧洲不断酗酒，迷失在光怪陆离的社会丛林中。

这是青春的一小段，是一个富家子弟在社会这个大学里的学习经历，在小说里有一句话，道出了小说家的思考："他知道自己完美无缺的代价就是得不到充实的人生"，还应用萨克雷在《玫瑰与指环》中的话："孩子，我给你祝愿无非是希望你有些许不幸"。躲过了多少痛苦，就错过了多少幸福。

昨天傍晚，有个毕业4年的小伙子来找我"怀疑人生"。在名利这些庸俗价值观包裹下的他，说出了自己的困惑。我心中感叹"好一个狄克"。纵观小说，年轻人的成长是个主题（福楼拜的《情感教育》《爱玛》），而且与我现实中的年轻人有一个很大的区别，小说中的锻炼舞台是生活，尤其是爱情。而我们的年轻人，工作是大过一切的东西，我觉得甚至大过爱情，我知道爱情在很多人身边早已披上"功利"的外衣。有个工作、有个什么样的工作成为年轻人的定海神针。

当然，要扭转这个现像，非我能至，我曾总结半年前我的观点，我希望以此克服它：年轻人应该多看书。现在，就是近一个月以来，我有了转变，年轻人缺少的还是生活的真实体验，尤其是困难、挫折，我真想找来萨克雷的《玫瑰与指环》。

这句话写得多好：你要是不想，别人便替你想，并且剥夺你的力量，败坏并且约束你天生的口味和鉴赏力，把你弄得文明，把你消了毒。

昨晚那个年轻人，也在追问钱能解决问题吗？我希望他看看《夜色温柔》，据说这是美国中学生的推荐阅读书目。不，打住吧，愿他有些"不幸"。无数狄克中的一个……

◎ 游学中的孔子

我想让春秋时的风貌像一页纸般通过阅读滑入我的脑海，在我现有的世界图景中，填上这未有的一块。我相信，在脑海里，只有有了形像的母体，抽像才有了根基、有了生命。

井上靖的《孔子》，以近73岁的"鄙人"怀念已经仙逝33年的夫子为口吻而写，文字虔敬、深情。鄙人是蔡国（周武王之弟蔡叔度为了统治殷商遗民，受封颍水、汝水的河间地域而立的国）遗民，认为自己怀有殷人血缘，自恃高贵，祖上从事制陶制骨业，当时蔡国受到楚国和吴国入侵，不久，蔡国分裂，鄙人跑到商丘宋国，随便干点零活儿，糊口倒也方便。

55岁那年，孔子离开鲁国，开始14年的周游列国，启程时，夫子革新失败，几近被放逐。之前，他只有一次齐国的外出履历。夫子带着孔门学党，意为拜会各国主政者和霸主，宣扬仁和礼，以救不幸的百姓，哪怕一人。夫子意欲前往宋都商丘（宋人的生活与想法具有殷商遗风），但获悉宋国有人有意加害夫子，改赴陈国，在此待了3年，之后，前往卫国，鄙人正是在此关节上邂逅了夫子一行，鄙人在葵丘"望师影而拜"。这一年鄙人正好25岁，也就是夫子一行出鲁国5年。当时，夫子60岁，子路51岁，颜回30岁，子贡29岁。在躲避宋国前往陈国的路上；

一夜，风雨雷电，见夫子安然处之，心生敬畏，遂决心跟随夫子一生。后到卫国4年，之前曾在此受到过礼遇。周游列国之前，夫子还曾准备去晋国，但国内政变，未果。因战云涌动，从陈国出来后，意欲拜见楚国昭王，夫子一行早有此愿。进谒昭王，夫子或者想，将其礼乐教化来拯救这个乱世（"周以夏、商两代的传统为范本，其礼制繁复和谐，而富有文治教化之功。我则以此周代文明为至高至美的文治教化而遵从之"），或者专为推荐子路、子贡、颜回三位高足，这不可考证。当时，夫子想找到一个很自然的方式见楚王，倒是确凿。然而，不巧，昭王病逝，此时，此愿望没能实现，夫子也感叹道："归与，归与……"夫子有回家的念头，但依然前行，去陈都未果，再去卫国，可谓浪迹中原。然此一路上，弟子与夫子的言谈成为后人心皆向往之的"嘉言"。之后夫子回到离别14年的故土鲁国，以一名经师讲学度过人生最后的5年。当时，吴、楚为大国，还有宋、陈、卫、鲁、曹、蔡等小国以及几十、几百有名、无名的城邑小国，北面还有晋国，小的邦国都受到大国的欺压（楚国最终灭了吴国），没有安全感。

唐吉坷德50岁开始当游侠骑士，孔子55岁开始游学，看来50岁的年龄也会有巨大的改变，我倒是期待起自己的50岁了。

第二章，作者描述了自己最欣赏的两句话：一是"不舍昼夜，逝者如斯"，和由此产生的生命勃发。另一句，对"五十知天命"阐发，其一是领悟到上天赋予自身的差遣，再就是悟及此项事功既然置于上天严谨的天道运行之中，遂也无法期望事事顺利，随时都会遭遇意想不到的种种困难。"成败由天，只管专心一致地跋涉在自身所崇奉信守的道路上"，即是找一大事业献身进去，这是儒家的核心思想。我忽然想到在基督教中也有类此超越人自身的嘉言（见《简爱》）。

第三章，鄙人认真讨论了孔门学派众弟子，颜回、子路、子贡、樊迟、子游、冉有、宰我、南容、子夏、有若、原思、司马牛、公冶长、仲弓、公西华、子贱、巫马期、牢、颜路。

第三章，鄙人为首上起了"讨论班"，先让大家各抒己见，研讨了"子不语：怪、力、乱、神"，"子曰：凤鸟不至，河不出图，吾已矣夫"，及其核心思想"仁"的含义。

第四章，进一步收集夫子嘉言妙语。作者每章开始，必是"失礼了，失礼了……容我慢慢讲来"，想必这是对孔子秉持的"礼"的最大继承和崇敬。

最后一章，46年后，鄙人有机会随一楚商重走当年夫子周游列国之路。感慨万千，思虑良多。此时，原来的蛮夷之邦楚国已灭掉杞（相传杞国承传夏禹血缘，于周武王时建封立国，陈、蔡等国都是拥戴周室的中原诸侯）、陈、蔡等国，并与秦国和议结盟。楚王威风凛凛。感叹道：任何人都不得夺去世人"瞧，我这家乡的村子也掌起灯来了"的这种宁静安恬的感思。

此为小说，也是论语新解，写得沉静、谦卑、感恩，有一种内心蕴藏巨大力量的感觉。对于夫子周游列国的经历，作者在开始只是简单交代，而后不断填补，直到最后一章，才将更多细节填补完全。这种写作技巧很有趣味，如同一幅画，先是一个轮廓，之后，不断着色，直到显现出全貌。最后一页，还不忘涂上一笔，解释了葵丘之会，列强于宋国北境名唤葵丘的一个小村缔结盟约，共事不筑弯曲的堤防，不决黄河河坝，与会的鲁、郑、卫、齐、宋五国，以齐桓公为首。这样的不断渲染，尤其是"嘉言"解析部分，难免有重复、啰唆之嫌。

纵观全书，我最感兴趣的是孔子带门徒游学，周游列国。这样的生活方式、教育方式多么令人向往，中原列国，一个个小国走来，风景不一。但一想，战乱连连，还是作罢吧！

记得有一次酒局，大家酒过三巡，一长者提起春秋列国时，说：那可以叫作"中州"，就是欧洲现在的翻版。我好奇"中州"一词。后来，在书架上，我发现多年前，一位年轻人牛宣言送我他写的一本小书，就是"中州古籍出版社"，看来，他的话不是虚言。另一次，一位台湾教授，酒后说出自己的志向——我要去游学啊！一副神往、意气的姿态，脸庞泛着红晕。看来，孔子及其时代为我们的文化人留下了不可磨灭的印象。

我倒是困惑，为什么，我们这些孔夫子的后代，一句句祖师爷相称，但游学的传统并没有在现实世界中开花结果。倒是统一考试、集体学习成为全体人的唯一选择。我们是离夫子的时代太过遥远了……

◎ 一段忧伤的小提琴曲

杜拉斯的《琴声如诉》，4万字的小说，写得十分别致、优美，而又极端的简省。就像书面的设计，一幅淡淡的水彩画。写作风格很中国，朦朦胧胧，欲说还休的样子。令我惊奇的是，这种飘在半空的劲头，保持得很均匀、平衡、从容、舒缓，这种不说破的张力始终维持着，牵引着自己往下读，杜拉斯功力十分了得，直到最后几页才将它说破。小说推进的速度就像书中小孩练习钢琴的样子，老师说：保持中速、中板。最后，形式内容统一，一段忧伤的没有结果的提琴曲。看看小说发表的时间，当时作者44岁。

小说，写一个有孩子的富有少妇，邂逅一名男子，那种爱情滋生、蔓延，最后无果而终。小说，选择少妇的孩子练琴与一段凶杀案为对比。文笔优雅、洁净，一个小小说写了一个大主题。

假如将这本小说与贝娄的《晃来晃去的人》对比，就会发现，贝娄的小说采用的是叙议结合的方式，很传统，我很喜欢。方法是一段描述之后是一段风景，仿佛无缘无故地产生出一段情愫、想法、内心的辩论。小说完全可以将两者清晰地区分开来，叙述和描写就如同两种不同性质的东西被混在一起，如水和油。

假如剥去议论,丝毫不影响小说的阅读和情节的推进。议论完全可以拿出来结集成独立的小册子。这样写来,读者最省事,作者怎么想,自己就怎么想,作者的思考代替了读者的思考。也许这是懒惰的读者喜欢的,或者是习惯寻找答案的人喜欢的。而这一篇,对读者的要求就要高些,通篇,都是叙述,用对话推动情节发展。少量的描写放在天空、运动、咖啡台上。至于作者想表达什么,那是读者自己的事情,读者要去猜想,杜拉斯不代替读者思考,不给出生活的答案。整个小说致力于烘托一种氛围,哀伤的、缓慢的、别别扭扭的气氛代替了传统的议论。从《晃来晃去的人》到《琴声如诉》,可以看到传统小说道现代小说的转变。

杜拉斯的这篇小说,包含的元素少之又少,咖啡馆、小孩、钢琴、喝酒、夜、一个男人、一个高级公寓,将这些简单的物件组合,做到点到为止,更多的是留白,给读者更多的想象空间。这多像中国艺术。假如小说也可以来"玩一玩",可以给出以上元素,让小说家写出一篇小说来。

我赞叹文后所说,作者塑造了一个"包法利夫人",看来简单的笔墨同样写了这样一个类型的人。假如将这篇小说与《夏屋,以后》相对比,其主旨,同样揭示的是物质丰裕的人的精神面貌。2015年某月的《读书》杂志有一篇《镌刻历史的驴子、狗、猫和公鸡》的文章,文章内容我并不感兴趣,倒是开头引起我的注意。他写拉脱维亚首都里加的街边,一个富有家庭的小女孩,在街边弹吉他,脚下一个帽子里放着几枚钱币。作者介绍这是在寻找存在感和人生的意义。我联想到我们生活的社会,社会无疑会朝着富有迈进,但人呢?现在是奋斗,前面等待我们的难道也是杜拉斯、尤迪特·海尔曼（《夏屋，以后》的作者）、里加的小姑娘所表现出来的"空虚、可厌、人与人相隔绝的社会"。这种状态杜拉斯在1958年就捕捉到了。这不由得让我思考作为以奋斗为主旋律的我们的年轻人的前世今生……有什么样的宿命在等待着我们？我们选择的东西遮蔽了什么？我们是故意回避吗？我们有直面它的勇气吗？我们可以有新的生命哲学吗？人类会走向何方？

我记得，自己读杜拉斯小说《情人》《乌发碧眼》的时候，不知怎的，并没有读出什么阶级啊、爱情啊，很神奇，我读到的是一个人的内心思绪是如何扩大到整个宇宙的过程。我感觉整个小说里仿佛是建立在一个巨大的空间里，一个巨大的竖琴立在那里，作者轻轻地弹拨，带动了整个宇宙发生响动。阅读的过程就是一个小我与整个世界共振的过程。我记得自己在地铁里读完他的书，出了地铁口，我不禁好好地望了望天空，原来一颗心可以与整个世界产出共鸣。那种奇妙的感觉很独特。如今再读，没有那种奇妙感觉，但是依然能感受到杜拉斯小说带给我的巨大的想象空间。

◎ 魔镜

我记得买《斯通纳》这部书时，自己还犹豫了。孩子在铺着红色坐垫的早教中心满地爬，我抱着衣服弯腰坐在教室外，低头看手机，无意中发现了这本书的介绍。

买来一堆书，它是我最后阅读的，没想到的是，它几乎是我最欣赏的小说。我是十分谨慎说出"最欣赏"这个词的。喜欢它叙述的语气，沉静、优雅、舒缓，一种淡淡的悲剧感、末日感，显得愁绪万种，回忆味十足，文字单纯、静穆，富有大理石的纹理，犹如古希腊美的感觉（拜译者所赐）。这还不是最重要的，重要的是作者写出斯通纳一生中的重要事件，严格按照时间顺序，朴素的写实手法表现出真诚。读着读着，我发现，这本小说就是一面魔镜，平面地，如实地照出了我。一开始是简单的共鸣，随着发展，自己的过去、现在，还有未来，天啊！全都演示了出来。我回味了自己的过去，反省了自己的现在，可怕的是看到了自己的未来……我不断地问自己：你愿意接受这样的未来吗？如果不喜欢，请问还能有什么选择呢？好像没有。最后，作者的人生观：踏实地做自己，投入到文学中去获得一份宁静和安慰。

故事从斯通纳19岁上大学那年开始讲起。他来自密苏里中部一个边远的农场，父母都是干农活出身，文化水平不高。他进大学是为了学习农科，回家子承父业。四年的学习，他开始进入不同生活方式的环境，在哥伦比亚大学里，在自己的恩师斯隆的鼓励帮助下，他开始走上文学道路，并完成博士阶段学习，留校成为一名大学老师。学习文学，意味着他开始走上一条不同于以往的道路，新的人生路开始了。这种转变充满艰辛，这很符合我们社会里大多数人的轨迹。留校工作后，他有了几个朋友，一战开始，他躲过狂热，没有参军，在一次聚会上认识了自己未来的妻子伊迪丝。他开始步入中年，工作十分诚恳、努力，同时也远离了原来的伙伴，与虚荣、不可理解的妻子勉强维持着婚姻。因为一个学生读博士的问题与同事闹翻，成为系里被边缘的老师。之后，女儿随着成长，不断与斯通纳分离，最后，女儿格雷斯在异地定居，女儿的一切令夫妻俩很不满意。他有了外孙子，而女婿刚结婚就战死了。与系里领导的矛盾没有消除，他固执己见，唯一的安慰和带来激情的是遇到系里一位有共同研究方向的女同事凯瑟琳，这一段婚外恋维持好一段时间，到最后惊动系里，弄得满城风雨，以凯瑟琳辞职离去告一段落。在之后，他以钻研学术为依托。走进老年，与不对脾气的系主任劳曼克斯的矛盾不可调和。最后，他得了癌症，走到了生命的终点，在稳稳站在社会序列中的费奇和妻子的陪伴下，死了。

我想每个人的人生都大概如此吧，没有什么更新鲜的东西了，人们不断地重复而已，一代代新人不断重复人生路。相同大于不同。但是，再一深究，会发现，作者的口吻虽不赞美谁，写得尽量中肯，但通过平凡、平白的文字叙述，会发现斯通纳的人生又有着很不简单的一方面：他的一生是自省的，始终在做自己，没有被社会的哈哈镜照得变形（躲避兵役）。更重要的是斯通纳维护自己的正直原则，拒绝被彻底社会化，他没有像他的同事一样当系主任、教授。相反，他将根牢牢扎入自己学问中去，生长出文学之树，这是他在人世间始终如一的寄托和信仰。他诚实、不回避地度过了自己的一生，他拥有过爱情、友情（虽然都不长久，可谁的长久呢？），他有终身挚爱的文学，这难道不是一个圆满的人生？尤其是死亡，他也真切地感受到了，而且是自己独自完成的，持一种平和、接受的态度，这是对我的教育！

我惊叹作者将人生中一些微妙的感受用晓白的文字表现得抽像而美丽，充满诗意，这是对人心灵的扩展。人就是因为有了这些共同的感受才有了可理解的可能。这种感受才是人生真切的东西、宝贵的财富，也许还是人生的目的。读每一段，我仿佛都有与之对应的情景。

斯通纳大学毕业，回家，感觉与父母越来越陌生了，"他感觉自己的爱因为损失反而更强烈了。他比原来计划的提前一个多星期返回哥伦比亚"，"好像自己和原来生活之间最后的那条纽带被割断了"。

刚结婚，他看到新同事很像自己一个去世的朋友，于是，他想接近他，像原来那样畅快地聊天，"青年时代的青涩还没有从他身上消退，但是可能缔结这份友谊的渴望和直率已经不再。他知道，自己希望的东西不可能实现，这样的认识让他心里很难过"。

自己女儿结婚了，"斯通纳怀着以前从未有过的五味杂陈的心情看着婚礼。跟许多从那个时代过来的人一样,他被某种自己想来只有麻木的东西紧紧抓着,虽然他知道这种感觉里混杂着各种深沉、强烈的感情,乃至都不便承认,因为没法与它们共生……他怀着一种几乎毫无个人感情色彩的怜悯,看着这场伤感的小小的结婚仪式,而且奇怪地被女儿脸上那消极、漠然的美,被这个年轻人脸上闷闷不乐的绝望打动了"。

还有死,"模模糊糊的鬼魂开始在他的意识边缘聚集,他看不见它们,但知道它们在那里,正在聚积力量进攻某种他看不见听不见、可以感知到的东西。他正在靠近它们,他知道。但是,没有必要匆忙。如果他愿意,可以不理它们。他有的是时间"。作者受到罗马抒情诗人接受死亡时坦然、有序的态度影响,希望"那是他们面对的那个虚无不过是自己曾经享受过的绚丽岁月的一种应用属性……"

此外,有两处精彩的思辨,同样打动我:

关于大学,"大学就是为我们而存在,为这个世界的弃儿而存在;不是为那些学生而存在,也不是为了无私地追求知识而存在,不是为你听到的任何理由而存在。我们释放各种理由,我们让个别普通人进来,那些将在这个世界上有所作为的人;但那不过是保护色。就像那座中世纪的教堂,它才不在乎俗众,甚至上帝呢,为了活下去,我们有自己的理由……"

在同事眼里斯通纳,"是一个'敬业奉献'的老师,这个词从他们嘴里说出来,妒忌与蔑视兼而有之。这个人的奉献精神让他看不到教室以及大学之外所发生的任何事情了"。

◎ 大世界下的小情感

我对欧美文学有着近乎偏见的喜爱,觉得那是艺术、是经典,是应该追求的东西。这种追求也披上了时尚的外衣。在这种偏见下,普拉东诺夫的《美好而狂暴的世界》被束之高阁两个月,以致拿起来还有些不情愿。然而一读进去,我就发现他写得好,虽然写的是苏联,但一点也不过时。探究大时代下的人的内心世界,对自己所处的功利主义盛行、信仰缺失的时代是多么具有启发意义。

我喜欢《七月的雷雨》,九岁的娜塔莎带着弟弟到四公里外的姥姥家,在回来的路上遇上疯狂的雷雨天。普拉东诺夫将大自然的狂暴与人类世界渺小的亲情相对比,不知怎的,它让我想起画作《克里斯蒂娜的世界》和莱辛笔下的《海底隧道》。人的情感与大自然的力量并置在一起,总让我感叹、震撼,一种夺目的、充满张力、进而打动人心的美。

《第三个儿子》很短,老母亲去世了,几个有出息的儿子赶回老家,在儿时共处的老房子里,他们没有对母亲的哀叹,而是有些嘻嘻哈哈。这时,第三个儿子说了一句话,大家安静下来,说了什么?不知道。他写了人们面对亲人死亡的态度,人既是善忘的又是被伦理支配的。我想起了同样短的海明威的小说《印第安人营地》。

《回归》写战争对一个普通家庭的影响，从战场归来的丈夫在路上遇上自己喜欢的姑娘，在家照顾孩子的母亲经常在家受到一名男子的关心和照顾，儿子不知为什么变得十分世故和实际。他们还能回归原来的家庭吗？

《弗罗》写一个三十岁的女子弗罗霞，丈夫出远门在外工作，自己和老父亲一起生活，她想念自己的丈夫，骗他回来，怀揣着共产主义理想的丈夫回到家，"弗罗霞希望生很多孩子，她将培养他们，让他们长大后完成自己父亲的事业，共产主义和科学的事业。耽于幻想的菲奥德尔悄悄告诉弗罗霞大自然所具有的那些为人类提供财富的神秘力量，告诉她彻底改变人的渺小心灵的办法"。这是共产主义理想深入人心，在日常生活中的体现，可以看成具有共产主义理想的人的生活标杆。

《基坑》写无产阶级群众在积极分子领导下修建大厦地基的故事，开篇的那段，写得十分精彩。作者借助主人公思考社会、人生的意义。有一种将火热的劳动与心灵的需要相对比的景像。"要知道无论什么样的建筑物，无论物质上怎样的富裕，无论是亲密的朋友还是征服星球，都无法战胜他心灵的空虚，他终将意识到友谊的虚妄，因为友谊建立在优越和非肉欲基础上，他终将意识到最遥远的星球的烦恼，因为那些星球的深处埋藏着同样的铜矿，也同样需要最高国民经济委员会。"

"人没有思想，行动也就失去了意义"，"除了呼吸，工棚里没有一点声响，没有一个人在做梦，也没有一个人在跟回忆交谈——每一个人的生命里没有一点多余的内容"，"每个女孩都感到了自身的价值，意识到自己的生命对于继往开来和漫长的征途具有不可或缺的重要性"。

去年夏天，我曾经得出结论：小说就是美丽的画卷。今天，我重新给小说定义：小说就是写年轻人获得内心充实的过程的文字。心灵，这个无法看到但却能感受到的东西，仿佛一个幽深的洞，一开始人们无视它的存在，后来以为能够用外在物质填充它，但最终发现，它神秘莫测，越探越深邃。为了填充它，人类产生了浩繁的文化，带来的感受难以用欣喜、悲伤几个简单的词语概括。心灵空虚，外表一定茫然。

如何衡量我们的时代呢？信仰缺失，精神萎缩一定恰当。这与平静的社会成长环境有关，人的信仰，我认为在苦难时候更容易建立。人的成长顺利，现成的价值观在前面等着他。在我们这个功利主义盛行的周遭，以致不知精神追求为何物。连谈"精神"，都说"精神产品"了，而非"精神过程"。

普拉东诺夫的作品暴露出他是一个不能让外在世界对自己失去意义和价值的作家。

◎ 尊重读者的作者

读了杜拉斯的《琴声如诉》《卡车》，尤其是后者，杜拉斯给我的印象就是她太在意读者的想象了，坚持自己不要侵犯读者，她给予了读者最大的尊重和礼遇，不想把自己的观念强加给别人，不愿强行将一些东西在不知不觉间渗透给读者。她相信读者，另一方面，也对读者提出了更高要求。

我买《卡车》时，奇怪这么一本薄薄的册子能写出什么。而且是剧本，简短的对话，字数少得可怜。有什么可传达的？我买它，大概也因为它太薄吧，一下子就读完了，也是一本书，在我阅读的功利心上，它与《你往何处去》《小于一》都是相同的，都是———一本书。买回来，放了很久没读，对它不相信，我怕它故弄玄虚，以实验作品哗众取宠。直到……直到我读了它，读到剧本快结束处，读到《与米歇尔·波尔特谈话录》。杜拉斯的品位、想法、艺术气质、人格凸显了出来。我得到我从没有想到的东西。

关于影视，我读过桑格格的《论摄影》，现在我只记得作者对摄影定义的"侵略性"。这本杜拉斯自编自演的《卡车》曾于1977年获戛纳电影节金棕榈奖提名影片。

"电影限制了剧本，也葬送了由剧本衍生的想象"，"封闭和限制想象,这就是电影的功能","这种限制,这种封闭,成为电影"。这是摄制计划里"第二个计划"中的文字,我感到特别的亲切,还有一丝的感动。在大家都投身影像的环境里(尤其是年轻人),我找到了一点不同的东西,它十分微弱,所以令我感动。

剧本讲的是在一个封闭的空间,杜拉斯和一名男子(德帕迪约)在谈一辆卡车,面前的银幕显示一辆卡车,卡车里司机和一个女子,卡车经过工业区,还有一些景物,如地下涌出的水……这是一个缺乏表面逻辑的故事,杜拉斯的故事好像都是表面缺乏逻辑。

文字包含一切,文字包含形像;用图像代替文字,就像把文字引入歧途,使文字支离破碎",真的很难想象在70年代,杜拉斯就感觉到了这种衰势。在一个微信、各种媒体充斥其间的人,我有一种被疏离的感觉,那十几个字组成的唐诗,难道只属于少数的学者了吗?答案当然不是,但是,看看周围,就会是一种沮丧。

《琴声如诉》《卡车》都是讲一个小故事,很少的情节、对话,作品仿佛是整个空间的一个缝隙。作者还试图将这个缝隙缩得更小,作者不是惜墨如金,而是不愿破坏整个空间的完整性,只想轻轻地讲一个故事,生怕打扰了谁。就像撩起门帘的一角,作者知道里面的主人在干着他自己的事。"当您拍《她的威尼斯名字》时,您说一般来说片子给观众留出百分之二十的创造空间,您为观众争取百分之八十的创造空间。但是这部片子里这个百分比还要高"(波尔特)。

作者在这个剧本里批评电影:"他们把观众当作孩子。摄影机前的演出就是孩子的演出……对待观众就像对待智力迟钝的儿童,仿佛他有遗传性缺陷,一切都要他们代劳似的。"

杜拉斯还批判现代文明,她说:"电影耻于用言语,就像耻于用智慧已有四十年了","楼房,墓碑似的楼房是一片荒原",为此,她宁愿住到棚户区去。"从前,苦役犯也用同样的方式挖掘他们自己的坟墓。没有一家咖啡馆,没有一家电影院。攒一笔钱离开,这是他们唯一的生存理由。他们的生活就是这样。移民正在幻想,攒钱当富翁。这才叫恐怖呢。一切拒绝、反抗的意志,用一句话来说,一切革命精神正在消失"。

回首自己,我已经好长一段时间没有走进电影院了,上一次,主动去看,还是两年前的事情,我对电影失去了兴趣,那个突发奇想,邀人去看成龙电影的年龄已经过去了。《卡车》开始感动我了,如果十多年前,我想我决不会感动此书。这个我出生时代的剧本仿佛在四十年以后等着我。为什么原来喜欢,现在不喜欢了,波尔特语:"平时看惯的电影要开发的只是一小部分智慧,而不是智慧的全部可能性。再一次说明仿佛智慧是一种阶级现像。"对我,难道是一种人生现像?

◎ 别人推荐的书

想到推荐，我首先想到"侵略"。现在我对"应该"都慎之又慎，推荐就是对你说"你应该……"它首先助长的就是逆反。想想这么多年来，读的书大多是自己寻来的。我对各种推荐榜，不怀好意，它的书目背后，总有各种你意想不到的价值观。细细一想，我不是厌恶那本书，而是对书与我的缘分十分讲究。最好是不经意的，因为只有这样，我仿佛才是一个真正站在那里的人，是我审视书，而非书牵着我。但是也有例外，带着感情色彩、面对面向我推荐的书，我还是会认真对待的，但只限一本。我尊重我的人格，胜过那本也许十分好看的书。赵伟忠教授向我推荐了《淮军四十年》，很奇怪，我写的三本书都有赵老师的帮助。隔了一段时间，买来读。当然，我有我的动机，我不想让文学占据了我的全部头脑，再好的东西，我也不想让它变成——唯一。

6月，正赶上我出差，乘坐高铁，行走在金华到合肥的路上。金华雷雨不停，城市被雨水冲刷得干净、明亮，看着天上灰暗不均的云阵，让人想到不远处的大海。城市里能看到远山，水墨色的轮廓，加上缕缕白云挂在腰间，中国山水的意境体现得淋漓尽致。一分禅意，也有一分妖娆。列车过杭州，窗外景物体现着这里不愧是"天堂"所在。这里曾被太平军占领3年。1851年,太平天国运动爆发,江南富庶之地,大部被占领。G7362高铁一会儿到了南京,洪秀全曾定都这里,称天京。1864年,曾国荃攻克天京,13年的太平天国运动结束。湘军进城后开始屠城,几十万人被杀,超过后来的南京大屠杀,难怪一位南京朋友曾说:这里阴气太重!然而《淮军四十年》中,对这一事件只字未提。高铁呼啸而过,如魅影一般。经过3个小时,合肥到了,一路平坦、顺畅,偶见丘陵,土地植物繁茂,海上吹来的阴云到了这里显出疲惫之态,景物少了灵气,这是一个内陆城市。合肥是此书主角李鸿章的故乡,更是淮军的兵源之地。淮军起于1861年保卫上海,止于1900年八国联军侵华的天津保卫战。淮军对内镇压太平军、捻军,对外在中法战争期间转战越南、台湾,又在朝鲜与日本作战,同治中兴期间大搞"洋务运动",期间,淮系创办民用工业16家,占全国的四分之三,在洋务派各派系中位列第一。在对内对外的战斗中,淮军涌现出可歌可泣的英雄人物:刘铭传(台湾之战)、聂士成(天津保卫战)、吴长庆(朝鲜之战),还有袁世凯、盛宣怀,后两个人物虽最早出自淮系,但他们登场时,淮军已被新的历史主角替代了,所以书中着墨不多,前段时间在西安交大校园里跑步,惊奇地发现盛宣怀的坐式雕像,坐姿、坦荡、庄严、凝重而自信,他是我国高等教育的奠基人。朋友告诉我,今年校庆刚刚揭幕的。

作者季宇以大气魄、家国情怀的态度、流畅晓白的文字展现了淮军的众多将领和人物,刘铭传就是鲜明的一个。1884年9月,他赴台湾,抗击孤拔率领的法国海军,8个月的抵抗,务实、机动,赢得了胜利。之后,清政府设立台湾省,他就任巡抚(省长)。前后5年,台湾有了第一条铁路、第一部电话、第一张邮票、第一盏电灯、第一个新式学堂,他被称为台湾近代化之父。我身边的年轻人刚一工作就选择台湾作为自己的旅游目的地,我也于2010年到台,印象深的是捷运、小吃、有礼貌的台湾人,可是有多少人愿意了解为了保卫台湾那个时候付出了多少人的生命。干净、舒适的现代化已经占满人们的眼球。人们为了搭上现代化的列车,无暇旁顾,也对啊! 一百多年前,不就是为了一个现代化吗?这是"三千年未有之变局"(李鸿章语),只是,我们付出了太多太多!

合肥办完事,当日返京,高铁,这个现代化的代表,高效、便捷,行驶在华北平原上,窗外的风景无非土地、树木、庄稼、村庄,没有山峦,倒也有些单调了,这种单调让人厌烦,但愿历史不要这样,看多了就麻木了。这块曾是齐鲁大地、殷墟之地的所在,经历实在太多,200年,算得了什么呢?太过短暂!唯愿有新鲜的文化不断注入,葆有一分健康、青春的血脉。

4年前,我自己第一本书中有篇《两个世界》的文章,意指现实世界与书本世界。随着阅历的增加,我发现原来的两个世界融为一个世界了,而且,我看过的每一本书仿佛都是对现实的重释。我不会写出"两个世界"的文章了。另一个世界甚至都不是眼前世界的侧面,它们一直没有离去……

◎ 艺术性

雷马克的《凯旋门》是作者的代表作,《西线无战事》是其成名作。读完30多万字的作品,果然不假。这是一战后,在巴黎发生的一段感人的爱情故事。我想每个人身上都有科学性和艺术性,即理性和非理性。科学性对应着世俗、革命、政治、现实、学院派、认真、一丝不苟、正确、唯一、身外、确定的、应该、你必须……而艺术性对应着高贵、平等、缥缈莫测、自由率真、原初、多样、民主、情感、有趣、你自己来。我对书中涉及的历史背景并不感兴趣,《夜色温柔》也是写的这一战后。艺术是情感的固化,雷马克的写法老实、认真,将主人公拉维克对女演员琼的爱情变化用文字像烙印一般印在了书页上。一读即感受到爱情的饱满和充实,这是上乘的艺术珍品。

夜里读到拉维克被重新唤起对琼的爱情,晚上,他独自去卢浮宫一段,几页的内心独白,将其复杂、微妙的情感变化写得淋漓尽致。

他沉默了一会儿。他知道假如跟她睡了,那就什么都完了。仿佛签出一张空头支票,他会一次两次地再来,把她所获得的认为是她的权利,她自己可以不必迁就,反而一次次地增加她的要求,直到他完全落入她手掌,于是她最后厌倦了,就遗弃他，结果还不是成了他自己的弱点，和破碎了的欲望的牺牲者，不仅显示出懦怯，而且显示出绝对的腐恶……

　　这是爱情被理智束缚住的样子，他决绝了对琼的那份冲动。然而随后的一段，写"拉维克在暖和的黑夜中漫步，灯光在屋顶上闪烁。空气是静定的。他看见卢浮宫的门里亮着灯光。大门敞开着，于是他就踱了进去"。直到走出卢浮宫，下起了雨，"黑夜正在从星星上摇下那雨点，神秘的雨点倾泻在街道纵横、花园毗连的石城上，千万种花卉，张着它们绚烂夺目的性器官，接受了雨点，雨点又飞舞到千万棵树木的张着的手臂里，穿过了土壤，跟那些期待着的树根偷偷地成婚，这雨，罪犯，假圣人，胜利或者失败都是漠不相关的。它们还像往常每年一样，都在这儿，可是今夜，他已经属于这一切了；贝壳破裂了，生命便绽了出来，生命，生命，生命，受欢迎和受祝福的。"

　　艺术就是要让生命再一次回到原点。

　　爱情像征着原初的生命，像征大自然，它最终冲破拉维克的心房，像花一样的绽放了。拉维克打开心扉，克服了恐惧。我想只有这样的笔力才可能让一本小说保持永久的生命。我想起普宁的短篇小说集，也写爱情，但他们说法不一样，普宁用了像征，从外围将爱情的魔力展示出来，具体是什么样，他让读者自己去体会和想象。而雷马克十分老实，像写实的油画，一笔笔写出，让你直面，将之外的东西省略掉。不管怎样，好的艺术品手法不一，但都通达人心。当然，拉维克身上还能看到一个男人的中年危机（抱着原有价值探寻世界，结果令人失望引发的怀疑），还有作为一个医生的人道主义精神。

　　说实在的，我读这段精彩的文字时，内心并没有被它感动，相反，我是深夜里，为了完成阅读任务，在进入睡眠状态前的挣扎下看的，我努力地睁开双眼，可是，一会儿又闭上了。我看了那么多书，很多也是在一种半清醒状态下看的。是我的理性将这段文字挑了出来，我想，我早已过了与文字初恋的阶段，懵懂的青少年敏感于周围一切情感的时期。大概这种状态也是一种"不求甚解"吧！第二天醒来，赶快在夜里折角的地方划上横线。

雷马克笔下的拉维克还代表着一种力量：个人的、同情弱者的，一种耶稣精神。西方社会里，耶稣死了，但是耶稣精神留了下来。开篇那段，拉维克与琼偶遇在塞纳河旁，作为小说来说，有些突兀，偶然性太强，难免生硬，但再生硬也没有哈姆雷特塑造得生硬。小说很快进入主题，拉维克表现出对弱者的巨大同情，在西方文人笔下，这样的例子并不少，这让人想到基督精神，比如大至《悲惨世界》、小至《寂寞芳心小姐》。在他们身上，我们看不到道德的评说（拉维克是个非法难民、非法行医者），他租住在旅馆里，不敢声张。作品里有大量关于夜晚的描写，这也透露出人的孤独，面对孤独人唯一可以做的是让孤独充满诗意。而琼，一个年轻的演员，在巴黎走投无路。它们的内心都有无尽的孤独。假如没有艺术，我们在现实世界里，对人只能以"平视"的角度，难免为人贴标签，这种角度容易是道德的、二元的；然而艺术是从高处俯视人，它摆脱了现实的羁绊，摈弃了非此即彼，是多元的、同情的。也即：艺术揭示的是人自身存在的普遍性，他拒绝站队、表态。它多元的表达很容易被现实世界里急于寻找答案的人利用，拿它来当现实的标准、尺度；现实世界充满好与坏、个人的喜好与厌恶、忽视过去与未来，希望快速地定义，也因此理解变得艰难。

另外，雷马克当过小学老师，舒伯特也是。作者以"凯旋门"作为书名，作者也真是有勇气，他仿佛要与雨果的《巴黎圣母院》比肩。

◎ 社会小说预示新阶段

前段时间听了一个报告,谈了讲者对当前社会的一些看法,这使我产生很多思考,他的报告让我亲耳聆听到什么是人们常说的"左",我也找来另一些人的观点阅读,发现这就是人们所说的"右"。这一周看了布莱希特的《三毛钱小说》,对我思考这些问题很有帮助。

《三毛钱小说》讲的是乞丐头目皮邱姆发现贫穷也能成为资本用来赚钱,他控制了伦敦街头的乞讨业,是个地头蛇。强盗头麦奇思是"商人",他喜欢上了强盗头的千金波莉,它们互相倾轧,揭露了警匪一家的事实。它们又狼狈为奸,对市民为非作歹。这是一个堕落的社会。小说的艺术性体现在讽刺的语言上。

这样的小说更多关注的是社会,只要与《凯旋门》对比即知。它的大部分笔墨描写的是众多人物的关系,呈现的是社会的风貌。没有多姿多彩的诗意的夜色,没有细腻、倾心的内心的剖析。我愿将它们称为"社会小说",小说文字对于个人与社会(众人)的笔墨分配比例是社会小说与其他小说的区分标准。比如,托斯妥耶夫的《罪与罚》,绝大部分笔触都聚焦在人的心理世界,《战争与和平》则有些两者兼顾,既有波澜壮阔的社会层面,又有细致、诗意的内心刻画,都很精彩(也有批评其人物太多!这也是责备其两者都不放下的野心了)!我还想到了斯威夫特的《格列弗游记》,它们很像,对社会采取的是批判的态度,同时艺术特色相同,采用的是讽刺。还有巴尔扎克的《贝姨》,同样写了社会(众多人物),艺术性体现在"写实"上。还有左拉的《娜娜》《小酒馆》,同样将大量笔触放在社会上。

回到一开始,《三毛钱小说》对我思考"左"与"右"很有启示。"左"看中的是社会层面,而"右"看中的是人(个体)的层面。既然是左右,证明他们的关注点是相同的,只不过角度不同。"左"代表着众多的人、社会,代表着纪律、危机、行动;右代表着优越的个体、个人为先、慢慢地、顺其自然。孰优孰劣很难讲清,但是观看的视角却决定着很多东西。一件事物可以有很多种不同的看法,左右仅仅是其中的两种,这就不足为奇了,何况社会又是那么一个复杂的事物。我有时候认为,生活、世界、社会就像一个瘪了气的球,它的形状取决于你。对于受到应试教育太深的我来说,内心总在渴望"唯一的答案"。其实连一元二次方程都有两个解,何况这个世界。

这个世界是穷人的世界还是富人的世界?对崇尚"本领""奋斗"的人来说,这个问题很打动内心,然而对于越来越多的人信奉"人人生而平等"的现代社会来说,这句话是令人震惊的。我想起西格尔的《奥利弗的故事》,这是一个简单的纯美的爱情故事,但是就在这么一部通俗小说里,作者也不忘抨击血汗工厂。我想"人人生而平等"的社会就是由"有良知的人"组成的社会吧!而非一个"技术崇拜"的社会。

反思自己的读书,就是自己的精神历程,充分体现了我们这个社会标准的成长方式：竭尽全力去追求社会的世俗标准和价值，这一过程是不知不觉的，不会有什么感觉不好的地方，直到内心的空洞越来越大，无可填充和补救的时候，反思开始了。这实际上就是灵魂追赶上来的过程，缓慢，同时也充满纠结，像口渴了很久的人，不管是什么，通通倒进肚子里。在解渴之后，真有些后怕，假如口渴太甚，没有机会喝水会怎么办？这大概就是我为什么看了那么多西方小说的原因，好的小说，都是指向内心、精神、灵魂的。于我，就是水，就是生命本体的东西。

　　当灵魂跟了上来，我也许会克服饥渴带来的偏食，可以将人与社会一同看待了。不再那么偏食哪一方了。在读了那么多"生命本体"的书后，在此书的最后一本，这偶然打开的书，仿佛为自己的精神成长做了小结，同时预示着在生命的一个新阶段，会不带偏见地看待社会、看待生命。仿佛感到，通过这本社会小说，我的生命的一个新阶段开始了，但愿未来的日子是身心一体的。